# Italian Villas And Their Gardens

# 이탈리아의 빌라와 그 정원

이디스 워턴 지음  맥스필드 패리시 그림  김동훈 옮김

# ITALIAN VILLAS
## AND
# THEIR GARDENS

글항아리

**일러두기**

- 이 책은 이디스 워턴의 『이탈리아의 빌라와 그 정원 *Italian Villas and Their Gardens*』(1904)을 옮긴 것이다.
- 주는 대부분 옮긴이 주다. 저자의 주는 '원주'로 표기했다.
- 원서의 도판과 출처가 표시된 사진 외에는 모두 옮긴이가 찍은 것이다.
- 본문에 각 빌라와 정원의 이름을 소제목 형식으로 추가했다.
- 마일 등의 단위는 미터법으로 바꿨다.
- 이탈리아어 표기는 국립국어원의 외래어 표기법에 따랐다. 관용적으로 굳어진 '보르게제' 등 현지 발음에 가까운 경우도 예외없이 적용했다.

버넌 리

이탈리아 정원의 마법을
그 누구보다 잘 이해하고
해석한 이에게

1904년에 출간된 『이탈리아의 빌라와 그 정원』

## 옮긴이 서문

이디스 워턴은 소설 『순수의 시대』의 작가이자 최초의 여성 퓰리처상 수상자로 널리 알려져 있습니다. 하지만 그녀는 직접 정원을 설계하고 가꾼 정원가이기도 했습니다. 워턴은 19세기 후반 미국 뉴욕의 부유한 명문가에서 태어나 유년 시절 이탈리아에 살았던 적이 있습니다. 수시로 미국과 유럽을 오갔으며, 이탈리아어에 능통했습니다. 이 책을 쓸 수 있는 최적의 조건을 갖추었던 것입니다.

작가로서의 명성을 쌓던 그녀가 41세 되던 해, 한 잡지사로부터 이탈리아 정원에 관한 글을 의뢰받습니다. 그렇게 떠난 수개월에 걸친 현지 취재 여행의 산물이 바로 『이탈리아의 빌라와 그 정원Italian Villas and Their Gardens』 (1904)입니다. 이 책은 이탈리아 정원뿐 아니라 서양 정원에 관한 최고의 고전 중 하나로 손꼽힙니다. 그래서 출간된 지 120년이 지났지만 여전히 사랑받고 있습니다.

이탈리아라는 땅은 오감을 느끼는 세포 하나하나를 총천연색으로 일깨우는 곳입니다. 파란 하늘과 바다, 작열하는 태양 아래 역사, 건축, 미술, 음악 그리고 맛난 음식과 와인에 유쾌한 사람들까지 어우러집니다. 우리는 가장 아름다운 것들을 보러 여행을 떠납니다. 그곳에는 아름다운 자연과 풍광이 있고, 정원은 그것을 상징합니다.

이 책을 처음 알게 된 때는 2015~2016년 이탈리아 로마 유학 시절이었습니다. 서울에서의 바쁜 업무와 꽉 짜인 일상에 지쳐 있던 저에게 로마는 새로운 세계를 열어주었습니다. 거기서 비로소 삶의 여유Otium를 알고 아름다움*Bellezza*에 눈을 뜨게 되었습니다. 그러던 어느 날 문득, 자연과 유적의 경관이 어떻게 이토록 아름답게 보존되어 있는지 궁금해졌습니다. 한국에서는 아름답기로 이름난 곳이라 해도 저 멀리 솟은 고층건물 같은 훼방꾼의 모습에 운치가 다 달아났던 기억도 많았기 때문입니다. 알고 보니, 이탈리아에는 '경관법'이 발달해 있었고, 헌법에는 "국가는 경관을 보호한다"는 조항이 명문으로 규정되어 있었습니다. 그렇게 이탈리아의 건축과 정원에 관한 서적들을 읽던 중 종종 언급되곤 하던 이 책을 운좋게 발견했습니다. 이후로 빌라와 정원 공부를 하는 한편, 틈틈이 방문하고 구석구석 사진도 찍었습니다.

저는 서울 근교와 시골 옛 할머니 댁에서 텃밭과 정원을 오랫동안 가꾸어오고 있습니다. 종일 농사와 정원 일을 한 날이면 피곤에 절어 눕지만, 잠자리에선 항상 행복한 궁리를 합니다. '어디에 무슨 나무를 심을까, 그 수종은 겨울을 무사히 날 수 있을까, 이 꽃나무의 높이와 색은 옆 나무와 어울릴까, 저 보기 싫은 전봇대는 어떻게 안 보이게 할까?' 그러면서 정원을 만드는 일이란 엄청난 지적·감성적 소양을 요구하는 하나의 종합 예술이라는 점을 깨닫습니다.

많은 사람이 삭막한 도시를 피해 자연을 찾습니다. 전원주택을 지으며 작은 정원을 가꾸고, 하다못해 화분이라도 애지중지 키웁니다. 그런데 뭔가 한계를 느끼고 아쉬움을 가질 것입니다. 정원도 알아야 보입니다. 정원 감상법도 배워야 합니다. 이제 그런 때가 무르익었습니다. 이 책을 통해 서양 정원의 역사와 구성 원리를 익히고 나면 '아, 아름답구나!' 하는 막연한 탄성 이상의 깊은 맛을 느낄 수 있을 것입니다.

이탈리아 정원의 역사는 곧 서양 정원의 역사입니다. 이탈리아 정원은 고대 로마 → 중세 → 르네상스 → 바로크 → 현대로 면면히 이어집니다. 각 정원 양식은 이전 양식에 대한 싫증과 반발로부터 탄생하여 발전하다가 다시 다른 양식으로 대체되곤 했습니다.

사실 번역이 쉽지만은 않았습니다. 초역은 3년 전에 진즉 해두었지만, 본격 출간을 준비하면서는 영어책이 왜 아직까지 번역되지 않았는지 여실히 알 수 있었습니다. 그럼에도 사명감으로 작업했던 이유는 이 책이 우리의 정원 문화를 한 단계 업그레이드해줄 것이라는 확신이 들었고, 또한 이 시대의 중요한 요청인 아름다운 도시 공원과 그 조경을 위해 반드시 있어야 할 책이라고 보았기 때문입니다.

저자의 원주 5개를 제외한 모든 각주를 직접 달고 꽤 상세한 해제를 썼습니다. 이미 충분한 지식을 가진 독자에게는 지나친 친절이겠지만, 보통의 한국 독자를 염두에 두고 이해에 꼭 필요한 내용들을 정리했습니다.

이 책만큼 이탈리아 정원에 관해 격조 높고 흥미로우며 유익한 책은 앞으로 다시 나올 수 없다고 감히 자신합니다. 왜냐하면 건축, 정원, 문학, 예술에 대한 지식은 물론 고상하고 우아한 감성에 이르기까지, 그 모든 것을 갖추기엔 지금 이 시대의 인간은 너무 변해버렸기 때문입니다.

이 책은 무미건조한 설명서도 아니고 감상에 치우친 여행기도 아닙니다. 굳이 말하자면, 종합 인문 교양서라고 하겠습니다. 간결하면서도 풍부한 묘사와 설명, 역사와 문화에 대한 해박한 지식, 간간이 드러나는 감상과 평가가 적절히 어우러져 우리를 이탈리아의 정원 속을 거닐도록 만듭니다. 마음껏 산책을 즐기시길 바랍니다.

끝으로, 이 책의 가치를 알아주고 아름답게 만들어주신 글항아리 강성민 대표와 이은혜 편집장님, 귀중한 조언을 준 헌법재판소 동료들에게 감사드립니다. 물심양면 지원해준 아내와 달콤한 젤라토의 꼬임에 넘어가 아빠의 힘든 정원기행을 잘 따라 다녀준 도담이에게 사랑을 전합니다.

가끔씩 우리를 흠뻑 빠져들게 하는, 꿈속을 거니는 듯하게 만드는 책을 만납니다. 이 책은 여러분을 살포시 들어올려, 르네상스 시대와 바로크

시대로 되돌리고, 또 이탈리아의 아름답고 향기로운 정원으로 옮겨다놓을
것입니다.

자, 그럼 이탈리아 정원으로 떠나봅시다!

Andiamo ai Giardini all'Italiana!

2023년 10월 가을
관악산 자락에서 김동훈

빌라 캄피, 피렌체 근교

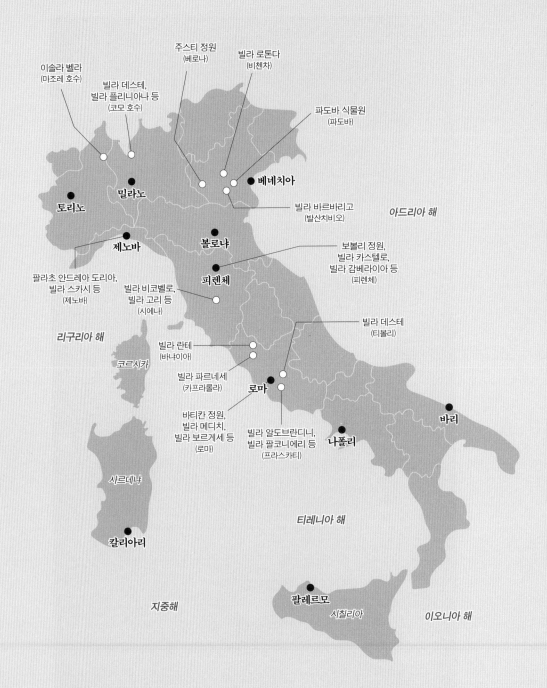

이솔라 벨라
(마조레 호수)

빌라 데스테,
빌라 플리니아나 등
(코모 호수)

주스티 정원
(베로나)

빌라 로톤다
(비첸차)

파도바 식물원
(파도바)

**토리노**

**밀라노**

● **베네치아**

**제노바**

빌라 바르바리고
(발산치비오)

**아드리아 해**

**볼로냐**

보볼리 정원,
빌라 카스텔로,
빌라 감베라이아 등
(피렌체)

● **피렌체**

팔라초 안드레아 도리아,
빌라 스카시 등
(제노바)

빌라 비코벨로,
빌라 고리 등
(시에나)

빌라 데스테
(티볼리)

**리구리아 해**

**코르시카**

빌라 란테
(바냐이아)

빌라 파르네세
(카프라롤라)

**로마**

바티칸 정원,
빌라 메디치,
빌라 보르게세 등
(로마)

빌라 알도브란디니,
빌라 팔코니에리 등
(프라스카티)

**나폴리**

**바리**

**사르데냐**

**칼리아리**

**티레니아 해**

**지중해**

**팔레르모**

**시칠리아**

**이오니아 해**

서문

# 이탈리아 정원의 마법

빌라 팔코니에리의 연못, 프라스카티

이탈리아 정원에는 꽃이 없다고 하면 과장이리라. 하지만 이탈리아 정원 예술을 즐기고 감상하기 위해서는 그것이 꽃을 가꾼다는 요소와는 별개임을 명심해야 한다.

이탈리아 정원은 꽃을 위해 존재하지 않는다. 반대로 꽃이 정원을 위해 있다. 즉, 꽃은 근래 들어 정원의 아름다움에 드물게 추가된 부속물로서, 마법 같은 정원에 가해진 우아한 터치 하나 정도로 생각된다. 이는 너무 뜨겁고 건조한 이탈리아의 기후에서는 봄꽃을 제외한 어떤 꽃도 키우기 어렵기 때문이다. 하지만 사실 그 덕분에 멋진 발전을 이룰 수 있었다. 대리석과 물, 그리고 다년생 식물이라는 세 가지 정원 구성 요소로 더 영구적인 효과들을 얻어낸다. 그 요소들의 노련한 조합으로 계절과 관계없는 매력을 만들어내는 것이다.

현대의 정원 애호가들은 사랑스러운 꽃으로 가득한 그림 같은 정원을 매력적이라고 생각한다. 그래서 가지치기된 식물과 석물의 간단하고 단조로운 조합으로 어떻게 그런 매혹적인 효과를 생성해낼 수 있는지 설명하기란 쉽지 않다.

이탈리아 여행에서 막 돌아온 이의 눈과 가슴은 형언할 수 없는 정원 마법으로 가득 차 있다. 그는 뭔가 마법에 걸렸다는 것을 희미하게 느낀다. 현대 정원의 그렇게도 정교하고 빛나는 효과들보다 더 강력하고 더 지속적이며 더 중독적인 마법의 주문 아래 묶여 있는 것이다. 그러나 그 미스터리를 푸는 열쇠를 찾지는 못했으리라. 이탈리아의 하늘이 더 파랗기 때문인가? 아니면 식물들이 더 풍성하기 때문인가? 그러나 실상 우리 북미의 한 여름 하늘 역시 똑같이 깊고, 우리의 초목들 또한 풍부하다. 아마 더 다양할 것이다. 실제로 북미의 여름 기후와 이탈리아의 봄가을 기후는 대체로 비슷하다.

마법의 주문에 걸린 어떤 사람들은 이탈리아 정원의 마법을 긴 시간의 효과 덕분으로 본다. 물론 시간의 효과가 놀라운 일을 한다는 점에는 의심의 여지가 없다. 하지만 그것만으로 그 많은 아름다움을 다 설명할 수는 없다. 답을 찾기 위해서는 더 깊이 들어가야 한다. 정원은 집과 연관해서 연구되어야 하고, 또 그 둘은 풍경과 관련지어 탐구되어야 한다. 오래된 채색 기도서와 초기 목판화에서 알 수 있듯, 중세의 정원은 성안의 한 구획일 뿐이었다. 거기서는 '단순한 것들'*이 성 가운데 우물 주위에서 길러졌고 과일나무는 벽에 붙여 키워졌다.* 그러나 이탈리아 문명이 급속히 개화하면서 성벽은 허물어졌고, 정원은 확장되어 연못, 잔디밭, 장미 덤불 및 가지치기된 길을 흡수하게 되었다. 이탈리아의 빌라 *villa**는 특히 중부와 남부에서는 거의 언제나 언덕 면에 기대어 지어졌다. 어느 날 건축가는 테라스*에서 밖을 내다보았을 것이다. 그리고 둘러싼 주변 경관이 빌라에 자연스럽게 포함되었다는 것을 알게 되었다. 즉, 빌라와 경관이 단일한 구성의 한 부분을 형성했던 것이다.

이 사실에 대한 인식이 르네상스 시대 위대한 정원 예술의 발전을 향한 첫걸음이었다. 그다음 걸음은 건축가가 자신의 그림 속에 자연과 인공

---

* 중세 기독교 신학에 의하면, 모든 존재는 신-천사-인간-동물-식물-광물 순으로 그 가치와 위계가 정해졌다. 식물은 고등하고 복잡한 동물에 비해 그냥 '단순한 것들simples'이라고 불렸다.
* 나무를 벽에 붙여 납작하게 키우는 것을 에스팔리에르espalier라고 한다. 능숙한 정원사는 3년 정도 가지치기와 모양 잡기를 하면 기본적인 틀을 만들 수 있다.
* 빌라는 이탈리아 상류층이 전원에 별장으로 건설하는 저택. 건물과 정원은 물론 주변의 농지 및 과수원까지 모두 포함한다.
* 테라스는 빌라 앞에 펼쳐진 평평한 단. 이탈리아식 정원은 언덕 경사면을 깎아 몇 개의 테라스를 만들고 거기에 건물과 정원을 배치하는 형식이라는 점에서 테라스식(노단식) 정원이라 불린다.

을 융합시킬 수 있는 수단을 발견하는 것이었다. 이제 그는 세 가지 문제를 다루어야 했다. 우선, 정원은 집의 건축선에 어울려야 한다. 그다음으로 집 주인의 요구에 부합해야 한다. 그늘이 있는 길, 볕이 잘 드는 잔디밭, 그리고 화단과 과수원을 구비하는 한편, 그 모두에 편리하게 접근할 수 있어야 한다. 마지막으로, 정원은 주변 경관에 어울려야 한다. 그 어떤 시대와 나라에서도 이 삼중의 문제가 16세기 초부터 18세기 말까지의 이탈리아 빌라에서만큼 성공적으로 처리된 경우는 없었다. 그런 옛 정원 마법의 근본 비밀은 다양한 요소들의 혼합, 인공의 고정되고 정형적인 선으로부터 자연의 변화무쌍하고 불규칙한 선으로의 미묘한 전이, 그리고 마지막으로는 정원의 본질적 편리함과 살기 좋음에 있다.

수많은 요소가 매력적인 전체 인상에 기여한다. 그럼에도 우리는 그 요소들을 하나하나 제거해나감으로써, 즉 꽃과 햇빛, 시간의 풍부한 착색을 '생각에서 지워버림으로써' 이 모든 것 아래에 어떤 우연한 효과에서 독립된, 디자인의 깊은 조화가 있음을 알게 된다. 이는 이탈리아 정원의 설계가 정원 자체만큼 아름답다는 의미는 아니다. 정원을 만드는 재료인 석조물, 상록의 나무, 흐르거나 고인 물의 효과, 그리고 무엇보다 자연경관의 모든 선이 다 함께 예술가의 디자인 중 한 부분을 형성한다. 그러나 이것들은 어떤 계절에서나 똑같이 아름다운 것이며, 그조차 기본 설계의 보조물일 뿐이다. 정원에 내재하는 아름다움은 다음과 같은 부분을 모아놓은 데 있다. 긴 감탕나무 산책로가 수렴하는 선, 볕이 잘 드는 열린 공간과 시원한 숲그늘의 교차, 테라스와 잔디밭 사이 혹은 벽 높이와 길 너비 사이의 비율 등. 이러한 디테일 중 르네상스 시대의 조경가landscape architect*가 간과할 만한 것은

---

* 르네상스 시대의 조경가는 경관을 건축의 필수 요소로 활용했다는 점에서 '경관 건축가'라고 할 수 있다. 한편 저자는 '경관 정원가landscape gardener' '정원 건축가garden architect'라는 단어도 사용한다.

전혀 없었다. 그는 그늘과 햇볕의 배분, 그리고 석조물의 곧은 선과 초목의 물결치는 선의 배분을, 주변 경관에 대한 전체 정원 구성의 관계에 무게를 둔 것만큼이나 주의 깊게 고려했던 것이다.

한편, 옛 이탈리아 정원의 연구자는 웅장한 경관을 마주한 건축가가 그 설계를 확장하는 동시에 단순화하는 방식에 깊은 인상을 받게 된다. 보는 이의 눈을 사로잡는 넓고 길게 펼쳐진 경관이 없는 곳에서는 테라스, 분수*, 미로, 포르티코*의 복합적 구성, 그리고 디테일의 복잡성이 발견된다. 이탈리아는 북부로 갈수록 경관이 덜 장엄해지고 정원은 더 정교해진다. 반면, 캄파냐 평원*을 내려다보는 로마의 거대한 정원 부지는 진중하고 장엄한 라인으로 설계되며, 자질구레한 부분은 많지 않다. 그리하여 그 총체적 효과는 폭넓음과 단순함이다.*

정원 가꾸기가 이 시대에 부흥하고 있다. 하지만 그 기본 원칙들에는 별로 주의가 기울여지지 않고 있다. 따라서 정원 애호가는 옛 이탈리아 정원을 막연히 즐기는 데 만족하지 말고, 그 정원들로부터 자신의 집에 적용할 만한 원칙들을 추출하도록 노력해야 한다. 예를 들어, 옛 이탈리아 정원은 살기 위한 곳이었다는 점을 유심히 관찰해야 한다. 현대의 정원들, 특히 적어도 미국에서는 정원의 이런 용도가 좀처럼 고려되지 않고 있다. 이 목적을 위해 집만큼이나 부지 역시 신중하고 편리하게 설계되어야 한다는 점에 유의해야 한다. 즉, 두 사람 혹은 그 이상이 나란히 걸어갈 수 있는 넓은 길이

---

\* 이탈리아 정원의 분수는 고대 로마 분수의 후예라고 할 수 있다. 로마는 여러 개의 수도를 건설해 외곽으로부터 물을 공급했다. 수도의 끝은 시내 곳곳에서 분수 혹은 샘물로 아름답게 마무리되었다. 시민들은 이 물을 생활용수로 사용했다.

\* 포르티코portico는 대형 건물 입구에 기둥을 받쳐 만든 현관 지붕. 흔히 '현관'으로 번역되나, 유럽의 저택에서는 웅장하고 화려한 박공을 가진 현관을 설치하므로, 그냥 '포르티코'라고 한다.

\* 캄파냐 평원은 로마 주위의 평야를 말하는데, 고대부터 그랜드 투어 및 괴테의 시대에 이르기까지 아름다운 풍광으로 널리 찬양받았다.

\* 로마에서 피렌체까지는 산지와 평지가 교차한다. 하지만 피렌체 북쪽에 있는 아펜니노산맥을 넘어가 북부로 가면 평평한 땅이 알프스산맥에 이르기까지 이어지므로, 장엄하다는 느낌은 사라진다.

있어야 하며, 그 길은 부지의 한 구획에서 다른 구획으로 잘 이어져야 한다. 집에서 쉽게 접근할 수 있는 그늘은 물론, 겨울에는 볕이 잘 드는 길도 있어야 한다. 또 나무가 우거진 어스름한 길에서 꽃이 피는 열린 공간으로, 혹은 평평하고 잘 깎은 잔디밭으로 편하고 자연스럽게 넘어갈 수 있어야 한다. 나아가, 테라스와 정형식 정원*은 집 옆에 붙어 있어야 한다는 것, 감탕나무 길이나 월계수 길은 직선의 석조물과 생장하는 수목 사이의 전환을 효과적으로 만드는 형태로 다듬어져야 한다는 것, 그래서 그 길을 통해 건축물에서 한 걸음씩 멀어질 때마다 자연으로 더 가까이 다가간다는 것을 기억해야 한다.

이탈리아 정원에 대한 숭배는 영국부터 미국까지 널리 퍼져왔다. 그런데 많은 사람은 여기에 대리석 벤치를, 저기에 해시계를 배치함으로써 이탈리아의 '효과들'을 달성할 수 있다는 느낌을 갖는다. 하지만 많은 돈을 들이고 깊은 고민을 해 만들어낸 결과물조차 별로 신통치 않다. 그리하여 일부 비평가는, 이탈리아 정원은 말하자면 '번역 불가능'하다고, 그것은 다른 풍경과 다른 시대에서는 적절하게 만들어질 수 없다고 추론해왔던 것이다.

건축의 웅장함, 그리고 색변色變이나 오랜 세월에 기대는 특정한 효과들은 분명히 얻어내기가 불가능하다. 그럼에도 옛 이탈리아 정원에서는 많은 교훈을 얻을 수 있다. 그 첫 번째는 정원이 진정한 영감이 되려면 문자 그대로가 아니라 정신으로 복제되어야 한다는 점이다. 다시 말해, 대리석 석관과 꼬인 돌기둥이 이탈리아 정원을 만드는 게 아니라는 말이다. 대신 옛 정원 예술의 원칙에 따라 설계되고 식재된 부지는, 비록 문자 그대로의 의미에서는 이탈리아 정원이 아닐지라도 그보다 더 멋진, '영감이 된 모델만큼이나 자신의 주변 환경에 잘 어울리는 정원'이 될 것이다.

---

\* 정형식 정원formal garden은 잘 다듬은 회양목 등으로 구획 지은 기하학적 모양의 정원. 이탈리아와 프랑스의 정원이 해당되며, 자연 그대로를 표방한 영국식 정원 내지 풍경식 정원과 대비된다.

이것야말로 이탈리아 빌라에서 배울 수 있는 비밀이리라. 그리고 그런 목적으로 빌라와 정원을 바라보는 사람이라면 이탈리아 정원의 사랑스러움에 대한 막연한 감탄에만 그치는 일은 없을 것이다. 브라우닝은 세인트빈센트곶과 트라팔가르만을 지나면서 외쳤다.

"여기, 여기에서 영국이 나를 도왔습니다. 나는 어떻게 영국을 도울 수 있을까요?"*

그처럼 옛 정원 마법을 자기 집 마당 뜰에 옮겨놓기를 열망하는 정원 애호가는, 빌라 보르게세의 우산 소나무* 아래를 거닐거나 빌라 란테의 회양목 화단 곁을 지나면서 물을 것이다. 내가 여기서 가져갈 수 있는 것은 무엇인가? 더 많이 연구하고 비교하면 할수록, 다음과 같은 답으로 귀결될 수밖에 없을 것이다. "이런저런 부서진 조각상이나 깨진 부조, 혹은 특정 유형의 파편적 효과도 아니고, 오직 나에게 도움이 될 정신뿐이다. 정원가의 목적에 대한 이해, 그리고 정원의 용도에 대한 이해 말이다."

---

\* 　브라우닝(1812~1889)은 영국 빅토리아 시대를 대표하는 시인이다. 집안의 반대를 무릅쓴 결혼 후 이탈리아로 도피해 16년을 피렌체에서 살았다. 세인트빈센트곶과 트라팔가르만은 나폴레옹 전쟁 때 영국 해군이 프랑스 해군을 격파한 곳이다. 이로써 영국은 '해가 지지 않는 나라'가 될 수 있었다.

\* 　우산 소나무는 로마와 이탈리아 남부의 명물로, 한 줄기로 쭉 뻗은 키 큰 소나무의 위쪽에만 솔잎이 뭉게뭉게 달려 있다.

ITALIAN VILLAS
AND
THEIR GARDENS

이탈리아 정원의 비밀을 엿보다, 로마 시내 산타 사비나 성당 벽의 구멍

초록으로만 가득한 이탈리아 정원, 빌라 란테

꽃이 약간 덧붙여진 정원의 모습, 피렌체 근교 어느 빌라

언덕 위에 자리잡아 빌라와 경관이 하나의 구성을 이룬 모습, 빌라 감베라이아

강렬한 빛과 그늘의 대조, 빌라 감베라이아

물고기 조각상에 낀 돌이끼가 세월을 말해주고 있다. 카프라롤라의 빌라 파르네세

오렌지 나무와 장미 덩굴을 벽에 붙여 기른 에스팔리에르, 빌라 카스텔로

수도원의 중정과 꼬인 돌기둥, 로마 외곽 산 파올로 푸오리 레 무라 대성당

1장

# 피렌체의 빌라들

보볼리 정원, 피렌체

피렌체는 수 세기 동안 빌라로 덮인 언덕으로 유명했다. 옛 연대기에 따르면, 전원의 주택들은 도시의 것보다 훌륭했으며 올리브 과수원과 포도 과수원들 가운데 밀집되어 있었다. 그래서 여행자는 "피렌체에 다다르기 5킬로미터 전에 이미 도시에 있는 것으로 생각했다".*

여전히 많은 그런 집이 넓은 테라스에 단단히 붙어 살아남아 있다. 돌출된 처마와 사각 탑이 있는 15세기의 농가 빌라에서부터, 호화로운 귀족들이 포도 수확 시즌에 도박을 하고 초콜릿을 마시며 몇 주간의 시간을 보냈던 17세기의 창문 많은 '기쁨의 집'까지 말이다. 그런데 피렌체는 검약과 보수주의라는 특성이 있다. 따라서 나중에 과시적인 빌라가 생기기는 했지만 상당수는 소박한 옛 건물에 추가된 부가물일 뿐이고, 건물 전체가 새롭게 지어진 경우는 드물다. 그리고 후자의 경우도 17세기에 대유행한 바로크의 풍성함은 토스카나 지방 특유의 자제심과 진중함에 의해 절제되어 있다.

피렌체 주변에는 이런 유형의 건물이 워낙 많고 잘 보존되어 있기 때문에 그것들을 설명해보려는 학생은 길고 힘든 과제를 떠안게 된다. 그러나 빌라를 정원과 연관지어 고려하는 경우 그 과제의 범위는 좁은 한계 안으로 축소된다. 아마 이탈리아에서 피렌체 인근만큼 오래된 빌라가 많으면서도 옛 정원이 그렇게 적은 곳도 없으리라. 피렌체 주변은 이탈리아인은 물론

---

\* 예컨대 몽테뉴는 1580년경 이탈리아를 여행하면서 다음과 같이 말했다. "(피렌체를 벗어나) 풍경이 매우 아름답고 광활하게 펼쳐져 있는 평원을 지났다. 솔직히 말하면 프랑스의 오를레앙이나 투르, 파리조차 피렌체만큼 도시에서 아주 멀리 떨어진 곳까지 많은 집과 마을로 둘러싸여 있지는 않다는 것은 인정할 수밖에 없다."

외국인까지 부유한 계층이 언제나 자주 찾는 곳이었다. 대개 토스카나 지방의 귀족은 자신의 정원을 영국과 프랑스에서 새로 수입된 초목 재배의 유행에 발맞춰 바꿀 수 있을 만큼 부유했다. 그리고 아르노강 주변의 언덕을 수없이 식민지화한 영국인들은, 토스카나 지방의 기후와 토양에 완전히 이질적인 두 가지 특징물, 즉 잔디와 낙엽성 나무를 들여옴으로써 옛 정원을 파괴하는 데 적잖은 원인을 제공해왔다. 대영제국 국민의 잔디에 대한 열망 앞에 수없이 많은 화단과 테라스가 사라졌다. 그리고 수많은 올리브원과 포도원은 영국 경관 정원가에게 아주 소중했던 '표본 나무들'이 점점이 식재됨으로써 자신의 자리를 내주어야 했다. 영국의 건축가가 아직도 퓨진과 고딕 부흥 운동의 후손이듯이,* 영국의 조경가는 드문 예외가 있긴 하지만 여전히 18세기의 유명한 선배인 렙턴과 '케이퍼빌리티 브라운'의 노예이기 때문이다.* 물론 토스카나 정원의 이런 앵글로화가 영국의 직접적인 영향에서 비롯된 것만은 아니다. 프랑스에서는 마리 앙투아네트 왕비가 베르사유 궁전에 프티 트리아농을 만들었을 때 자르댕 앙글레*jardin anglais*(영국 정원)가 유행했다. 그런데 투커만 씨는 이탈리아 정원에 관한 그의 책에서 명확한 근거 없이 하나의 이론을 제시했는데, 정원 가꾸기에 있어서의 자연주의 유파가 실은 이탈리아에서 유래했다는 것이다. 로마의 보르게세 정원이 17세기의 일사분기에 이미 조반니 폰타나에 의해 현재 형태로 어느 정도 만들어진 것

* 오거스터스 퓨진 (1812~1852)은 영국의 건축가이자 디자이너다. 중세 기독교 사회를 이상적으로 여겨 중세 고딕 건축의 훌륭함을 이론적으로나 실제적으로 증명하려 했으며, 건축에서 고딕 부흥 운동을 이끌었다.
* 랜슬럿 브라운 (1716~1783)은 18세기 영국 경관주의 정원의 대표자로서 가장 위대한 영국 조경가로 불린다. 지금도 다수 남아 있는 170개가 넘는 정원을 설계했다. 항상 의뢰된 땅이 '잠재력, 가능성capability'을 갖고 있다고 고객에게 말함으로써 '케이퍼빌리티 브라운'이라는 별명을 얻었다. 그는 자연 그대로인 것 같은 (그러나 결코 자연이 아닌) 정원을 설계함으로써, 화려하고 형식적인 베르사유 정원의 설계자 르 노트르의 양식과 정반대라는 평가를 받는다. 험프리 렙턴 (1752~1818)은 영국 경관주의 정원의 마지막을 장식하는 조경가다. 케이퍼빌리티 브라운의 계승자로 인정된다. 한편, 윌리엄 켄트 (1685~1748)는 영국식 풍경 정원의 고안자로서 "자연은 직선을 싫어한다"는 말로 유명하다. 동시에 영국에 이탈리아 팔라디오 양식을 도입해 앵글로-팔라디안 양식을 만들었다.

으로 추정하면서 그런 주장을 했던 것이다.*

어쨌든 피렌체 사람들이 19세기 초 새로운 유행을 채택했다는 점은 확실하다. 사례 하나만 꼽는다면, 포르타 로마나 성문 근처의 광대한 토리자니 정원을 들 수 있다. 이 정원은 토리자니 후작이 공인된 '풍경' 스타일로 1830년경 설계한 것인데, 특징적인 토스카나의 식생과 이탈리아의 기후·생활양식을 거의 무시하고 만들었다. 그러나 오래된 정원을 새것으로 바꾸고, 옛 식생이 부분적으로 유지되어오던 정원에 외지의 식생을 도입하는 데 거대한 영국 식민지가 큰 작용을 했다는 점은 의심할 여지가 없다. 예컨대, 옛 토스카나 빌라의 전형적인 모습은 농지 또는 포데레*podere*가 건물이 서 있는 테라스의 경계까지 올라와 붙어 있는 모양새다. 하지만 외국인이 구입한 빌라 근처의 포도원과 올리브원은 이국적인 나무들이 점점이 식재된 잔디밭으로 대체된 모습을 보이는 것이다. 이런 상황이었기 때문에 피렌체 인근에 변경되지 않은 정원이 드물다는 사실은 그리 놀랄 만한 일이 아니다. 따라서 옛 토스카나 정원이 어떤 것인지 알기 위해서는 작은 마을 주변을 수소문해야 한다. 그래서 우리는 피렌체 인근 언덕에서보다 오히려 시에나 근교에서 더 흥미로운 예들을 찾을 수 있다.

## 보볼리 정원 Giardino di Boboli(Boboli Garden)

옛 이탈리아 건축가는 전원주택을 두 가지 층위로 구분했다. 하나는 교외 빌라*villa suburbana* 혹은 '기쁨의 집*maison de plaisance*'으로, 이것은 도시 성벽의 안

---

\* 빌라 보르게세는 나무와 잔디밭이 어우러진 거대한 공원으로 이탈리아 정원보다는 영국 정원과 비슷하다. 영국 풍경식 정원은 18세기 중반에야 완성되므로, 만약 보르게세 정원이 진짜 17세기 초에 만들어졌다면 풍경식 정원의 기원을 여기서 찾을 수 있게 된다.

보볼리 정원의 원형극장, 피렌체

이나 바로 밖에 위치하며, 유원지遊園地로 둘러싸여 있고, 수 주일 동안의 거주를 위해 지어진다. 다른 하나는 시골 저택인데, 이는 옛 농장의 확장으로서 대개 마을의 바깥 먼 곳에, 농지나 포도원 가운데 서 있고, 영지에서 나오는 수입으로 생활하는 시골 신사가 사는 곳이다. 이탈리아의 '기쁨 정원pleasure-garden'은 16세기 중반까지 완전한 발달에 이르지는 못했다.* 즉, 반은 성城이고 반은 농장인 14세기의 빌라 중 상당수가 약초와 채소를 키우는 담으로 둘러싸인 작은 부지를 갖고는 포도원 가운데의 테라스에 서 있었던 것이다. 지금도 여전히 많은 빌라가 그렇게 남아 있다. 하지만 정원이 집의 확장된 부분으로서 세심하게 연구되어 만들어지기 시작한 시기의 정원은 피

---

\* 상류층의 호화로운 교외 빌라는 문자 그대로 '기쁨의 집 pleasure-house'으로, 그 정원은 '기쁨 정원'으로 불렸다. '쾌락의 집'과 '쾌락 정원'이라는 번역도 있지만, 좀 어색하다.

**보볼리 정원의 상부 정원 입구, 피렌체**

렌체 인근에서 별로 발견되지 않는다.

그런데 토스카나의 '기쁨 정원' 중 제일 큰 즐거움을 주는 곳은 아닐지라도 가장 중요한 곳이 오히려 도시 성벽 안에 있다. 바로 보볼리 정원인데, 피티 궁 뒤의 가파른 비탈에 지어졌다.* 보볼리 정원의 설계는 그 자체로 웅장할 뿐만 아니라, 르네상스 시대의 토스카나 정원 중 원래의 주요 윤곽이 훼손되지 않은 드문 예로서 흥미롭기도 하다. 1549년 피티 궁을 사들인 엘레오노라 데 메디치는 곧 이웃 땅을 취득했다. 정원은 일 트리볼로에 의해 설계되고, 부온탈렌티에 의해 계속돼, 궁의 정원 쪽 파사드도 만든 바르톨로메오 암마나티에 의해 완성되었다. 지금은 정원 디자이너가 처음 의도한

---

\* 원래 피티 가문이 원래 건설한 피티 궁은 메디치에 넘어갔고, 메디치가 피렌체의 지배자가 된 뒤에는 토스카나 대공국의 궁이 되었다. 건물 뒤쪽의 넓은 이탈리아식 정원이 보볼리 정원이다.

것보다 여러 측면에서 훨씬 덜 인상적으로 변했지만, 그래도 정원의 구조는 주의 깊게 연구할 만한 가치가 있다. 보볼리는 대단한 웅장함과 넓이를 갖춘 부지이지만 옛 이탈리아 정원 특유의 마법을 갖고 있기 때문이다. 이는 식재와 장식상의 변경은 꽤 있었지만 구성의 변화는 덜 심했던 덕이다.

궁전은 경사진 언덕에 기대어 지어졌다. 언덕은 궁전을 받아들일 수 있도록 굴착되었고, 높은 옹벽*은 건물이 편안하게 서 있을 수 있도록 건물의 중앙으로부터 충분히 뒤로 떨어져 만들어졌다. 궁전의 1층*은 지표면보다 한참 아래에 있어, 그 창문은 옹벽 앞에 있는 포장된 안뜰을 가로질러 바라보게 된다. 암마나티는 옹벽을 그로토*grotto*를 표현하는 건축적 구성으로 장식했다. 마치 언덕 면으로부터 솟아나는 것처럼 그로토에서 물이 분출되도록 그로토 위에 웅장한 분수를 올려놓은 것이다. 이 분수는 궁전의 2층 창문 및 그 주변의 정원과 같은 높이에 서 있다. 비록 우물처럼 움푹한 안뜰*이 건물과 부지 사이의 고저 차를 만들어 안타깝지만, 이러한 배치는 기술적인 어려움을 극복하는 독창성을 보여주는 것이며, 그 효과는 매우 성공적이라고 할 수 있다.

분수 뒤에는 그와 같은 선에 말발굽 모양의 원형극장이 절개된 언덕 면에 만들어졌다. 극장은 벽감* 속의 조각상으로 장식된 쭉 이어진 석조 좌석으로 둘러싸이고, 가지치기된 월계수 울타리는 병풍처럼 서 있다. 그 뒤로는 감탕나무로 덮인 상부 정원의 경사면이 솟아 있다. 이 원형극장은 이탈리아 정원 건축이 낳은 하나의 큰 성과다. 전체 디자인이나 디테일에서나

---

* 옹벽retaining-wall은 경사나 절개지를 지탱하기 위해 세운 수직의 두터운 벽.
* 우리나라와 미국의 1층을 이탈리아에서는 피아노 테라piano terra, 즉 지층이라 한다. 여기서는 한국식으로 층수를 표시했다.
* 그로토는 '동굴'이라는 뜻. 이탈리아 정원에는 벽을 파내 동굴처럼 만들고 그 안에 분수와 조각상을 설치한 그로토가 상당히 많다.
* 보통 이탈리아의 저택 안으로 들어가면 삼면 또는 사면이 건물 벽으로 둘러싸인 사각형 정원이 있곤 한데, 이를 안뜰court 혹은 중정中庭이라 부른다.
* 벽감niche은 조각이나 꽃병 등을 진열하기 위해 벽에 움푹 파놓은 장식 벽장.

보볼리 정원의 사이프러스 가로수길, 피렌체

순수한 르네상스에 속하며, 반세기 뒤 로마 인근의 빌라들을 흉하게 만들기 시작한 무겁고 몽환적인 바로크주의*barocchismo*의 흔적은 찾을 수 없다. 불과 얼마 지나지 않아 만들어진 티볼리에 있는 빌라 데스테의 그로테스크한 정원 건축과 참으로 비교할 만하다. 이로부터 우리는, 관람자들을 매혹시키기보다는 놀래켜주려는 저 커져가는 욕망에 토스카나의 비율 감각과 세련된 취향이 얼마나 오랫동안 저항했는지 알 수 있다.

원형극장의 양옆으로 가지치기된 감탕나무* 길이 언덕으로 올라간다. 이 길은 한때 보볼리 정원의 자부심이었던 '이솔라 벨라'라는 작은 섬을 가진 연못이 포함된 언덕 위쪽으로 나온다. 부지의 이 부분은 건축 장식과 주

---

\* 감탕나무ilex는 상록활엽교목으로 가지치기를 통해 수벽樹壁으로 만들 수 있어 정원에 널리 활용된다. 호랑가시나무라고도 한다.

변 식물이 심하게 없어져버려 지금은 다만 황량한 느낌이 든다. 당당한 날개 층계*와 피렌체 전체를 조망하는 넓은 경관을 가진 상부 정원에 대해서도 똑같은 얘기를 할 수 있다. 건축가가 자신에게 주어진 부지의 난해함에 얼마나 훌륭하게 적응했는지, 그리고 그가 르네상스 궁정의 화려한 야외극 세팅에 어울리는 정원에 필요했던 넓은 열린 공간 및 화려한 건축적 효과를 감탕나무 숲의 짙은 그늘과 얼마나 능숙하게 조화시켰는지 알기 위해서는, 건축가의 설계에 눈길을 돌려야 한다. 이 연결 고리에서 주목할 흥미로운 지점은, 르네상스 정원에서는 거의 집에 붙어 있기 마련인 꽃 정원 혹은 '비밀의 정원giardino segreto'*이 여기 보볼리 정원에서는 언덕 꼭대기로 밀려나 있다는 점이다. 이는 분명 사적인 즐김보다는 국가적 의전이나 연극 행사를 위한 평지가 궁전 주변에 필요했기 때문이다.

보볼리 정원이 중요성이 덜한 다른 정원들보다 오히려 그다지 흥미롭지도 유익하지도 않은 이유는 보볼리가 궁정 정원으로서 사적 용도를 위해 디자인되지 않았기 때문이다. 그런데 피렌체 인근의 다른 메디치 빌라들 역시 훨씬 더 단순한 라인으로 설계되었음에도 개인적 매력이 결여되어 있다는 점은 마찬가지다. 그것은 피렌체가 전능한 한 집안의 오랜 지배 아래에 있어서 '기쁨의 집'에 다양성이 별로 없어졌다는 사실 때문일 것이다. 프라톨리노, 포조 아 카이아노, 카파주올로, 카레지*, 카스텔로와 페트라이아 등의 빌라는 그 기원이 무엇이든 간에 곧 메디치 가문의 소유로 들어갔다. 그다음에는 메디치를 승계한 오스트리아 대공들의 손아귀에 넘어갔다.** 그

---

\* 날개 층계(양익 층계)는 층계를 정면에서 곧바로 올라가도록 만드는 대신, 정면을 막고 날개 같은 양 측면으로 오르내리도록 만든 것이다.

\* 비밀의 정원secret garden은 주인과 가족이 사적으로 조용히 즐기기 위해 편안한 느낌으로 한켠에 만든 정원.

\* 빌라 카레지Villa Careggi는 원래 중세의 작은 성이었던 것인데 15세기 초 메디치 가문이 구입한 후 건축가 미켈로초에게 의뢰해 빌라로 개조했다. 바로 여기서 1462년부터 플라톤 아카데미가 열리는 등 이 빌라는 수많은 학자와 휴머니스트들을 매료시킨, 피렌체 르네상스의 산실이었다.

래서 부분적으로 정원이 보존된 세 곳인 카스텔로, 페트라이아, 포조 임페리알레는 보볼리와 같이 비개인적이고 공적인 모습을 갖고 있다고 말할 수 있는 것이다.


## 빌라 카스텔로, 빌라 페트라이아Villa di Castello, Villa la Petraia

빌라 카스텔로와 빌라 페트라이아는 콰르토 마을 너머 2킬로미터 떨어진 곳에 위치해 있다. 보볼리 정원을 설계하는 데 큰 몫을 한 암마나티의 훌륭한 제자인 부온탈렌티에 의해 모두 지어졌다. 빌라 카스텔로는 평평한 땅에 서 있으며, 파사드*는 소박한 출입구와 콘솔*이 있는 창문을 가진 아주 단순한 모습으로, 현재 도로를 마주하고 있다. 다만, 과거 18세기의 동판화가인 초키의 동판화집에 따르면, 빌라 카스텔로의 파사드 앞에도 집과 길 사이에 낮은 벽으로 둘러싸인 확장된 반원형 공간이 있었다. 이는 빌라 포조 임페리알레와 이웃의 빌라 코르시니에서도 동일하다. 사실 이 방식은 옛 이탈리아 건축가의 경탄할 만한 규칙이었다. 즉, 정원 공간이 작은 한편 건축 현장이 허용할 경우, 건축가는 빌라 거주자의 사적 공간 부지를 최대한 확보하면서도 집으로의 공용 접근이 가능하도록 빌라를 길에 마주하도록 짓는 방안을 고안한 것이다. 프랑스의 빌라 건축가는 이 규칙을 여전히 준수하고 있다. 프랑스에서는 빌라가 길에서 곧바로 접근 가능할 때 정원 부지로부터 빌라

---

** 피렌체는 본래 공화국이었으나 메디치 가문이 지배하면서 피렌체 공국을 거쳐 토스카나 대공국이 되었고, 1737년 마지막 메디치 통치자가 후손 없이 사망하자 합스부르크 로트링겐 왕가의 오스트리아가 넘겨받았다. 이후 1860년 피에몬테의 사르데냐 왕국에 의해 합병되어 이탈리아 왕국의 일부가 된다.

* 파사드facade는 건물의 출입구가 있는 정면 외벽 부분. 서양 건축에서 파사드는 건물의 얼굴로 건축 디자인의 핵심이 된다.

* 콘솔console은 창문 아래에 한 뼘 정도 튀어나온 편편한 돌판. 그 자체로 장식 기능을 하는 한편, 화분을 올려놓아 집을 아름답게 해준다.

에 들어가도록 된 경우는 예외적이다.*

빌라 카스텔로 뒤쪽으로는 부지가 측벽으로 둘러싸인 채 오르막 경사를 올라가 그 뒤쪽의 높은 옹벽에 이른다. 옹벽 위로는 작은 섬을 품은 연못을 포함하는 감탕나무 숲이 있다. 몽테뉴*는 『이탈리아 일기』에서 정원에 대해서는 별로 묘사하지 않았지만, 카스텔로의 테라스가 '바보 같다'고 언급했다. 즉, 테라스들은 경사진 부지를 따라 집 쪽으로 점차 기우는 것이다. 정형식 정원이 이처럼 대담하고 특이하게 현장 상황에 적응한 경우는 제노바 삼피에르다레나 지구의 아름다운 빌라 스카시의 테라스식 정원에서도 볼 수 있다. 카스텔로의 세부적인 부분들은 현대화의 대가代價로 매력이 상당히 희생됐지만, 정원 설계는 여전히 훌륭하다. 정원 중앙의 넓은 계단은 첫 번째 테라스로 이어지는데, 여기에는 청동상과 대리석으로 만들어진 일 트리볼로의 당당한 분수가 조각상과 대리석 벤치에 의해 둘러싸인 건목 친* 받침대 위에 서 있다. 불행하게도 분수와 조각상은 최근에 초자연적인 백색으로 문질러 씻겨져버렸다. 그리고 이 '진보의 정신'은 옛 화단을 햇볕에 탄 잔디밭으로 바꿨으며, 거기에 너도밤나무와 팜파스 그라스를 심어버리고 말았다.* 몽테뉴는 이 정원에서 달콤한 시원함을 만들어주는 베르소berceaux 또는 얽어 덮은 길**과 빽빽이 자란 사이프러스 나무들을 넌지시 얘기한다. 그

---

* 우리는 대개 길로부터 집의 대문에 들어서고 정원을 가로질러 건물에 이르는 형식이다. 하지만 이 이탈리아의 사례는 건물을 길에 면하게 하고 정원은 그 안쪽으로 펼쳐지게 만든 것이다. 즉, 길에서 바로 빌라 건물로 들어갈 수 있고, 그렇게 들어간 건물에서 나오면 건물에 의해 차단되고 가려진 정원이 나온다. 따라서 건물에는 양면이 있게 되는 셈인데, 때로는 길을 마주한 면은 오히려 소박하게, 정원을 마주한 면은 아주 훌륭하게 만들기도 한다.

* 몽테뉴는 프랑스의 귀족이자 『수상록』의 명성이 유럽에 퍼져 있었기에 가는 곳마다 유력자의 초대를 받았다. 피렌체에서는 빌라 카스텔로와 빌라 프라톨리노를, 로마에서는 티볼리의 빌라 데스테를, 비테르보에서는 바냐이아의 빌라 란테, 카프라롤라의 빌라 파르네세를 방문했다.

* 건목치기rustication는 석재의 표면을 거칠게 쪼아 다듬은 것. 르네상스 시대에 유행했고, 지금도 건물들의 외면에서 많이 볼 수 있다.

* 100여 년 전 저자가 방문할 당시에는 영국식 잔디 정원으로 바뀐 상태였지만, 지금은 이탈리아 전통 정원의 모습으로 복원되어 있다.

빌라 페트라이아의 비너스 분수, 피렌체 근교

런 집에서 햇볕에 그을린 넓은 땅을 가로질러 보노라면, 정원의 매력이 떨어지는 이유가 그늘의 부족 탓이란 것을 깨닫게 된다.

비탈에 지어진 보통의 이탈리아 정원에서와 같이, 카스텔로에서도 뒤쪽의 옹벽은 훌륭한 장식적 모티프를 제공한다. 옹벽은 넓은 대리석 층계를 올라가면 도달하는데, 가는 중에 대칭의 레몬하우스*가 양옆에 서 있다. 이 축선상의 옹벽에는 원기둥을 가진 넓은 개구부開口部가 있으며, 그 양 측면으로 아치형 벽감이 있다. 중앙 개구부 안쪽으로는 2세기 또는 그 이상 이탈리아 정원 건축가의 기쁨이 되었던 거대한 그로토*를 두었다. 지붕은 채색 조개껍질로 된 가면과 아라베스크 문양으로 장식되었고, 진짜 동굴 벽면처럼 뒷배경이 만들어진 벽감에는 실물 크기 동물들의 기묘한 집합이 있다. 즉 낙타, 원숭이, 진짜 뿔이 있는 사슴, 실제 엄니를 가진 멧돼지, 그 밖의 다양한 작은 동물과 새들이 뒤엉켜 있는 것이다. 그중 일부는 자연 색조에 상응하는 색의 대리석으로 만들어졌다. 한편, 이 동물들 모음 아래에는 연분홍 대리석 수반이 있고, 바다생물들이 돌고래 위에 조각되었다. 그런데 유머라는 존재는 그 맛을 가장 빨리 잃어버리는 성질을 지닌 것이다. 그렇기에 옛 정원 건축의 이 그로테스크한 측면을 이해하기란 그리 쉽지 않다. 실제의 혹은 환상의 동물을 표현하는 이 별난 기쁨은 아마 르네상스 시대의 여행자가 고향 집에 갖고 간 굉장한 여행담 속에 나오는 이상한 야생 짐승에 대한 대중적인 관심에서 생겨났을 것이다. 어쨌든, 이탈리아 정원에 있어 그로토의 일반적인 용도는 그늘과 시원함에 대한 필요성이 자연스럽게 발전한 결과로 볼

---

** 엮어 덮은 길pleached walk은 길 양측에서 나무를 길러 올려 마치 터널처럼 덮어 그늘이 지도록 만든 길.

* 레몬과 오렌지 과수원을 고대 로마 시대부터 경영하던 이탈리아인들은 그에 대한 사랑이 각별하다. 하지만 피렌체는 겨울 기온이 낮아 레몬하우스라는 별도의 시설을 필요로 한다. 영국 등에서도 귀족들은 이탈리아의 풍광을 보고자 레몬하우스를 설치하곤 했다.

* 이 그로토와 그 조각품은 일 트리볼로의 작품으로, 그는 아르노강과 무뇨네강의 물을 끌어오는 수로를 건설하기도 했다. — 원주

46

수 있다. 오래 잠들어 있던 물 장치가 작동할 때, 그리고 차가운 물이 흔들리는 양치식물 화단 위로 솟구쳐 대리석 수반으로 떨어질 때, 이러한 뒤꼍은 바깥 정원의 이글거리는 화염과 달콤한 대조를 형성했음이 틀림없다.*

빌라 페트라이아의 정원은 빌라 카스텔로보다 설계가 덜 정교하다. 사실 분수로 유명한데, 일 트리볼로의 작품 중 가장 아름다운 이 분수는 젖은 머리를 짜는 비너스를 닮은 여인의 조각상이 꼭대기에 올려져 있다. 현재 그 조각상은 조반니 다 볼로냐가 만들었다고 여겨진다. 물이 아주 풍부한 이 지역의 다른 빌라들처럼, 페트라이아는 상부 테라스 아래에 큰 장방형의 바스카vasca 또는 수조가 있다. 한편, 집 자체는 옛 토스카나 스타일의 간결한 구조로서 사각형 정원 옆에 세워져 있고, 매우 아름다운 탑이 주목할 만하다. 굴리트 씨*가 시사했듯이, 이 탑은 피렌체 시내 베키오 궁의 탑에서 영감을 받았음이 틀림없다.

## 빌라 포조 임페리알레Villa del Poggio Imperiale

피렌체 남쪽의 언덕 면에 있는 포조 임페리알레의 대공 빌라는, 초키의 매력적인 동판화에 의할 때 18세기에도 토스카나의 그 단순하고 독특한 파사드를 여전히 보존하고 있었다. 그런데 이 파사드는 토스카나 대공 레오폴드가 만든 육중한 기둥들이 도열한 전면으로 가려졌고, 나중에는 건목 친

---

* 그로토는 특히 17~18세기 바로크 시대의 정원에서 유행했고, 이어 전 유럽으로 퍼졌다. 위와 같은 실용적 목적 외에도, 동굴의 이미지는 감각을 깨우고 비밀스러움을 환기시키며 대지의 자궁 속으로 들어가는 것을 암시한다. 이는 역사를 거슬러 올라가면 그리스·로마 시대의 '님파에움Nymphaeum'에 이르게 된다. 님파에움은 물의 정령 님프에게 바쳐진 성소였다. 그로토는 '그로테스크grotesque'의 어원이 되기도 한다.
* 『이탈리아 바로크 스타일의 역사』— 원주: 코르넬리우스 굴리트(1850~1938)는 독일의 건축가이자 역사가.

포르티코가 덧붙여졌다. 한편, 바깥쪽은 옛 모습대로 남아 있는 것이 별로 없다. 포르타 로마나 성문에서 빌라로 올라가는 공용 도로인 감탕나무 가로수길과 사이프러스 가로수길, 그리고 육중한 받침대 위에 올려진 수호자 상이 있는 반원형의 저택 입구 정도가 그대로일 뿐이다.

포조 임페리알레는 아주 오랫동안 메디치 대공들과 그 승계자인 로렌 가문이 좋아하는 거주지였다. 그래서 많은 변화를 겪지 않을 수 없었고, 결국 하나씩 차례로 전형적인 특징들을 모두 잃어버렸다. 건물 내의 세련된 안뜰은 줄리오 파리지의 작품으로 생각되는 개방 아케이드*로 둘러싸여 있다. 파리지는 16세기 말에 줄리아노 다 상갈로의 설계도면에 따라 빌라의 변경을 완료했다. 그리고 넓은 스위트룸은 장식을 배우는 학생들에게 흥미로울 것이다. 왜냐하면 아마도 프랑스 장인들에 의해 루이 15세와 루이 16세 시기의 훌륭한 조각과 스투코*stucco*로 장식되었기 때문이다. 그러나 부지는 전체적인 설계를 제외하고는 거의 유지되지 않았다. 건물 뒤쪽으로 빌라는 조각상으로 둘러싸인 중앙의 수조와 담장이 있는 넓고 평평한 정원 부지로 곧바로 열려 있다. 그러나 기하학적인 모양의 화단은 잔디밭으로 바뀌었다. 이 평평한 공간의 오른쪽으로 몇 걸음 내려가면 감탕나무가 식재된 긴 테라스에 이른다. 보통은 보스코*bosco*가 꽃 정원의 아래가 아니라 위쪽에 위치한다는 점에서 이것은 특이한 배치라고 할 수 있다. 이 테라스에서는 피렌체를 굽어보는 멋진 전망을 즐길 수 있다.

---

* 아케이드arcade는 열주列柱에 의해 지탱되는 아치 또는 반원형의 천장을 연속적으로 가설한 구조물과 그렇게 조성된 통로 공간.
* 스투코는 치장 벽토라고도 하는데, 건축의 천장·벽면·기둥 등을 덮어 칠한 회반죽을 말한다.
* 보스코는 인공적으로 조림한 숲(총림叢林). 특히 산이나 언덕이 없고 평지가 많은 프랑스의 정형식 정원에서 잘 발달했다.

# 빌라 감베라이아 Villa Gamberaia

피렌체의 유명한 정원 부지들은 앞서 살펴본 여러 사정 때문에 옛 매력의 많은 부분을 잃어버렸다. 하지만 다행히 과거의 향기를 상당 수준으로 보존하고 있는 다른 유형의 정원이 하나 있다. 이것이 바로 세티냐노 마을에 있는 빌라 감베라이아다. 최근에 새로 구입될 때까지 감베라이아는 오랜 기간 여름 피서철의 숙소로 임대되었다. 그 정원 설계가 완벽히 보존된 연유는 바로 이 모호한 운명 덕분이다.* 최근의 변경 전에 이 정원은 이중으로 흥미로웠다. 상태가 변경되지 않았다는 점이 그렇고, 작고 불규칙한 땅뙈기라도 놀랄 만한 기술로 활용해내는 이탈리아에서조차 감베라이아는 작은 부지에서 큰 효과를 산출하는 기교를 보여주는 가장 완벽한 사례라는 점이 그러하다.

빌라는 세티냐노 마을과 넓게 펼쳐진 아르노강 주위의 계곡이 내려다보이는 산등성이에 우아하게 자리잡고 있다. 집은 작지만 인상적이다. 아마도 1610년이 되어서나 지어진 것 같지만, 이미 이탈리아의 다른 지역에 널리 퍼져 있던 바로크 양식을 반영한 흔적은 거의 없다.* 또한 베네토 지방에서 오랫동안 유지되었던 고전주의 또는 팔라디오 양식*으로부터도 멀찌감치 떨어져 있다. 감베라이아는 확연히 토스카나 스타일이다. 돌출된 처마, 육중한 모서리돌, 큰 콘솔 위로 이격되어 있는 창문 같은 요소들은 빌

---

* 여기에 나오는 새 소유자는 루마니아 귀족 여성인데, 미스터리한 생활을 했다고 한다. 그리고 뒤에 나오는 연못을 새로 만드는 등 정원을 상당히 개조했다고 한다. 워턴은 새 소유자의 정원 변경 몇 년 후에 방문했던 것이다. 다행히 이 변경은 성공적이어서, 정형식 정원 안에 연못을 합친 감베라이아의 정원은 가장 아름다운 것으로 칭송되고 있다.

* 1610년경에 이르면 이미 바로크 양식이 유행하고 있었다. 바로크는 화려하고 격동적이며 풍부한 장식적 경향을 보인다. 바로크 건축의 시초는 비뇰라가 지은 로마의 예수 성당(1580), 바로크 회화의 창시자는 17세기 초 카라바조라고 본다.

* 팔라디오(1508~1580)는 베네치아의 건축가로 16세기 북부 이탈리아에서 가장 위대한 건축가로 평가된다. 팔라디오 양식은 고전적 단순함을 추구한 것으로서, 18세기 영국에서 대유행해 영국 신고전주의 건축의 기원이 되었으며, 이후 미국으로 건너가 워싱턴 주요 공공건물들의 양식이 된다.

GAMBERAIA

빌라 감베라이아, 피렌체 근교

라 감베라이아가 빌라 이 콜라치와 빌라 폰탈레르타 같은 고귀한 토스카나 빌라의 예를 만들어낸 진중하고 냉철한 16세기 건축파의 직계 후손임을 보여준다. 그럼에도 정면은 균형이 아주 잘 잡혀 있어 무겁다는 느낌이 없으며, 본관 건물의 뻣뻣함은 양쪽 끝에 있는 일종의 날개 아케이드에 의해 완화된다. 날개 아케이드 중 하나는 집과 예배당을 연결하고, 다른 하나는 나선형 계단을 통해 2층으로부터 한때 연못과 약초 정원이었던 곳으로 이어진다. 직사각형 부지인 이 정원은 수년 전 그 중심에 둥근 연못을 갖게 되었는데, 연못은 장미와 채소가 심어진 대칭적인 구획으로 둘러싸였고, 전체적인 디자인은 빌라가 만들어지고 난 이래로 거의 바뀌지 않은 것 같다. 하지만 이제 정원은 새 설계에 따라 정교한 스타일로 리모델링되었는데, 이것은 주변 환경과의 연관성이 없다는 약점이 있다. 다행히 부지의 설계와 식재에 그 이상의 별다른 변화는 없었다.

집의 파사드 앞에는 잔디 테라스가 펼쳐진다. 이 테라스는 석조 화병과 엄숙한 모습의 개 조각상이 번갈아 설치된 낮은 담으로 둘러싸였다. 그리고 집에 바짝 붙은 포도원과 농지 위로 튀어나와 있다. 포도원의 이런 위치는 변경되지 않은 다른 토스카나 빌라와 같은 것이다. 빌라 뒤에는, 빌라와 나란히 긴 잔디밭 또는 볼링그린*이 있다. 이 잔디밭의 긴 쪽 면은 조각상이 올려진 아주 높은 옹벽으로, 다른 측면은 농장 쪽 정원과 연못 쪽 정원을 나누는 높은 산울타리로 되어 있다. 잔디밭은 채색 자갈과 조개껍질로 만든 그로토에 의해 한쪽 끝이 막혔는데, 그 안에는 님프와 양치기들이 분수 주변으로 선 벽감이 있다. 이 그로토는 감베라이아가 명성을 떨쳤던 고대의 사이프러스 숲에 둘러싸여 있다. 잔디밭은 반대편에 설치된 난간에서 마무리된다. 여기서는 저 멀리 아르노강과 더불어 구릉들을 가로질러 계곡의 남쪽

---

\* 볼링그린bowling-green은 원래 영국에서는 볼링게임을 하는 잔디밭이지만 이탈리아나 프랑스에서는 잘 깎은 잔디밭 구획을 일컫기도 한다.

**빌라 감베라이아, 피렌체 근교**

면까지 내려다볼 수 있다.

옹벽은 집의 뒷면과 평행하게 달리면서 사이프러스와 감탕나무가 식재된 테라스를 지탱한다. 집 위쪽의 이런 테라스형 숲은 이탈리아 정원에 매우 전형적인 것으로, 그 좋은 예는 빌라 카스텔로와 로마의 빌라 메디치에서 볼 수 있다. 이처럼 그늘이 있는 땅은 아무리 작아도 야생 숲처럼 불규칙하게 나무가 심겨지는 한편, 짙은 감탕나무 덤불 아래 석조 의자와 우거진 수풀 사이 깊은 벽감 속에 놓인 조각상들과 함께한다. 집의 중앙 출입구 바로 맞은편으로는 옹벽이 절단되었고 여기에 철문이 나 있다. 이 문은 잔디밭과 같은 평면에 있는, 너비 6미터가 채 되지 않는 좁고 기다란 정원으로 이어진다. 이 좁은 띠 같은 정원은 조각상이 있는 그로토 같은 분수에서 끝나고, 그 양 측면의 난간이 달린 층계는 감탕나무가 식재된 위층으로 올라간다. 이 작은 그로토 정원에 의해 형성된 움푹한 부분의 다른 면에는 그에 상응하는 다른 테라스가 있다. 이곳은 과거 채소밭으로 만들어진 것으로서, 모든 이탈리아 빌라의 부속 건물인 레몬하우스 또는 스탄초네*stanzone*가 키 작은 파사드를 하고서 뒤에 서 있다. 붉은 토분에 심은 레몬, 오렌지, 동백나무*와 다른 관목들은 이 레몬하우스에 겨우내 보관되었다가, 5월이 되면 다시 밖으로 나온다. 그리고 모든 옛 이탈리아 정원의 산책로 경계를 이루는 돌판 위에 놓인다.

이렇게 빌라 감베라이아의 설계를 자세히 묘사해보았다. 왜냐하면 감베라이아는 놀랍도록 작은 공간 안에 과밀이라는 느낌 하나 없이 옛 이탈리아 정원의 거의 모든 전형적인 탁월함을 결합시키고 있기 때문이다. 즉, 집 주변을 자유롭게 순환하는 햇빛과 공기, 풍부한 물, 편하게 접근할 수 있는 짙은 그늘, 각기 다른 조망 지점을 갖는 산책길, 서로 다른 높이의 땅을 솜씨 좋게 이용함으로써 만들어지는 효과의 다양함, 그리고 마지막으로 구성의 폭넓음과 단순함 말이다.

여기서 또한 현대의 "경관주의자"*가 거의 완전히 잊어버린 정원 만들기의 원리, 즉 공간의 세부 구획이라는 가치가 최대한으로 표현된 것도 주목된다. 공간의 효과를 만들어내는 데 있어 현대의 정원가는 이런 아이디어를 갖고 있다. 정원의 경계를 사라지게 만들고, 정원의 필수 부분을 서로서

---

* '방'이라는 뜻의 스탄차stanza에 확대형 어미가 붙은 것으로 직역하면 '큰 방'이다.
* 동백나무는 동아시아 원산이지만 그 아름다움 때문에 18세기 유럽으로 건너가 큰 인기를 얻은 정원수가 되었다. 알렉상드르 뒤마의 소설 『춘희椿姬』에서 주인공인 고급 창부 마그리트는 늘 동백꽃을 달았고(동백나무 춘椿), 베르디는 이를 원작으로 오페라 「라 트라비아타」를 작곡한다.
* 영국의 자연적인 풍광을 가진 정원을 '풍경 정원' 혹은 '경관 정원'이라고 한다. 런던의 세인트 제임스 파크, 하이드 파크, 켄싱턴 파크, 리전트 파크 등에서 볼 수 있다. 물론 처음에는 영국도 햄프턴 코트 궁의 정원에서 알 수 있듯 프랑스식 정형식 정원을 추구했으나 18세기 중반 자신들만의 정원을 만들어냈다. 그 과정에서는 자연을 통제하는 프랑스식 정원의 인공성을 신랄하게 비판하면서 자연스러운 영국식 정원이 이론 면에서나 실제 면에서나 더 우월하다는 주장이 격렬하게 제기되었다. 어쨌든 저자는 경관에 매몰된 정원가를 '경관주의자'라고 살짝 비꼬아 부르고 있다.

로 합칠 뿐만 아니라, 이 모든 모호한 전체를 경관과 함께 버무리는 방식이 효과적이라고 보는 것이다. 반면, 옛 정원 건축가는 반대의 원리를 전개시켰다. 정원은 집의 연장일 뿐이고, 큰 방 하나를 가진 집은 거주자의 필요에 따라 다양하게 나뉜 방을 갖춘 집보다 흥미롭지도 편하지도 않을 것이다. 따라서 하나의 큰 외부 공간을 가진 정원 역시 논리적 구획을 갖춘 정원보다 못하다고 주장하는 것이다. 물론 효용성이 정원의 세심한 분할을 만들어낸 유일한 고려 사항은 아니었다. 심미적인 인상 또한 고려되었다. 햇살 가득한 과수 정원에서 울창한 숲으로, 거기서 넓게 펼쳐지는 전망 지점으로, 그리고 다시 이끼 낀 시원한 그로토나 프라이버시가 보호되는 얽어 덮은 길을 지나갈 때, 그 효과와 그 모든 것은 예술가라는 종족에 의해 고려된 것이다. 그들은 짙은 사이프러스와 연한 레몬나무의 병치, 깊은 그늘과 고른 햇볕의 병치를 연구한 만큼이나 심미적인 감정도 연구했던 것이다. 그러나 모든 온전한 건축 작업이 그러해야 하듯이, 옛 이탈리아 정원 설계의 진정한 가치는 논리와 아름다움이 그 안에서 서로 만난다는 점에 있다. 정원의 각 부분은 편의성이 요구되는 곳에 배치되었고, 가장 직접적이고 합리적인 수단으로 다른 부분으로부터 접근할 수 있도록 만들어졌다. 이 지적인 설계에 의해 '예기치 않음unexpectedness'과 아름다움의 다양한 효과가 얻어지는 것이다.

잔디는 이탈리아의 토양과 기후에 적합하지 않다고 앞서 얘기했다. 그렇다고 이탈리아 정원가들이 잔디의 가치를 높이 치지 않았다고 생각해서는 안 된다. 그들은 잔디를 이용했지만, 잔디가 많은 보살핌을 필요로 하고 토양의 특질에 잘 맞지 않는다는 것을 알았기 때문에 절제해서 사용했던 것이다. 감베라이아의 잔디밭은 길게 뻗은 잔디밭의 아름다움이 잘 이해되고 있었다는 것을 보여준다. 그리고 피렌체 건너편의 아르체트리 마을에 있는 빌라 카포니Villa Capponi에는 장방형의 멋지고 오래된 잔디밭이 집에 붙어 있다. 원래의 정원에서 유일하게 살아남은 부분이라고 얘기된다. 이런 잔디밭들은 항상 집 주변에서 이용되곤 했는데, 그런 자리에서 잔디밭은 가지치기된 울타리나 조각상이 올려진 벽 사이에 보석처럼 배치됨으로써 그 가치가 온전히 향유될 수 있었던 것이다. 잔디밭은 주로 놀이를 위한 용도였음이 틀림없지만, 확실히 심미적인 효과도 높이 평가되었다. 왜냐하면 많은 이탈리아 정원에서는 너도밤나무 또는 감탕나무가 양 벽을 이루는 가파른 잔디 산책로가 언덕을 올라가서는 마침내 해당 부지에 왕관을 씌우는 듯한 신전이나 조각상에 이르는 것을 종종 볼 수 있기 때문이다. 피렌체에 있는 이 타피 베르*tapis vert*의 좋은 예는 캄피오비 마을 근처, 아르노 강가의 빌라 단티 Villa Danti에서 볼 수 있다. 훗날 르 노트르*는 타피 베르를 프랑스의 습한 기후에서 경탄할 만하게 사용하게 된다.

## 빌라 코르시니 Villa Corsini

카스텔로 지역에 있는 토스카나 대공의 빌라들 가까이에는 그것들에 결여되어 있는 편안한 매력을 듬뿍 지닌 다른 시골 별장이 있다. 바로 코르시니 공작의 빌라 코르시니다. 이것은 피렌체 인근에 있는 바로크 양식의 시골 별장 중 최고의 예다. 전형적인 토스카나식 입면을 여전히 뒤쪽에서 볼 수 있는 이 오래된 빌라는 17세기 후반 동안 리모델링되었다. 피렌체 아르노 강변 룽가르노에 있는 팔라초* 코르시니의 당당한 홀과 층계를 건설한 안토니

---

\* 프랑스어 '타피 베르'는 직역하면 '초록의 융단'이다. 끊기는 데 없이 널리 펼쳐지는 초록의 잔디밭을 말한다.

\* 르 노트르(1613~1700)는 루이 14세의 궁정 조경사로서 프랑스 정형식 정원을 만들어낸 주역이다. 이탈리아 정원을 모델로 삼아 이를 발전시켜 보 르 비콩트와 베르사유 같은 프랑스 정원으로 재창조했다. 베르사유의 정원은 이탈리아 정원 양식과 프랑스인들이 중시하는 질서 및 합리성, 그리고 프랑스 왕정의 권력이 융합된 결과물이라 할 수 있다.

\* 이탈리아 도시 내의 대저택을 팔라초palazzo라고 한다. 귀족 가문은 도시 성벽 안에 '팔라초'를, 성 밖 시골에 별장으로서 '빌라'를 건설했다. 번역어로는 '팔라초, 궁, 궁전'을 혼용했다.

빌라 코르시니, 피렌체

오 페리에 의해 된 것 같다. 빌라 코르시니는 빌라 카스텔로와 마찬가지로 평지에 자리잡았고, 앞에는 통상의 반원형 담을 갖고 있다. 빌라의 전면은 바로크 스타일 그대로다. 즉, 2층으로 된 정면에는 가느다란 오더order에 의해 나뉜 창문이 달렸고, 화병이 올려진 난간 테두리가 붙은 당당한 중앙 박공*이 있다. 전체 처리는 17세기 건축가가 소박한 토스카나 구조를 현란한 장식으로 덮어씌운 방식을 보여주고 있다는 점에서 흥미롭다.* 그리고 굳이 비판을 하고자 한다면, 그 효과가 얼핏 보기에 화려하고 당당하다는 것이다.

집은 개방 아케이드로 둘러싸인 사각형 안뜰 주위에 지어졌다. 안뜰로 들어가는 마차 출입구 맞은편에는 난간으로 둘러싸인 넓은 공간으로 열린 출입구가 있다. 감탕나무 가로수길은 이 공간 뒤로 뻗어 있는데, 출입구와 같은 축선상에 있다. 집의 한쪽 끝에는 담장이 선 직사각형의 정원이 있고, 회양목으로 경계를 만든 복잡한 기하학적 패턴의 화단이 중앙의 분수 주위에 무리 지어 있다. 이 정원과 대응하여 집 반대쪽 끝에는 감탕나무 숲이 무성하고, 좁은 길을 따라 중앙으로 내려가면 아름다운 분수에 이른다. 큰 감탕나무 그늘이 드리워진 위쪽 수조로부터는 소용돌이 모양의 박공이 올려진 수조로 물이 떨어져 내린다. 이곳에서도 포도원과 올리브원은 정형식 부지 가까이까지 다가와 붙어 있으며, 감탕나무 숲은 담장 대신 사이프러스 나무들이 늘어선 선에 의해 농지로부터 나뉜다.

---

* 박공gable은 경사진 지붕과 벽이 만들어내는 삼각형 모양의 공간을 말한다. 벽과 지붕이 만나는 곳의 방수 문제를 미학적으로도 아름답게 해결하는 방안이다.
* 17세기의 바로크 시대를 맞아 바로크 양식으로 개조했다는 뜻이다. 대개 건물 외면에 새로운 양식으로 석재를 덮어씌우고 창문 모양을 바꾸는 방식을 취한다.

빌라 감베라이아에서 멀지 않은 산 제르바시오의 언덕에는 또 다른 시골집이 있다. 옛 정원의 흔적을 희미하게만 보존하지만 무시하고 지나치기에는 건축학적으로 매우 흥미로운 곳이다. 바로 빌라 폰탈레르타다. 원래는 예배당, 사무실, 그리고 본관과 연결된 별채를 가진 농가 빌라 형식의 긴 건물이었는데, 16세기에 아마 암마나티에 의해 피렌체 인근에서 가장 위풍당당한 전원 저택 중 하나로 개조되었다. 양익 층계를 오르면 화려하게 건목 친 로지아*가 본관의 모퉁이를 형성한 것을 볼 수 있다. 본래 3면이 둘러졌던 넓고 개방된 안뜰은 당대에 혹은 그 이후 지붕이 씌워져 베네토와 밀라노의 빌라 홀과 같이 거대한 중앙 홀로 바뀌었다. 이 2층짜리 홀은 이탈리아 빌라 인테리어 설계에서 가장 세련되고 적합한 모습이지만, 북쪽이나 남쪽으로 갈수록 더 인기 있었던 것과 달리 토스카나에서는 별로 인기가 없었던 것 같다. 대부분의 토스카나 빌라는 이탈리아 다른 지역의 빌라보다 규모가 작고 허세가 덜한 스타일이며, 개방 안뜰을 둘러싸고 짓는 전통적 농가 빌라의 설계로부터 건축가가 벗어나는 경우는 극히 예외적이었던 것이다. 이러한 아케이드형 안뜰의 좋은 예가 카스텔로 근처에 있는 메디치 가문의 빌라인 페트라이아다. 폰탈레르타에서 이전의 안뜰은 한때 옛 화단이었던 것을 마주보며, 건물의 파사드와 나란한 잔디 테라스보다 약 1미터 위에 올려져 있다. 이 정원 뒤에는 빌라의 뒷면에 붙은 오래된 상록수 숲이 있다. 그러나 집 주변의 정형식 정원 모습은 사라져버렸다.

---

\* 로지아loggia는 한쪽 또는 그 이상의 면이 벽 없이 트여 있는 방이나 복도.

발 데마 수도원 너머로 약 5킬로미터 떨어진 언덕에는 피렌체 인근에서 가장 화려하고 위엄 있는 빌라가 서 있다. 그 높은 산마루로부터는 평야를 가로질러 피스토이아와 아펜니노산맥이 보인다. 이 빌라는 나무가 많은 주변 언덕으로부터 이름이 유래해 빌라 이 콜라치(현재 빌라 봄비치 Villa Bombicci)라고 불린다.* 16세기에 디니 가문을 위해 미켈란젤로가 직접 자신의 손으로 지었다는 이야기가 전승된다. 미켈란젤로는 디니 가문의 가까운 친구로 알려져 있으므로 충분히 그들을 위해 일했을 법하다. 그게 아니라 일부 전문가가 생각하는 것처럼 만약 산티 디 티토가 빌라의 실제 건축은 물론 디테일한 디자인까지 한 것이라면, 적어도 빌라의 전체적 구상은 더 위대한 예술가, 즉 미켈란젤로로부터 기원했음이 틀림없다고 느끼지 않을 수 없다.

실제로 빌라 봄비치는 미켈란젤로가 지극히 사소한 창조물에까지도 부여했던 엄격함, 폭넓음, 특별한 위엄을 보인다는 점에서 미켈란젤로의 특질을 갖고 있다. 집은 판석을 깔아 올린 테라스의 3면에 지어졌으며, 2층짜리 개방 아케이드로 구성된 안쪽 3면은 넓게 튀어나온 처마로 씌워졌다.* 날개는 아케이드 쪽을 향하는 옆면을 제외하고는 견고하며, 육중한 페디먼트*와 콘솔이 달린 창문은 진정한 토스카나 방식으로 띄엄띄엄 떨어져 있다. 방패를 든 사자상이 옆에 붙은 위풍당당한 양익 층계를 따라 오르면 집이 서 있는 테라스에 이른다. 천장이 높은 중앙 홀은 집 뒤쪽으로 난 바깥 층계로 열렸으며, 이 바깥의 양익 층계는 곡선을 그리며 정원으로 나 있다. 집의 이

---

\* 이탈리아어 콜레 colle는 언덕이나 작은 산을 말한다. 여기서 '콜라치'가 나왔다. 저자는 방문 당시 이름을 '빌라 봄비치'라고 했지만, 오히려 지금은 '빌라 이 콜라치'라고 한다.

\* 집이 디귿 자로, 1면이 열려 있는 모양이다. 즉 양익 층계를 올라오면 안뜰(중정)에 이르고, 3면은 열린 1면에 대해 닫힌 면으로서 2층 아케이드로 되어 있다는 것이다.

\* 페디먼트 pediment는 그리스 신전의 박공을 가리키는데, 납작한 삼각형 모양이다.

쪽 위층에는, 가는 쌍기둥으로 나뉘는 세 개의 아치로 된 아름다운 개방 로지아가 있다. 그리고 건목 친 아치형의 출입구는 문장紋章이 그려진 석조 방패 장식escutcheon이 위에 붙어 있는데, 이 출입구 또한 매우 아름답다.

빌라는 집 앞의 열린 공간으로 바로 이어지는 사이프러스 가로수길을 통해 접근한다. 집이 지어진 산마루는 너무 좁고 땅이 절벽으로 떨어지는 것 같아서 충분히 정원 건축이 전개될 기회를 주지는 못했다. 그러나 비록 지금은 모두 앵글로화되었다 하더라도, 여전히 원래 설계를 쉽게 추적할 수 있다. 즉, 앞쪽으로는 열린 공간이 높은 옹벽에 의해 지지되고, 집의 한쪽 면으로는 사이프러스와 감탕나무로 된 숲이 있고, 뒤쪽 면으로는 완벽한 사생활이 보장되던 작은 비밀의 정원 혹은 울타리 쳐진 정원이 있어, 화단과 벤치, 조각상들이 놓였던 것이다.


## 빌라 캄피 Villa Campi


이 책의 목적은 이탈리아의 빌라를 그 부지와 연관지어 설명하는 것이다. 그래서 본래의 옛 환경을 잃어버린 빌라들에 대한 언급은 어쩔 수 없이 그냥 지나칠 수밖에 없다. 그러나 피렌체 근처에는 큰 규모의 빌라가 지어지지 않았던 옛 정원이 하나 있는데, 정원 예술의 연구에 있어 간과할 수 없다. 이탈리아 정원의 매력에 상당히 익숙한 사람들조차 빌라* 캄피의 첫 모습에는 독특한 흥분을 느끼리라. 푸치 가문 중 한 사람이 아마도 16세기 말에 만든 이 빌라는 피렌체에서 15킬로미터 정도 떨어진, 아르노강 계곡 위에 있는 라스트라-시냐 마을 뒤에 자리잡고 있다. 거기에 다다르기란 쉽지 않다. 이 음울한 작은 빌라는 사람이 산 지 너무 오래되어, 담벽으로 둘러싸인 작은

---

* 이탈리아어에서 빌라는 집만이 아니라 집과 그 정원 부지를 모두 의미한다. ― 원주

마을인 라스트라의 거리에서조차 가이드를 찾기 어렵기 때문이다.* 그러나 마침내 이런 말을 들을 것이다. 포도나무와 올리브나무 사이로 가파른 시골 길을 따라 올라가, 감탕나무 숲에 파묻힌 매력적인 집을 두셋쯤 지나면, 조각상이 올려진 대문이 나올 거라고. 거기에서 긴 사이프러스 길을 올라가면, 집이 서 있어야 할 평평한 산마루에 이르게 된다. 높은 담으로 연결된 파빌리온* 둘은 넓은 개방 테라스를 향하고 있고, 여기서는 탁 트인 아르노강 계곡을 볼 수 있다. 본관은 파빌리온들 사이에 놓여 있었던 게 틀림없다. 그러나 이제 그곳은 불가사의한 침묵에 휩싸여 있다. 발걸음은 잔디 융단 산책로에 소리 없이 떨어지고, 물은 수영장과 분수에 머물러 있으며, 부서진 조각상들이 다듬어지지 않은 수풀로 뒤덮인 벽감에서 빼꼼히 내다본다. 사이프러스와 감탕나무 담이 쳐진 긴 가로수길이 파빌리온 앞의 열린 공간에서 산비탈을 휘감으며 뻗어내려가, 조각상들이 모인 원형 지점과 계곡 위로 돌출된 난간 테라스에 이른다. 설계는 광대하고 복잡한데, 전체 언덕을 포괄했던 것으로 보인다. 이는 보통의 소박한 토스카나식 설계와 달리 전망 지점, 오점식재* 및 분수를 가진 정형식 공원으로 전환되었기 때문일 것이다.

　　파빌리온 사이의 벽에 난 출입구를 들어가면 테라스형 꽃 정원을 만난다. 여기에서도 동일한 착상의 웅장함을 보게 된다. 상부 테라스는 정형식 화단과 회양목 울타리의 흔적을 보존하고 있다. 그런 다음 계단을 내려가면, 빌라 감베라이아 같은 울타리 사이의 긴 잔디밭에 이른다. 여기서 더 내려가면, 가지치기된 울타리와 조각상, 분수가 있는 또 다른 테라스 정원이 나타난다. 거기에 난 경사진 길은 감탕나무 숲 신비한 그늘 속에 강의 신들이 기

---

*　빌라 캄피는 현재 빌리노 데푸치Villino de'Pucci라고 불리는데, 작은 호텔로 바뀌었고 주변은 주택가와 초지로 변해 과거 모습은 확인하기 어렵다.

*　파빌리온pavillion은 정원 안에 아늑한 장소를 제공하도록 만든 구조물. 우리의 목조 정자와 달리 돌이나 벽돌로 벽체를 만든 작은 건물의 모습이다.

*　오점식재quincunx는 주사위 5의 다섯 개 점과 같은 모양으로 식물을 심은 것.

대어 누운 연못으로 뻗어 내려간다. 조각상은 도처에 있다. 상부 정원에는 님프·사티로스·양치기 그리고 쾌활한 판이 있고, 그늘진 작은 공터 끝에는 엄숙한 모습의 티탄 신들이 연못 위로 눕거나 튼튼한 받침대 위에 높이 올라서 있다. 심지어 반대편의 언덕 면조차 이 광대한 정원의 원래 설계에 포함되어 있었음이 틀림없다. 왜냐하면 파빌리온 사이의 중앙 축선상에 있는 타피 베르가 아치 아래의 거대한 석조 헤라클레스 상에 올라 이르도록 의도된 것을 볼 수 있기 때문이다.

그러나 캄피 정원을 주목할 만하게 만드는 것은 그 크기가 아니다. 그것은 설계의 미묘한 아름다움이고, 거기에 시간과 방치라는 필수 터치가 가해져 시詩가 되었기 때문이다. 아마도 효과를 추구함에 있어 자연적인 이점을 이처럼 알아차리지 못하도록 활용한 예는 없을 것이다. 또한 경관과 건축 사이에 필요한 조정을 하는 데 있어 이토록 완벽한 감각으로 자연적 이점을 활용한 예도 없을 것이다. 혹자는 이 긴 가로수길과 조각상이 선 테라스가 '당당한 기쁨의 집'으로의 인도를 의미한다고 느낄지 모르지만, 길과 테라스는 주변 경치와의 조화로부터 벗어나지 않는다. 그리하여 자연은 그것들을 점점 자신 속으로 받아들여, 결국 조각상들이 그늘 아래 잠에 빠진 숲의 신들처럼 보이는, 그런 정령이 나오는 숲으로 바꾸어 놓았다.

## 피렌체의 다른 빌라들

피렌체에는 옛 정원의 흔적을 보존한 다른 빌라들도 있다. 아름다운 빌라 팔미에리 Villa Palmieri 는 테라스 건축을, 빌라 라페지 Villa Lappeggi 는 훌륭한 이중 계단을, 빌라 단티 Villa Danti 는 언덕 꼭대기의 거인상으로 이어지는 잔디 산책로를, 빌라 카스텔풀치 Villa di Castelpulci 는 초키의 동판화에 나오듯 조각상이 만드는 스카이라인을 가진 위엄 있는 파사드와 긴 사이프러스 가로수길을 지켜오고 있다. 심지어 심각하게 파괴된 빌라 프라톨리노Villa di Pratolino조차 여전히 아펜니노산맥을 상징하는 조반니 다 볼로냐의 거인상을 보존하고 있다.

이처럼 설명할 만한 가치 있는 부분들이 많이 남아 있음에도, 공간은 이런 파편들 위에 오래 남아 머물지 못한다. 파편들은 그 자체로 낭만적이고 매력적이지만, 그것들이 일부를 형성했던 사라진 옛 정원 설계를 이제는 변화된 주변 환경 속에서 희미하게만 보여줄 뿐이다.

보볼리 비밀의 정원에서 내다본 전원 풍경

피티 궁의 후면과 말발굽 모양의 원형극장, 보볼리 정원

감탕나무로 만든 얽어 덮은 길, 보볼리 정원

암마나티의 그로토 옹벽과 그 위의 분수(피티 궁의 안뜰)

집 옆이 아니라 언덕 꼭대기로 밀려나 있는 비밀의 정원, 보볼리 정원

오렌지 나무 화분이 가득 놓인 이탈리아식 정원과 집(그 너머로는 피렌체), 빌라 카스텔로

경사진 정원의 중심에 위치한 일 트리볼로의 대리석 분수, 빌라 카스텔로

대칭 구도의 레몬하우스와 옹벽 개구부 안의 그로토, 빌라 카스텔로

그로토 안의 갖가지 기묘한 대리석 동물 조각상들, 빌라 카스텔로

소박하고 절제된 토스카나 스타일을 보여주는 건물과 정원, 빌라 감베라이아

이탈리아 정원에 흔치 않은 긴 잔디밭이 깔린 뒷쪽 정원

빌라의 새 주인이 만든 연못, 하늘과 구름이 비치고 있다.

집 뒤쪽에 있는 그로토 형태의 작은 정원

그로토 정원 위로 올라가 바라본 모습, 과거 채소밭으로 만들어진 곳이다.

엄숙하게 앉은 개 조각상과 그 뒤의 피렌체 전경, 빌라 감베라이아

# 주스토 우텐스Giusto Utens가 그린
# 메디치 빌라들(1599~1602)

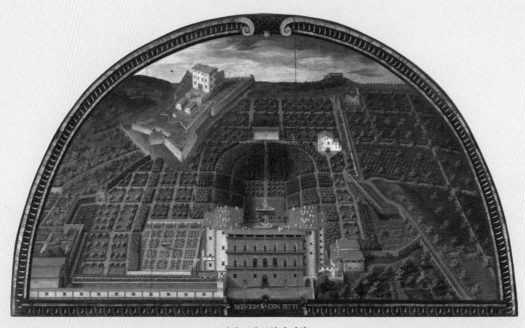

피티 궁과 보볼리 정원

빌라 카스텔로

빌라 페트라이아

# 주세페 초키Giuseppe Zocchi의
# 『토스카나의 빌라와 명승지 풍경』(1744)에
# 실린 동판화

La Real Villa di Castello.

빌라 카스텔로

Villa di Castello di S. E. il Sig.r Principe Corsini.

빌라 코르시니

Villa de Collazzi de SS.ri Dini.

빌라 이 콜라치

La Real Villa detta il Poggio Imperiale

빌라 포조 임페리알레

Villa di Gamberaia del Sigr Marchese Scipione Capponi

빌라 감베라이아

Zocchi del.

La Real B

*lla Petraia*

Filippo Morghen sc.

빌라 페트라이아

2장

# 시에나의 빌라들

빌라 비코벨로, 시에나

## 벨카로 요새 빌라Castello di Belcaro

연대순으로 할 때, 시에나 인근의 주목할 만한 첫 번째 시골 저택으로는 벨카로의 요새 빌라를 들 수 있다.

벨카로 성은 초기 연대기와 기록들에 자주 언급되는데, 11세기까지 거슬러 올라가는 중요한 장소였던 것으로 보인다. 그것은 시에나 서쪽에, 숲이 우거진 아름다운 전원 속 떡갈나무와 감탕나무로 뒤덮인 언덕 꼭대기에 서 있다. 그 고대의 성벽에서는 평야 너머의 언덕에 자리잡은 시에나 도시와 그 주위를 둘러싼 산들을 바라볼 수 있다. 발다사레 페루치는 벨카로 성의 개조를 의뢰받고 총안銃眼*이 있는 옛 성벽은 손대지 않은 채 성의 안뜰만을 르네상스 건축 양식으로 섬세하게 장식했다. 아마 그 이유는 이런 매혹적인 전망을 위해서였을 것이다. 페루치는 건축적 허세가 전혀 없는 크고 단순한 빌라를 이 중세의 건축물에 덧붙였고, 그렇게 형성된 닫힌 사각형 안뜰 안에서 일했던 것이다.

벽돌과 대리석으로 된 멋진 건축적 가림개의 중앙에 빌라의 출입문이 있고, 이 문은 돌로 포장된 안뜰로부터 거의 같은 크기를 가진 정원으로 이어진다. 정원 뒤편에는 역시 벽돌과 대리석으로 된 아케이드형 로지아가 있는데, 절묘하게 가볍고 비율이 우아하다. 로지아 안에는 메달, 아라베스크, 과일 화환, 그리고 밝은 깃털 새들을 묘사한 프레스코화**가 라파엘로 스

---

*　총안은 몸을 숨긴 채 총을 쏘기 위해 성벽에 뚫어놓은 구멍.

타일로 그려져 있다. 이 로지아 옆에는 작은 벽돌 예배당이 서 있는데, 단순한 디자인이 품격 넘친다. 내부 장식은 역시 페루치가 그렸다는 프레스코화로 되어 있어, 조잡하게 덧칠한 도색 아래서도 여전히 아름답다. 정원은 그 자체가 중세의 연대기에 나오는 진짜 '호르투스 인클루수스*hortus inclusus*'*로, 요새 성벽으로 둘러싸인 작은 땅뙈기에는 회양목으로 경계 지은 구획들, 중앙의 우물과 가지치기된 관목들이 있다. 이 정원은 성안의 중세 정원이 어떠했을지 상기시켜준다는 점에서 흥미롭다. 그리고 르네상스 건축이 덧붙여진 요새 성이라는 설정은 이 정원을 고촐리나 로렌초 디 크레디의 그림 배경에 나오는, 나지막한 대리석 담으로 둘러싸이고 과일과 꽃으로 가득한 유원지 중 하나처럼 보이게 만든다.


## 빌라 체티날레 Villa Cetinale


벨카로 성 뒤쪽으로 5킬로미터 떨어진, 떡갈나무가 우거진 언덕 사이 아름다운 계곡에는 키지 후작의 체티날레 영지가 있다.* 출입문으로 들어가는 길모퉁이에는 이탈리아에서 보기 드문 네덜란드식 토피어리*로 만들어진

---

** 프레스코화fresco는 하얗게 회칠한 건물 벽면에 그린 그림. 회칠 안으로 채색이 스며들어가 색깔이 더욱 예뻐지고 오래 보존된다. 고대 로마 이래 이탈리아 건축과 회화의 특징 중 하나로서, 유화가 생기기 전의 주된 그림 형식이었다.

* '호르투스 인클루수스' 또는 '호르투스 콘클루수스hortus conclusus'는 문자 그대로 '닫힌 정원' 또는 '둘러싸인 정원'을 말한다. 서양 정원의 역사에서 초창기라고 할 중세의 정원을 가리킨다.

* 키지 집안은 시에나의 유력한 금융 가문으로, 로마에 진출해 교황도 배출하게 된다. 이 빌라를 지은 플라비오 키지 추기경은 교황 알렉산데르 7세(본명 파비오 키지)의 조카였다. 빌라 체티날레는 이후 20세기 후반까지 키지 가문에서 소유하다가 영국의 부호에게 넘어갔고, 지금은 결혼식 등을 위한 연회장과 고급 호텔로 쓰이고 있다.

* 토피어리topiary는 나무를 이발하듯 다듬어 원뿔형·원주형·나선형이나 심지어 동물 모양으로 만드는 것을 말한다. 고대 로마 때 이미 만들어졌고 르네상스 정원에서 성행했지만 프랑스와 네덜란드에서 더 유행했다. 영국식 풍경정원이 등장하면서는 '자연을 인위적으로 구속하는 형태'나 '좋지 못한 취향의 과시'로 비판받아 시들해졌다.

거대한 감탕나무가 서 있다. 길을 건너 조각상이 경계를 선 또 다른 문과 안뜰을 지나면 긴 타피 베르가 나온다. 그 긴 잔디밭의 끝에 이르면 감탕나무가 두 줄로 늘어선 오르막길을 통해 반대편 비탈의 마루에 있는 조각상으로 올라가게 된다. 빌라는 낮은 별채로 둘러싸인 직사각형 안뜰을 가로질러 이 방향의 전망을 내다보고 있다. 본관은 1680년 카를로 폰타나에 의해 교황 알렉산데르 7세의 조카인 플라비오 키지를 위해 지어졌다고(혹은 아마도 재건축) 전해진다. 그런데 건물이 너무 작고 단정한 나머지 이것이 당시 가장 칭송받던 '기쁨의 집' 중 하나였다는 것을 알면 놀라게 된다.* 그러나 반드시 기억해야 할 것이 있다. 교회의 최고 성직자가 로마 인근에 지은 거대한 저택들과 메디치 같은 통치 가문의 시골 대저택들을 제외하면, 이탈리아 빌라는 거의 변함없이 작고 단순한 건물이며, 귀족 주인들은 자신의 부와 시간을 대개 정원을 꾸미는 데 바치기를 선호했다는 것을 말이다.

체티날레의 집은 매우 매력적이다. 위층으로 이어져 올라가는 위엄 있는 양익 층계와 중앙 홀로 열린 기념비적인 출입문도 아름답다. 로마에 있는 산 마르첼로 성당, 그리고 빈에 있는 리히텐슈타인 대공의 '정원 궁전'의 건축가인 폰타나가 지었다고 할 법하다. 사무실, 와인 창고 및 저장실을 위해서는 아래의 지층을 사용하되 거주 공간은 모두 위층에 두는 설계는 로마의 건축 유파에서 단련된 솜씨를 보여준다. 토스카나와 중부 이탈리아의 모든 빌라는 정원과 같은 높이의 지면에 열려 있지만, 로마 인근의 시골집들은 적어도 한쪽 면은 거주 공간 아래에 와인과 올리브유 저장에 사용되는 지층을 가지고 있는 것이다.

하지만 빌라 체티날레의 영광은 공원park이다. 빌라 뒤쪽으로는 건물 폭 정도 되는 긴 잔디 산책로가 펼쳐진다. 잔디밭은 높은 벽 사이를 지나 아

---

* 저자는 빌라 체티날레가 소박하다고 하지만 키지 가문의 부를 감안했을 때 혹은 다른 거대한 빌라와 비교했을 때 그렇다는 뜻이다.

름다운 관문으로 연결된다. 여기는 담쟁이로 덮인 벽감 속의 조각상들, 그리고 공과 오벨리스크로 마무리되는 특이한 왕관 같은 키지 가문의 문장으로 장식되어 있다. 이 잔디 길은 뒤로 계속되어 다시 전정된 감탕나무로 닫히고 흉상으로 장식된 벽에 둘러싸인 반원형 테라스로 간다. 이 테라스는 감탕나무로 옷을 입은 언덕에 인접해 있다. 출입구 하나가 이 야생의 낭만적인 숲으로 직접 이어지는데, 가파르고 들쑥날쑥한 돌계단이 나무로 덮인 비탈을 올라간 끝에는 언덕마루의 작은 건물 하나에 이르는 게 보인다. 이 오르막 돌계단은 '스칼라 산타'*라 불리고, 오르막이 다다르는 건물은 암자다. 암자는 십자가 형태로 배치된 둥근 벽감들로 장식되었고, 각 벽감에는 성인의 흉상이 모셔져 있다. 그런데 암자는 빌라의 축선상에 딱 맞춰졌기 때문에, 빌라에서 아래로는 타피 베르의 경탄할 만한 경관이 펼쳐지고, 위로는 성스러운 계단과 그 꼭대기의 작은 암자가 보이게 된다. 거리감과 웅장함이라는 효과가 이렇게 적은 비용과 간단한 방식으로 생성되었다는 점은 주목할 만하다. 왜냐하면 반원형으로 끝을 맺는 잔디 길이 체티날레 정원의 전체 범위를 형성하기 때문이다. 농장의 올리브원과 밀밭은 산책로의 경계 벽까지 올라와 붙어 있고, 숲은 자연이 심은 그대로 남아 있다. 만약 폰타나가 진짜로 이 단순하지만 찬탄할 만한 설계를 한 사람이라면 그는 참으로 현명했다고 해야 하리라. 거대한 떡갈나무와 감탕나무 숲의 존재라는 자연적 이점을 잘 활용했으며, 또 오직 폭넓고 단순한 라인만이 이 고귀한 배경 풍경과 조화를 이룬다는 것을 깨달았기 때문이다.

---

\* 스칼라 산타Scala Santa는 성스러운 계단 또는 거룩한 계단이라는 뜻이다. 본래는 성지 예루살렘에서 가져왔다는, 로마 라테란 성당 앞에 있는 돌계단의 이름이다.

# 빌라 비코벨로Villa Vicobello

체티날레의 빌라만큼 낭만적이고 독창적이지는 않지만, 시에나 건너편으로 포르타 오빌레 성문 너머 2~3킬로미터 떨어진 곳에는 키지 후작의 다른 빌라인 비코벨로가 있다.* 체티날레 주변이 숲이 우거진 언덕인 것과 달리 비코벨로는 빌라가 많은 트인 땅에 자리잡았다. 빌라는 길고 좁은 마루에 배치되어, 땅은 앞뒤로 급격하게 떨어진다. 직선의 가로수길 입구는 안뜰의 경계를 형성하는 별채의 외벽과 평행하게 달린다. 안뜰에는 아치형 마차 출입구를 통해 들어간다. 이 입구를 마주 보고 멋진 대문이 있는데, 이 대문은 (체티날레에서와 같이) 반원형 담에 둘러싸이고 조각상이 경계를 서고 있다. 문을 통과하면, 시에나 정원의 특징인 위쪽을 사각형으로 다듬은 감탕나무들을 직선으로 심어놓은 일련의 테라스가 나타난다. 이 짙게 그늘진 테라스는 빌라가 서 있는 언덕의 발자락에 위치한, 감탕나무 벽으로 경계 지어진 평평한 잔디밭(아마도 오래된 볼링그린)으로 내려간다.

전정前庭*으로 들어서면, 간결한 르네상스 건축 양식으로 된 장방형의 위엄 있는 빌라를 마주하게 된다. 현지 가이드북에서는 발다사레 페루치가 지었다고 하는데, 체티날레에 있는 빌라보다 연대가 더 빠른 것이다. 왼쪽으로, 높은 벽에 난 문은 담으로 둘러싸인 정원으로 이어지고, 정원은 안뜰에 있는 별채의 선을 이어가는 레몬하우스로 경계가 나뉜다. 반대편의 문은 이탈리아의 시골 저택에 필수적으로 붙어 있는 보스코로 열린다. 빌라의 다른 편에는 두 개의 긴 테라스가 아래위로 있다. 이는 안뜰과 면적에서 상응하며, 담이 쳐진 정원이 옆에 붙어 있고, 한편에서는 숲으로부터, 다른 한

---

* 지금 빌라 비코벨로는 빌라 키지 디 비코벨로Villa Chigi di Vicobello라고도 하며, 여전히 키지 가문의 소유다. 결혼식 등 고급 연회장으로 대여되고 있으며, 정원은 예약을 통해 투어할 수 있다.

* 전정前庭, forecourt은 앞뜰로서 건물 앞에 있으면서 중정(안뜰)과 달리 둘러싸이지 않은 곳을 가리킨다.

편에서는 상부 정원으로부터 내려간다. 체티날레의 설계가 광활하고 단순하게 된 것만큼이나, 비코벨로 정원의 설계는 정교하고 세밀하게 나뉘어 있다. 이는 두 빌라가 갖는 자연 조건의 차이, 그리고 교외 빌라*villa suburbana*와 시골 영지*country estate* 사이의 구분에 대한 확실한 인식을 보여주는 것이다. 상부 정원의 벽에는 과일나무가 붙어 자라고 있으며, 회양목으로 테두리된 화단은 아마도 18세기의 방식으로 설계된 듯하다. 건축상의 모든 디테일이 아름다운데, 이오니아식 원주 사이의 담벽으로 둘러싸인 안뜰의 우물, 그리고 상부 정원 끝에 있는 도리아식 원주를 가진 매력적인 정원사庭園舍가 특히 아름답다. 담으로 둘러싸인 서로 다른 높이의 정원은, 벽감 속의 흉상, 곡선의 계단, 잘 배치된 꽃병과 조각상 등 매력적인 건축적 효과를 많이 보여준다. 그리고 이러한 비코벨로의 전체적인 처리에 관해서는 장식적인 손길을 가하는 취향에 있어서의 분별력과 명료함이 주목할 만하다. 장식의 과잉도 없고 효과의 과밀도 없으며, 정원 설계는 집의 소박한 평온함과 완벽히 조화를 이룬다.


## 빌라 고리 Villa Gori(Villa la Palazzina)

비코벨로에서 약 2킬로미터 떨어진 곳에, 유명한 오세르반차 수도원 근처의 올리브나무 우거진 언덕에 또 다른 빌라가 하나 있다. 이것은 훨씬 더 적은 면적인데, 여러 면에서 전형적인 시에나 스타일이지만 어떤 면에서는 이탈리아에 드문 독특한 부지를 가졌다고 할 수 있다. 데 고리 가문의 소유인 라 팔라치나다. 예배당과 별채가 옆에 있는 17세기의 작은 집 건물은 공용 도로에 바로 자리잡고 있으며, 그 부지의 경계를 만든다. 매력적인 정원 쪽 파사드는 소용돌이치는 것 같은 스카이라인과 정면 중심 모티프를 형성하는

빌라 고리, 시에나

빌라 고리의 극장, 시에나

2층짜리 개방 로지아를 갖고 있으며, 담으로 둘러싸인 테라스 비슷한 개방 공간을 마주하고 있다. 지금 여기는 '영국식으로' 불규칙하게 나무가 심어져 있지만, 한때는 꽃 정원 자리였음이 확실하다. 오래된 우물이 아름다운 연철 난간을 달고는 집 앞을 지키고 있다. 문은 중앙 로지아의 축선상으로 팔라치나의 영광인 얽어 덮은 감탕나무 길 중 하나로 열려 있다. 나무들이 얼기설기 맞물린 이 오래된 터널 길에는 펄펄 끓는 여름 정오에도 초록의 은은한 빛이 지배한다. 이 나무 터널은 살짝 솟은 땅마루를 따라 100미터가량이나 쭉 뻗어 있는데, 이 땅마루는 네모꼴 감탕나무 벽으로 둘러싸인 일종의 둥근 둔덕 혹은 단壇에서 끝이 난다. 이 단에는 중앙에 원형 빈터가 있고, 그로부터 네 개의 좁은 길이 직각으로 뻗어나간다. 그중 하나는 나무 터널 길에, 다른 것들은 외부의 감탕나무 벽에 인접해 있다. 이 길들 사이에 키 작은 관목 높이로 자른 감탕나무와 사이프러스를 심어놓은 네 개의 작은 원형 공간이 있다. 순진한 개똥지빠귀가 이 난쟁이 나무에 묶여 야생의 동족들을 노래로 불러 모은다. 그러면 원형 빈터나 그 옆길에서 땅! 총으로 쏘아 잡는다. 이 정교한 식재는, 아아! 한때 이탈리아의 이 지방에서 매우 흔했던 새잡이 함정이 완벽하게 보존된 표본이다.* 여러분은 폴고레 다 산 지미냐노의 시에나 소네트 「월령가月令歌」에 나오는, 가을날 잔인한 쾌락을 즐기던 명랑한 젊은이들을 마음속에 그릴 수 있을 것이다.

또 다른 오래된 감탕나무 터널 길은 테라스 끝에서 시작해 이 빌라에서 가장 기묘한 작은 야외극장까지 이어진다. 약간 움푹한 이 반원형의 극장은 낮은 담 혹은 좌석으로 둘러싸였고, 그 뒤에는 높은 울타리가 벽을 치고 있다. 바닥은 잔디와 자갈로 된 정교한 자수화단*parterres de broderie***으로 설계

---

* 개똥지빠귀나 자고새 등을 잡는 유럽의 전통 새잡이에는 여러 가지 방법이 있었다. 동족의 울음소리로 유인해 총을 쏘아 잡거나, 새가 앉을 만한 나무에 끈끈이를 붙여놓기도 했고, 작은 무리의 철새들이 이동하는 경로에 그물을 쳐놓기도 했다.

되었는데, 그 위로는 무대가 약 1미터 높이로 올라 있다. 바닥과 무대는 이중 감탕나무 울타리로 둘러싸여, 배우가 관객에게 보이지 않고 무대의 날개에 도달할 수 있다. 한편, 무대 세팅으로는 가지치기된 사이프러스가 뒷배경이 되어주는데, 무대 뒤쪽으로 달려가는 듯한 원근을 형성하도록 하기 위해 나무는 1미터 정도씩 앞뒤로 서도록 했다. 그리고 배경의 정확한 중앙으로는 쭉 뻗은 키 큰 사이프러스 한 그루가 푸른 하늘 속 탑처럼 솟아올라 무대 세팅을 마무리하고 있다. 그 작고 절묘한 극장의 매력을 이런 설계에 대한 묘사만으로 모두 전달하기는 어렵다. 극장은 긴 나무 터널 속 신비로운 어스름을 지나 비로소 도착한다. 그리고 푸른 하늘이 만드는 지붕 아래 햇빛과 고요 속에 누워 있으며, 변하지 않는 초록 벽에 포근히 둘러싸여 있다. 대신 반드시 상상력을 발휘해 이렇게 떠올려보시라. 무대는 전원극 「아민타」나 「충직한 양치기」에 출연하는 숲속의 인물들로 가득 차 있고, 반다이크가 제노바 초상화에서 영원불멸하게 그렸듯이*, 에워싼 좌석들에서는 진주와 비단을 두른 귀부인들이 검은 스페인식 옷과 풍성한 레이스 칼라를 한 멋진 기사들과 함께 어울리는 모습을. 이런 초록 무성한 무대에 대한 기억은 이탈리아 전원극*의 독서에 새로운 생명을 불어넣고, 셰익스피어의 숲 희극*에 밝은 빛을 던져줄 것이다.

---

** 자수화단은 자수를 놓은 듯이 회양목과 잔디, 화초로 복잡하고 기하학적인 문양과 그림을 만든 화단을 말한다.
* 반다이크(1599~1641)는 플랑드르의 화가로 유럽 귀족층의 초상화와 종교적·신화적 주제를 많이 그렸다. 특히 1621년부터는 제노바에서 활동하면서 귀족들의 초상화로 성공을 거뒀다.
* 전원극pastoral은 음악과 극을 부수적으로, 시 낭송을 중심으로 하는 연극이다. 당시 이탈리아의 여러 르네상스 궁정에서는 귀족들이 직접 배우와 관객이 되어 연극 놀이를 즐겼다. 여기서 몇 걸음 더 나아가 17세기 초 피렌체에서 오페라가 탄생했다. 「아민타」는 최후의 르네상스 시인이라고 하는 토르콰토 타소가 1573년에 쓴 전원극이다. 「충직한 양치기」는 조반니 과리니가 1590년에 쓴 전원극이다.
* 셰익스피어는 「한여름 밤의 꿈」 같은 희곡에서 요정들이 나오는 마법의 숲을 배경으로 한 사랑 이야기를 들려준다.

ITALIAN VILLAS
AND
THEIR GARDENS

토스카나에서도 아름답기로 유명한 발도르차 지방의 풍경, 시에나 근교
자연 그대로가 아니라 주민들이 합심하여 수세기 동안 세심하게 모델링한 결과다.

언덕 꼭대기에 올라 붙은 이탈리아 소도시의 모습, 시에나 인근 몬테풀차노

떡갈나무 산 속에 자리잡은 빌라 체티날레(출처: www.villacetinale.com)
집 뒤로 길게 뻗은 잔디 산책로는 산 속 돌계단 스칼라 산타로 이어진다.

단정한 빌라 체티날레의 전면과 회양목 정원(출처: www.villacetinale.com)
건물 뒤의 산꼭대기로 자그마하게 스칼라 산타와 암자가 보인다.

돌 화병과 오렌지나무 사이로 저 멀리 보이는 시에나, 빌라 비코벨로(출처: www.vicobello.it)

빌라 비코벨로 건물과 키지 가문의 문장 모양으로 깎은 회양목(출처: www.vicobello.it)

3장

# 로마의 빌라들

바티칸 정원에서 보이는 성 베드로 대성당의 돔, 로마

이탈리아 소도시 주위의 빌라를 공부할 때는 그 역사를 제대로 알기가 어렵다. 이따금 지역 가이드북에서 약간의 정보를 수집할 수도 있지만, 대개 사실관계가 빈약하거나 부정확하다. 건축가의 이름이나 건축 시기, 원래의 정원 설계는 종종 잊혀 있다.

그러나 로마 시내나 로마 인근의 빌라들에 관해 보자면 사정이 다르다. 여기서 정원학도는 풍부한 기록에 압도당한다. 저명한 건축가들은 로마의 일곱 언덕*에 유명한 '기쁨의 집'을 지었다는 명예를 앞다투어 내세우고, 바사리 이래 예술사가들은 빌라들의 연대기를 기록해왔다. 17세기에는 팔다가, 19세기 초에는 페르시에와 퐁텐이 동판화로 새겼으며*, 다양한 시기에 여러 나라에서 온 수많은 여행자가 그 빌라들을 방문하고 묘사했던 것이다.*

---

\* '영원의 도시' 로마는 일곱 개 언덕에 건설되었다고 해 '일곱 언덕의 도시'라고 한다. 그중 로마를 처음 세운 땅 팔라티노 언덕과 로마 최고 신전들이 건립된 카피톨리노 언덕이 가장 중요했다.
\* 팔다(1643~1678)는 이탈리아의 건축가이자 동판화가로 당대와 고대 로마의 유적들을 새긴 동판화로 유명했다. 페르시에와 퐁텐은 19세기 초반 프랑스의 신고전주의 건축가들로, 학창시절부터 친구로서 협업하여 제국 스타일의 건축물을 여럿 남겼다.
\* 몽테뉴의 다음 이야기가 과거 로마의 느낌을 잘 전하고 있다. "로마에서는 궁정과 귀족을 빼고 나면 아무것도 남지 않는다. 모두가 기독교 특유의 할 일 없이 한가하게 지내는 분위기에 가담하고 있다. (…) 오로지 궁전과 정원뿐이다."

최초의 로마 정원 중 설명이 보존된 하나는 15세기의 마지막 몇 년간 브라만테가 바티칸 내에 설계한 것이다. 기념비적인 양익 층계가 3단으로 솔방울 정원까지 이어지는 이 테라스형 정원에 대해서는 1523년 로마 주재 베네치아 대사가 잔디 화단과 분수, 월계수와 사이프러스 울타리, 뽕나무와 장미 식재를 묘사한 바 있다.* 정원의 절반(벨베데레 궁의 안뜰)에는 줄지은 오렌지나무들 사이로 벽돌 포장된 산책로가 있었다. 또 정원의 중심에는 나일강의 신과 테베레강의 신 조각상이 올려진 분수가 있었고, 아폴론상·라오콘상·바티칸의 비너스상은 벽감에 배치되었다. 그러나 이 정원은 이미 오래전부터 브라초 누오보와 바티칸 도서관 건물에 의해 희생되었다.* 하지만 이탈리아 정원에 대한 간단한 언급이 다른 작가들의 논문 한 편보다 더 빛나는 부르크하르트*는, 브라만테의 테라스식 층계야말로 르네상스의 위대한 로마 정원을 상징하는 건축적 웅장함의 사례를 최초로 설정한 것이라고 보았다.

---

* 이탈리아는 476년 서로마 제국이 멸망한 이래 1861년 통일(1870년 로마 병합)까지 작은 나라들로 분열되어 있었다. 1523년 당시 로마는 교황이 왕으로서 다스리는 교황령이고, 베네치아는 별개의 독립 국가였기 때문에, 베네치아는 로마 교황령에 대사를 보내고 있었다. 베네치아 대사관이 바로 지금 통일기념관 앞 베네치아 광장에 있는 베네치아 궁이다.

* 사실 브라만테의 바티칸 정원은 구조가 많이 바뀌어 본래 모습을 상상하기 어렵다. 지금 상태를 설명하자면, 솔방울 정원에서 솔방울의 남쪽 반대 방향에 벽을 이루는 건물이 브라초 누오보이고, 그 너머에 작은 정원(도서관 안뜰)과 바티칸 도서관이 있으며, 다시 그 너머로 큰 직사각형의 주차장이 있다. 즉, 이 주차장이 과거의 벨베데레 정원이고, 북쪽으로 올라가면서 계속 테라스형 정원이 이어져, 솔방울 정원에서 끝을 맺는 전체가 브라만테의 바티칸 정원이었던 것이다. 당시 벨베데레 안뜰을 장식한 아폴론상·라오콘상 등은 지금 솔방울 정원 북쪽의 팔각 안뜰로 옮겨져 전시되고 있다.

* 부르크하르트(1818~1897)는 스위스의 역사학자이자 문화사가. 그의 『이탈리아 르네상스의 문화』는 우리가 지금 알고 있는 르네상스를 만들어냈다고 할 정도로 르네상스 연구를 정초한 고전이다.

연대상 다음으로는, 몬테 마리오 산비탈에 있는 라파엘로의 미완성 걸작인 빌라 마다마를 들 수 있다. 이 화려한 '기쁨의 집'은 나중에 교황 클레멘스 7세가 되는 줄리아노 데 메디치 추기경을 위해 1516년 건설이 시작되었다. 이는 위대한 교외 빌라의 모델이 될 예정이었다. 그 이후의 어떤 빌라 건축도 원래 계획이 실행되었더라면 만들어졌을 이 빌라와 비교될 수 없었을 것이다. 그러나 빌라 마다마는 어두운 운명 아래 지어졌다. 라파엘로는 작업이 끝나기 전에 죽었고, 줄리오 로마노와 안토니오 다 상갈로가 몇 가지 변경을 가해 진행하게 되었다. 1527년에는 콜론나 추기경의 군대가 불을 질러 거의 파괴했으며,* 여전히 완성되지 못한 상태로 성 에우스타키오 사제단, 파르마 공작부인 (여기서 '마다마'라는 이름이 나왔다), 나폴리 왕에게로 계속해서 소유권이 넘어갔고, 나폴리 왕은 완전히 방치하고 말았다.*

조반니 다 우디네가 스투코로 장식한 웅장한 로지아와 뒤쪽으로 반원형 아케이드가 있는 이 미완성 건물은 상세한 설명이 필요 없을 만큼 친숙하다. 그러나 정원은 너무 황폐해진 나머지, 그 몰골에서 옛 정원을 재건해 낼 수 있을 만큼 경험이 풍부한 눈을 가진 사람에게만 흥미로울 것이다. 정원은 두 개의 긴 테라스로 구성되어, 하나는 다른 것 위에 있으며, 나무가 우거진 경사면의 옆쪽은 잘려 있다. 상부 테라스는 라파엘로의 화려한 로지아와 같은 높이의 지대에 있는데, 마치 바람이 잘 통하는 홀이 지붕 없이 이어진 것처럼 보인다. 언덕 면과 테라스 끝은 한때 조각상이 안치된 벽감과

---

\* 카를 5세의 신성로마제국 군대는 1527년 교황령 로마를 점령하는데, 통제 불능의 독일 용병들이 엄청난 파괴와 약탈 행위를 자행하게 된다. 이 과정에서 로마의 전통 귀족 콜론나 가문이 교황을 적대하여 로마의 일부를 파괴했던 것이다.

\* 현재 빌라 마다마는 이탈리아 정부 외무성의 소유로, 잘 복원되어 국가원수급 귀빈 초청 행사가 화려하게 열리는 영빈관으로 쓰인다. 이탈리아어 마다마 Madama는 귀부인이란 뜻이다.

대리석 난간이 있는 옹벽으로 지지되는 한편, 그 반대쪽으로는 테베레강과 캄파냐 평원이 저 멀리 보인다.

이 테라스 아래에는 같은 비율의 다른 테라스가 있다. 그 옹벽은 윗 테라스에서 내려오는 계단으로 양 끝이 뚫려 있고, 그 표면 중 더 넓은 부분은 큰 직사각형 연못으로서, 측벽의 벽감에서 흘러나오는 물이 연못으로 떨어진다. 이런 테라스 처리의 폭으로 볼 때 테라스들은 분명 전체의 한 조각에 불과하다. 페르시에와 퐁텐은 『로마의 기쁨의 집』(1809)에서 빌라 마다마의 가상의 완성 모습을 상상으로 흥미롭게 '재건축'하여 출판했다. 그들에게는 의지할 만한 자료가 없었기 때문에 그 도면은 르네상스 정신이 관통하는 두 예술가의 번뜩이는 추측일 뿐이다. 그러나 지금 남아 있는 파편도 충분히 연구할 가치가 있다. 그 건축의 순수성과 설계의 폭넓은 단순성은 이후 일부 로마 정원에서 볼 수 있는 복잡한 디자인 및 과도한 디테일과 대비되기 때문이다.

## 빌라 줄리아 Villa Giulia

로마의 초기 르네상스 정원 중 연대상 세 번째 정원은 포르타 델 포폴로 성문* 너머에 있는 비냐 델 파파 혹은 빌라 디 파파 줄리오의 정원이다.** 옛 모습은 별로 남아 있지 않다. 그러나 다행히 건물 자체는 물론 집과 부지를 통합시킨 건축적 구성이 잘 보존되어 있으며 특별히 흥미롭기 때문에

---

\* 포르타 델 포폴로Porta del Popolo는 직역하면 '인민의 성문'이 된다. 지금도 대부분이 건재한 고대 로마의 아우렐리아누스 성벽의 성문들 중 북쪽 출입문이다. 여기를 통해 고대 로마인들이 북부로 나갔으며, 중세의 성지순례자와 그랜드 투어 때의 유럽인들이 로마로 입성했다. 삶에 지친 괴테는 독일 바이마르 궁정에서 탈출하여 이탈리아로 내려와 1786년 11월 1일 이 문을 들어섰다. 그리고 꿈에 그리던 로마에 왔다며 "정말이지, 드디어 이 세계의 수도에 당도했다!"라고 외쳤다.

**빌라 줄리아의 그로토, 로마**

세심한 설명을 할 만하다. 빌라 디 파파 줄리오는 재위 기간이 1550년에서 1555년까지였던 교황 율리우스 3세에 의해 지어졌다. 따라서 연대는 16세기 중반이지만, 건설에는 여러 건축가가 관여했고 수많은 혼란이 있었다. 교황 자신, 미켈란젤로, 비뇰라, 바사리, 암마나티가 모두 작업에 참여한 것으로 보인다. 바깥쪽 정면은 비판을 받아왔지만 상상하는 것만큼 부조화스럽지는 않으며, 안쪽 정원으로는 비판을 무장해제시킬 만큼 평면과 입면이 모두 매력적이고 그림 같다. 무엇보다 전체 처리 방식이 따뜻한 기후에 완벽하게 적합하도록 되어 있는 것이 한 번에 느껴진다. 빌라는 안쪽으로 반원 모양의 포장된 안뜰을 둘러싸고 있다. 1층은 아치형 아케이드로서, 추케로의 유명한 프레스코화로 장식되었다. 포도나무가 얽힌 격자 울타리 사이로는

---

** 비냐 델 파파Vigna del Papa는 직역하면 '교황의 포도밭'이고, 빌라 디 파파 줄리오는 '줄리오 교황의 빌라'다. 지금은 빌라 줄리아Villa Giulia라고 부른다.

아기 천사들_putti_* 이 빼꼼히 내려다본다. 그리고 이 아케이드 너머에 있는 안뜰의 측면은 2층으로 된 측면 날개로 둘러싸여 있으며, 감춰진 아케이드와 벽감으로 장식되어 있다. 안뜰은 빌라를 마주한 원기둥 로지아에서 끝난다. 로지아에서는 그 아래로 바사리가 디자인한 것으로 생각되는 아름다운 아래쪽 안뜰의 욕장이 내려다보이며, 계단을 통해 벽으로 둘러싸인 반원형 안뜰로 내려갈 수 있다. 그리고 이 로지아에는 가운데가 열린 난간이 쳐져 있는데, 난간은 줄지어 서 있는 인상주人像柱* 가 받친다. 인상주는 가장 아래쪽 안뜰을 둘러싸는 동시에 상부 테라스의 아치 아래 그로토 같은 욕장 앞에서 가리개를 형성한다. 명료한 설명을 하기에는 설계가 몹시 복잡하고 건축적 모티프가 너무 다양하다. 구성의 전체적인 아름다움을 알려면 설계와 모티프 둘 다 보아야만 한다. 다시 욕장 위의 상부 테라스로 돌아가면, 욕장을 가로질러 그 반대편에 세 개의 아치로 된 로지아가 보이며, 그 로지아의 축선상에 정원으로 나가는 출입문이 있다. 그런데, 아! 정원은 더 이상 존재하지 않는다. 이들 판석이 깔린 안뜰, 두 개의 열린 로지아, 그리고 욕장은 페르시에와 퐁텐이 정원을 집과 연결하는 '예술적 전개'라고 부른 것이라 할 수 있다. 한편, 빌라 전체의 구성은 빌라의 중앙 홀로부터 (사실은 그 입구부터) 안뜰을 가로질러 원주들의 긴 비스타_vista_* 를 따라 한때 정원의 그늘진 깊숙한 곳까지 들여다볼 수 있도록 설계되어 있다.

매력이라는 측면, 그리고 모든 이탈리아 정원 건축에서 섬세하게 상기되는 고전주의라는 측면에서 빌라 줄리아에 있는 그로토 욕장과 비교할 만

---

* 푸토putto(복수형 putti)는 토실토실 발가벗은 날개 달린 아기천사의 형상. 그리스 신화의 에로스 상에서 유래한 이것은 사랑이나 신을 나타내는 표현물로 장식에 널리 사용됐다.
* 인상주人像柱, caryatid는 서 있는 신이나 사람을 기둥으로 표현한 것. 인물이 똑바르게 서서 머리 위에 건물을 얹고 있는 모습이다.
* 비스타는 시선을 깊이 방향으로 유도하는 가로수 등 축선을 가진 풍경 및 그 구성 수법을 말한다. 통경선通景線이나 통경축으로 번역되기도 한다.

한 것은 없다. 여기서 우리는 플리니우스의 서한*에 기초하여 애정으로 연구되던 고대 로마 빌라 건축의 전통이 르네상스의 형태로 전이된 것을 발견하게 된다. 여기에는 기후 조건에 대한 지속적인 적응을 위한 감각과 옛 귀족 생활의 화려함에 대한 의식적 귀환이 함께했다. 이런 민족적 예술의 자연스러운 재再개화와 빙켈만* 및 카노바의 차가운 고고학적 고전주의를 비교해보는 것도 유익하다. 전자에는 이해되지 않은 디테일을 글자 그대로 옮기는 일이 없다. 즉, 정신이 보존되어 있는 것이다. 이는 정신이 여전히 살아 있지만 미묘하게 변화된 형태로 표현법을 발견하기 때문이다. 무엇보다, 모든 예술가는 그리스 예술이 아니라 로마 예술에서 현대 건축의 진정한 원천에 대한 영감을 얻어왔다는 점에 유의해야 한다. 그리스 예술은 그 아름다움과 심원한 미학적 영향력에도 불구하고 현대 예술 관념의 출발점이 아니었다. 중세 세계가 그 무기력에서 깨어나 예술 전통의 흩어진 유산을 모으기 시작했을 때 그리스 예술은 이미 완전히 잊혀져 알려지지 않았다는 그 단순한 역사적 이유에서다.

---

* 소小플리니우스의 현존하는 편지 모음집(전 10권)에는 다양한 내용이 나오는데, 그중에는 자신이 소유한 빌라와 정원을 설명한 자세한 편지들이 있다. 이 편지와 남아 있는 로마 유적을 통해 르네상스의 학자와 정원가들은 1000년 전에 사라진 고대 로마의 빌라와 정원의 모습을 상상하고 영감을 얻어 르네상스 정원을 만들었다.
* 빙켈만(1717~1768)은 고대 그리스 예술을 연구한 독일의 미학자이자 미술사가. 프로이센에서 구두공의 아들로 태어나 각고의 노력으로 공부했다. 1755년 로마로 이주해 알바니 추기경(빌라 알바니의 주인)의 사서로 일하면서 고대 유물을 연구했다. 그리스 예술을 이상적인 아름다움이라고 칭송했고, 그리스 예술 정신을 '고귀한 단순과 고요한 위대'라는 말로 요약했다.

존 에벌린*이 1644년 마차를 타고 로마에 도착해 "스페인 광장에 있는 무슈 프티의 여관"에 내렸을 때, 많은 위대한 로마 빌라에는 여전히 최초의 신선한 화려함이 있었다. 그 빌라들이 불러일으키던 느낌은 아직 싫증나지 않았다. 반면 생각이 변한 나중의 여행자들은 이미 구식이고 유행에 뒤떨어진 것처럼 보이는 그것들을 자세히 살펴보고 싶은 흥미를 갖지 못했다. 그러나 건축과 정원술에 관한 열정적인 애호가인 에벌린에게 이탈리아 빌라는 그것을 모방하려는 영국 사람들을 위해 도움이 될 터, 신중하게 연구되고 자세히 묘사되어야 할 탁월한 양식이었다. 물론 에벌린이 순진한 즐거움을 느꼈던 '깜짝 물놀이'*와 기계 장난감에 후세들이 즐거워한 적이 있는지는 의문이다. 에벌린이 알아차린 진짜 아름다움은 2세기 동안의 오랜 경멸과 무관심을 받은 뒤 다시 한번 지적인 인정을 받게 되었다.* 그 과정을 살펴보자면, 이탈리아식 정원에 반대하는 소용돌이 속에서 시대의 편견을 넘어선 위대한 두 사람에 의해 이탈리아 정원이 사랑스럽게 연구되고 진정으로 이해되었다는 점이 주목할 만하다. 바로 프랑스의 건축가 페르시에와 퐁텐으로, 그들의 책은 르네상스 정원의 목적과 의미에 관해 지금까지 쓰인 가장 설득력 있는 분석을 담고 있다.

에벌린이 방문한 빌라 중 아마도 가장 변화가 적은 것 하나가 "몬스 핀키우스**의 이마 쯤에 있는 피렌체 공작의 집"이다. 빌라 메디치는 1801년

---

* 존 에벌린(1620~1706)은 영국의 작가이자 정원가. 화약제조업으로 부를 일군 귀족 출신으로, 21살 때부터 약 10년간 유럽 대륙 전역을 여행했으며, 평생 특별한 직업 없이 취미삼아 학문을 연구하며 살았다. 20살 때부터 죽을 때까지 남긴 일기가 특히 유명하다.

* 정원의 숨겨진 곳에서 갑자기 물이 뿜어져 나와 거닐던 사람을 놀라게 하는 장치.

* 저자는 영국의 후예인 미국인으로서 20세기 초까지 영미 문화권의 문화적 조류에 대해 얘기하고 있다. 즉, 한때 이탈리아와 프랑스 정원을 열렬히 모방하던 영국인들은 나중에는 영국식 정원의 우월성을 내세우면서 이탈리아식 정원과 프랑스식 정원을 폄하했던 것이다. 이는 문화적·경제적 변방이었던 영국이 이후 강대국이 되면서 문화적 자신감 내지 민족주의성을 갖게 된 결과라고 할 수 있다.

빌라 메디치, 로마

그 가문에 의해 매각되었으나, 다행스럽게도 프랑스 정부의 손으로 넘어갔고,* 그래서 에벌린이 합당하게 찬탄했듯, "고대의 희귀한 얕은 돋을새김(저부조)과 조각상으로 덮인 빌라의 전면"은 조각상이 있는 아케이드, "다년생 초록 식물"이 심겨지고 "흰 대리석 난간"이 둘러쳐진 테라스, 그리고 "사이프러스가 식재된 둔덕"을 여전히 내다보고 있다.

안니발레 리피에 의해 16세기 중반에 지어진 이 빌라는 한 추기경에 의해 시작되었지만 다른 추기경에 의해 완공되었다. 스페인 계단 위의 언덕 면에 기댄 진정한 이탈리아 스타일로서, 상층부는 로마 빌라의 특징인 강력한 요새 같은 기초 위에 서 있다. 즉, 위로는 빌라, 아래로는 요새라는 이 모습은 빛나는 친퀘첸토*cinque-cento*에서조차 교황령 국가에서의 생활이란 것이 두터운 벽체와 육중하게 쇠창살을 덧댄 창문의 보호를 필요로 했다는 것을 보여준다.* 입구에서 한 층이 더 올려져 있는 셈인 정원 쪽 파사드는 르네상스 시대 '기쁨의 집'이 보여주는 미소 짓는 개방성을 갖고 있다. 또한 건축 정면에 고대 조각의 파편을 체계적으로 사용한 아마도 최초의 예라는 점에서도 흥미롭다. 그러나 매력적인 중앙 로지아가 있는 이 파사드는 세부적인 설명이 필요 없을 만큼 충분히 알려져 있으므로 여기서는 주변 환경과 관련해서만 공부해본다.

---

** 몬스 핀키우스는 지금의 로마 북쪽 핀초산(언덕)이다. 고대부터 빌라가 많이 건설되어 '정원의 언덕'이라고도 불렸다. 예컨대 호화롭기로 유명했던 루쿨루스의 별장과 살루스티우스의 별장이 있었다. 이디스 워턴은 네 살부터 여섯 살까지 로마에 살면서 이곳에 자주 와서 놀았다고 한다.

* 빌라 메디치는 고대 로마 루쿨루스 별장의 일부에 지어졌다. 메디치 가문이 로마에 가진 최초의 건물로서 가문의 위상을 로마에서도 보여주기 위함이었다. 나중에 토스카나 대공이 되는 페르디난도 추기경에 의해 완공됐고, 토스카나 대공국의 대사관으로도 쓰였다. 훗날 프랑스로 넘어가 1803년 이래 지금까지 프랑스 아카데미로 쓰이고 있다.

* 친퀘첸토는 말 그대로 500(cinque = 5, cento = 100)으로 1500년대, 즉 16세기를 가리킨다. 이 시절 이탈리아는 르네상스 문화가 꽃피우고 유럽에서 가장 부강하고 아름다운 나라였기에 특별히 이런 애칭으로 불린다.

* 1581년 로마에서 다섯 달을 살았던 몽테뉴의 여행기에는 이런 언급이 나온다. 로마와 베네치아 중 어느 도시의 분위기가 더 자유로운가 비교를 하는데, 로마는 집 자체가 그다지 안전하지 못해서 부자들은 은행에 돈을 맡기고 있으며, 밤에 돌아다니기에는 별로 안전한 곳이 아니라는 것이다.

에벌린이 다녀가고 150년 이상 지난 다음에 만들어진 팔다, 그리고 페르시에와 퐁텐의 부지 도면은 원래의 정원 디자인이 이후의 유행에 의해 별로 방해받지 않았음을 보여준다. 정원은 아직도 빌라 출입문 앞의 광장에서 올라가는 길고 그늘진 샛길로 접근하게 된다.* 그리고 여전히 대칭으로 심어진 작은 숲, 건물 앞의 꽃 정원, 그리고 "사이프러스가 식재된 둔덕"으로 이어지는 직선 경로가 있는 위쪽의 야생 숲으로 나뉘어 있다.

빌라 메디치의 부지에 들어서면, 누구라도 옛 이탈리아 유원지의 독특한 특질인 정원 마법에 매료되고 또 마음이 진정될 것이라고 넉넉히 말할 수 있다. 입구에서부터 쏟아지는 고요함과 평온함이라는 마술을 느끼기 위해 꼭 정원 건축의 학생이 될 필요는 없다. 그러나 이런 감각을 구성하는 요소들을 분석하기 위해서는 잠시 동안 학생이 되어보는 것도 보람 있겠다. 아마 그 요소들은 다양함, 단순함 및 '딱 맞음'이라는 것들로 분해될 수 있겠다. 정원은 그 설계가 단순하나, 그 외 다른 부분에 있어서는 최소한의 수단으로 편안한 휴식을 희생시키지 않으면서도 쾌적한 감각을 다양하게 생산해낸다는 점에서 대조적이다. 앞서 말한 샛길을 통해 정원을 들어가면, 감탕나무 숲이 있는데 이를 울타리 길이 횡단한다. 그 길은 석조 의자와 대리석 분수가 있는 원형 지점으로 이어진다. 감탕나무 벽은 몇몇 지점에서 뚫려 있어 매력적인 개방 로지아를 만들고, 그 안의 깊은 초록을 들여다 엿볼 수 있게 한다. 이렇게 그늘이 지는 곧은 산책로에서 정돈과 휴식의 느낌을 갖고 빠져나오면 집 앞에 있는 꽃 정원을 만나게 된다. 이 정원은 회양목으로 경계를 만든 화단으로, 분수와 조각상으로 장식되어 태양 볕 아래 펼쳐진다. 이 지점에서 정원과 빌라 전면은 건축선의 강한 지배력에 의해, 그리고 아름다운 측면 로지아에 의해 조화를 이루게 된다(로지아에는 조각상이 안

---

* 정리하자면, 메디치 정원은 건물 옆의 오르막 샛길로 가는 방법과 빌라 건물 내부(1층)로 들어가 정원(2층)으로 나가는 방법이 있는 셈이다.

치된 벽감이 있고, 위로는 감탕나무 숲이 솟아 있다). 빌라로부터 정원을 가로질러 로마 주변의 캄파냐 평원과 산들이 이루는 광대한 선을 볼 수 있도록, 키큰 울타리와 나무는 없다. 굴리트 씨가 정의했듯이, 참으로 이것은 그 이전의 "안으로 들여다보는 정원" 유형에서 벗어나 "안에서 밖으로 내다보는 정원"의 초기작 중 하나일 것이다. 측면에 있는 테라스로 올라가면 정원의 셋째 구획에 이르는데, 이곳은 불규칙한 지면의 야생 숲으로서, 길 하나가 그 숲을 가로질러 꼭대기에 작은 신전이 있는 둔덕에 이른다. 이는 이탈리아 정원 부지로서는 드문 일이다. 언덕이 많은 이탈리아에서는 옛 영국 정원에서 그토록 높이 평가되던 구릉을 인공적으로 만들어낼 필요가 별로 없기 때문이다. 그러나 이 경우에는 둔덕이 충분히 정당화될 수 있는데, 로마의 반대편과 캄파냐 평원을 굽어보는 멋진 전망을 제공하기 때문이다.

그리하여 메디치 정원에 대한 전체적 인상은 '딱 맞음'이라는 감각이다. 즉, 활용할 수 있는 소재와 그 소재로 만든 쓸모 사이에 완벽한 조화가 있다. 건축가는 자신의 기회를 최대한으로 이용했지만, 자연을 비트는 대신 자연을 적응시킨 것이다. 위대한 프랑스 정원 중 보 르 비콩트 정원과 베르사유 정원 같은 일부에서 우리는 그 모든 아름다움 아래에 엄청나게 소모된 노력을, 무지막지하게 쌓아올린 땅을, 효과를 만들어내기 위해 강요된 창조 작업을 느낀다. 그러나 이탈리아 정원가의 위대한 재능은 비교 불가한 경관이라는 자연의 이점을 알아보고, 기교임을 감추는 기교로써 그 이점을 자신의 설계에 적합하게 만들 수 있었던 것이다. *

---

\* 단적으로 말하면, 이탈리아 정원은 자연의 경사를 테라스로 만들어 이용한 테라스식(노단식) 정원이고, 프랑스 정원은 드넓은 평지에 모든 것을 인공으로 건설한 평면기하학식 정원이다.

# 팔라티노 언덕의 파르네세 정원Farnese Gardens(Orti Farnesiani)

두 개의 건물로만 알려진 건축가인 안니발레 리피가 빌라 메디치 정원을 설계하는 동안, 팔라티노 언덕은 이탈리아 르네상스가 가장 위엄 있는 건축물 여럿을 빚고 있는 한 대가에 의해 기념비적인 테라스로 옷이 입혀지고 있었다. 비뇰라는 팔라티노 언덕의 경사면을 호화로운 파르네세 정원으로 탈바꿈시켰다.* 또한 그는 카프라롤라의 거대한 요새 빌라(빌라 파르네세)와 프라스카티의 몬드라고네 정원 포르티코의 건축가였다. 그리고 전해오는 이야기에 따르면 바냐이아의 독보적인 빌라 란테 역시 그가 만들었다고 한다.

비뇰라는 파르네세 정원에서 정원의 소재들을 끼리끼리 묶는 재능과 경관에 대한 감각을 마음껏 발휘했다. 그 경관 감각 덕택에 로마 교황청 고위 성직자에게 어울리는 장엄한 배경이 창조될 수 있었다. 그 후 이 정원은 로마 황제의 궁전 발굴을 위해 점차 희생되어왔지만, 팔다 그리고 페르시에와 퐁텐의 인쇄물에서 거의 연극적인 웅장함을 볼 수 있다. 그리고 테라스, 벽감, 포르티코 및 경사로의 풍부한 전개 속에서는 브라만테의 바티칸 정원 이중 계단의 성과를 알아차릴 수 있다. 부르크하르트가 적절하게 얘기했듯이, 마침내 파르네세 정원에서 "구성의 통일 및 효과적인 소재 그룹화의 시대"가 이전 스타일을 압도하게 되었다.

사실 그때까지 이 땅에는 어떠한 빌라도 지어진 적이 없었고, 따라서 이 위엄 있는 오르막길 주위에는 무거움과 과도한 중요성의 분위기가 있다. 오르막길은 언덕 꼭대기에 선 단 두 개의 파빌리온에 이르게 되어 있다. 차라

---

* 이탈리아어로는 오르티 파르네시아니Orti Farnesiani로 파르네세 가문의 정원이다. 팔라티노 언덕은 로마가 멸망하면서 버려졌는데, 이 폐허의 모습이 파르네세 추기경을 매혹시켰다. 그는 이 땅을 사들여 1565년부터 정원을 조성하기 시작했다. 17세기 초 완성됐지만, 18세기부터 지금까지 계속되는 고고학 발굴로 그 모습을 상당 부분 잃었다. 현재 남은 것은 로마 포럼에서 올라가도록 된 계단과 측면의 님파에움, 그리고 팔라티노 언덕 위의 파빌리온과 일부 복원된 정형식 정원이다.

리 당시의 로마 추기경들이 건립하기 시작하던 그런 장대한 저택이 지어졌더라면 오히려 그 구성은 진정한 가치를 되찾았을지도 모른다. 어쨌든 이 정원과 동시대의 빌라 메디치 정원을 견주자면 스타일과 설계의 대비가 특히 흥미롭다. 빌라 메디치는 보여주기 위해, 파르네세 정원은 프라이버시를 위해 설계되었다. 물론 각각의 목적이 달성되는 모습은 그 창조자의 독창성과 독립성을 보여준다. 흔히 이탈리아 르네상스 정원은 똑같은 건축적 효과를 끊임없이 반복한다고 잘못 생각되곤 한다. 그러나 르네상스 정원의 특유한 매력은 디자이너가 그 정원을 서로 다른 부지와 각기 다른 요구에 적응시킨 변화무쌍함에 있는 것이다.

## 빌라 피아Villa Pia

의미 없는 연회나 행사들로부터 벗어난 한 사례로서, 시선을 빌라 메디치와 오르티 파르네시아니(파르네세 정원)로부터 그와 같은 시기에 만들어진 세 번째 유형의 빌라로 돌려보자. 바티칸 정원에 있는 교황 피우스 4세의 카지노*는 나폴리 건축가 피로 리고리오에 의해 1560년에 지어졌다.

 이 정묘한 작은 정원 집은, 비아 데 폰다멘티 길 근처, 바티칸 외부 정원의 깊숙한 공간에 자리잡고 있다. 이 길 뒤로는 한때 숲으로 덮였던 언덕이 급격히 솟아 있는데, 이 언덕 면에 직사각형 절개지가 만들어지고 옹벽이 세워졌다. 이렇게 비워진 공간에 벽으로부터 약 3~5미터 이격하여 빌라가 지어졌으므로, 지층은 시원하고 그늘이 지면서도 눅눅함이 없다. 길고 좁

---

* 카지노casino는 이탈리아어 카사casa(집)에 축소형 어미가 붙은 것으로, 직역하면 '작은 집'이다. 국가에서 공인한 도박장이란 의미의 카지노는 본래 르네상스 시대 귀족의 사교·오락장인 카지노에서 유래했다.

VILLA PIA

빌라 피아, 바티칸 정원, 로마

은 건물은 길이 방향으로 절단되어, 긴 파사드가 측면으로 취급되고 한쪽의 좁은 끝이 오히려 앞쪽 정면이 된다. 이 설계의 적절성은 제한된 주변 환경에 주목할 때 쉽게 알아챌 수 있다. 그렇게 작은 공간에서는 더 큰 구조가 불균형했을 것이고, 리고리오는 정원 파빌리온 같은 단순한 외관을 적절한 크기의 집에 부여하는 것만이 유일한 방법이라는 생각을 해낸 것이다.

페르시에와 퐁텐은 리고리오가 "특별히 연구한 고대 건물의 방식을 좇아" 빌라 피아를 지었다고 말한다. 실제로 이 사랑스러운 작은 건물에서는 로마 프레스코 건축의 영향을 볼 수 있다. 하지만 건축가의 개인적인 취향에 의해 자유롭게 수정되었기 때문에 "재건축"의 경직성은 전혀 없다. 단지 지나간 과거에 흠뻑 마음을 적신 예술가가 꾸는 한낮의 꿈같이 보일 뿐이다.

파사드는 정교하고 다채로운 장식을 위한 수단으로 쓰였는데, 고대 로마의 스투코에서 빌려온 모티프들이 끝없는 다양함과 조화를 이룬다. 그 디테일의 풍부함에도 불구하고 무거움과 혼란스러움은 섬세한 처리와 모종의 소박함에 의해 무사히 제거되었다. 그리고 이 소박함은 파사드를 동시대의 다른 유사한 구성물들보다는 페루자에 있는 산 베르나르디노 성당의 스투코 파사드와 친족이 되도록 만든다(비교하자면 좀더 환상적이지만). 직사각형 패널들에 있는 천사와 요정들은 조각가 아고스티노 디 두초를 묘하게 떠올리게 하고, 누렇게 변색된 스투코 표면은 페루자 예배당의 섬세한 색조를 연상시킨다.

1층은 원주들 위에 올려진 아치 세 개로 된 개방 로지아로 구성된다. 로지아는 일종의 아트리움*을 형성하는데, 다양한 색깔의 작고 둥근 자갈로 아라베스크와 기타 고대의 문양을 그려내는 모자이크로 장식되어 있

---

* 고대 로마의 저택인 도무스domus는 베스티블룸(현관)-아트리움(중정)-타블리눔(응접실)-페리스틸리움(주랑 정원)-지스터스(후원) 순으로 구성되었다. 아트리움atrium은 건물 안으로 들어오면 처음 만나는 중정으로, 바닥에는 수조가 있고 지붕은 하늘로 뚫려 있으며 주위는 작은 방들이 둘러싸고 있었다.

**빌라 피아의 안뜰 문, 바티칸 정원, 로마**

다. 파사드의 모서리돌도 이같은 모자이크로 되어 있어, 이미 모든 게 환상적이지만 마지막 멋진 터치를 가한다. 아트리움의 반 원통형 볼트*는 빌라 마다마의 조반니 다 우디네의 작품에서 영감을 얻은 것이 분명한, 경이롭도록 섬세한 스투코 벽으로 장식되었다. 그리고 양쪽 끝에는, 날개 달린 그리핀 조각상 위에 놓인 화려한 대리석 수반이 서 있다. 이 절묘한 로지아의 부서질 것 같은 장식은 3면으로 열려 있다. 그런데 같은 스타일로 장식된 위층의 많은 창문은 가림막이 없고 유리가 깨졌다. 이 친퀘첸토 장식의 독특한 사례가 기껏 노출 때문에 피폐해져 가고 있는 것이다. 아트리움의 계단 옆

---

\* 볼트vault(궁륭穹窿)는 아치를 여러 개 붙여 천장 또는 지붕을 형성한 둥근 천장을 가리킨다. 아치와 볼트는 고대 로마의 건축 기술로서, 덕분에 서양 건축물은 높은 천장을 가지면서도 무너지지 않고 또 무한히 확장할 수 있었다.

에는 대리석 돌고래 위에 큐피드 상이 서 있고, 계단은 타원형 안뜰로 이어진다. 안뜰의 중앙에는 분수가 안치되었고 역시 큐피드 모티프가 반복되고 있다. 이 안뜰은 좌석이 가장자리를 달리는 낮은 벽으로 둘러싸였으며 벽 위에는 컵 모양의 아름다운 대리석 화병이 올려졌다. 로지아를 바라볼 때, 벽은 빌라 줄리아에서와 같이 작은 파빌리온에 의해 뚫렸으며, 스투코 패널로 장식된 다락방이 있는 파빌리온은 개방형 아케이드에 놓였다. 한편, 옆쪽으로, 빌라와 파빌리온의 등거리에는 개선문 모습의 파사드를 가진 두 개의 볼트형 포르티코가 있다. 이 포르티코를 통해 하부 정원으로 내려가는 굽은 경사로로 접근하게 된다. 이 포르티코들 또한 스투코 패널로 풍부하게 장식되었는데, 안쪽으로는 흉상들을 위한 벽감을 형성하면서 자갈 모자이크 작품이 줄지어 있다.

중앙의 파빌리온에서는 그 뒤쪽 아래로 연못이 내려다보인다(파빌리온은 바깥쪽 혹은 정원 쪽이 한 층 낮다). 이 연못은 해자垓子처럼 3면으로 파빌리온을 둘러싸는데, 파빌리온 기저부의 벽감 안에는 테티스 여신상이 돌로 된 좌석 위에 앉아 있다. 이 세 개의 벽감으로부터 물이 흘러나와 낮은 경계석을 넘쳐서는 그 물을 받아들이도록 살짝 홈이 파인 포장 수로로 떨어진다. 물의 청량함과 풍부함이라는 멋진 효과를 만들어내는 장치인 것이다.

한편, 빌라의 옛 정원은 연못과 같은 높이의 지면에 있었다. 팔다의 인쇄물은 그 설계의 독창성을 보여주지만, 이제 그 정원들은 거의 다 파괴되었고, 빌라 위의 보스코는 가지치기된 관목이 드문드문 심어진 단순한 잔디밭으로 대체되었다.

이렇게 빌라 피아를 세밀하게 설명해보았다. 왜냐하면 일단, 좀처럼 접근할 수 없어 거의 알려지지 않았기 때문이기도 하지만, 그보다 빌라 피아는 주거용 집이 아니라 정원 건물이라는 점에서 실제 정원 구성의 일부를 형성하기 때문이다. 이처럼 빌라 피아는 이탈리아 건축에 있어 특이한 사례다. 부르크하르트는 그 호화로운 장식이 정원의 작은 휴식용 파빌리온에 얼마나 잘 어울리는지 주목하고는, "한여름 오후에 상상할 수 있는 가장 완벽한 휴식처"라고 잘 묘사한 바 있다.

빌라 피아가 한구석에 자리하고 있는 바티칸의 외부 정원은 1546년에 사망한 소 안토니오 다 상갈로에 의해 설계된 것 같다. 비록 많은 부분이 손상되었지만, 정원은 여전히 원래 설계의 흔적을 보여준다. 레몬나무가 벽에 붙여 길러지는 햇볕이 잘 드는 테라스는 이탈리아 정원 건축가들이 항상 마련해놓던 '추운 계절을 위한 산책로'의 좋은 예다. 그리고 경사진 숲으로 둘러싸인 넓은 침상정원sunken garden*은 정원 역사의 초기에 비밀의 정원을 효과적으로 처리한 사례를 보여준다. 사실 바티칸 정원의 이 광대하게 펼쳐진 설계는 공원을 점차 포함하게 되는 나중의 르네상스 정원의 여러 특징을 시사하는 것인지도 모른다.

## 빌라 보르게세Villa Borghese

17세기에는 확장된 정원 설계라는 발전이 있었지만, 비뇰라와 상갈로의 세대를 표식하는 건축적 자제와 디테일의 순수성이 쇠퇴하기도 했다. 1618년 플랑드르 건축가 조반니 바산치오(크산텐의 존)가 지은 빌라 보르게세는 옛 전통에서 완전히 벗어난 모습을 보여준다.* 건물 정면에서는 빌라 메디치의 정원 쪽 전면의 영향을 추적할 수 있는데, 아마 빌라 메디치는 장식적 디테일이 건축적 구성을 대체하는 전형적인 '기쁨의 집'일 것이다. 그러나 빌라

---

*   침상정원沈床庭園은 지면보다 한 단계 낮게 만든 정원을 가리킨다.
*   바산치오(1550경~1621)는 플랑드르 출신이지만 1580년경 로마에 와서 정원 디자이너 겸 건축가, 조각가로 활동하다가 사망했다. 빌라 보르게세는 이탈리아가 아닌 외국 출신이 지었다는 점이 특이하지만 예술 교류가 활발한 유럽에서는 흔한 일이었다.

빌라 보르게세의 앞뜰 입구, 로마

빌라 보르게세의 아스클레피오스 신전, 로마

보르게세의 조경과 그 광대한 부지의 처리 방식은 바로크의 완전한 승리를 보여준다.*

수백 에이커의 광대한 공원을 포함하는 빌라 보르게세의 부지는 도메니코 사비노와 지롤라모 라이날디에 의해 설계되었다. 그리고 물 장치는 프라스카티의 빌라들에 위대한 물의 유희 *jeux d'eaux*\*를 만든 조반니 폰타나에 의해 고안되었다. 팔다의 도면은 집 주변의 부지는 거의 변경되지 않았다는 것을 보여준다. 빌라의 양 끝에는, 침상정원이 아닌 벽으로 둘러싸인 직사각형 비밀의 정원이 있다. 건물 앞쪽으로는 앞뜰이, 뒤쪽으로는 감탕나무 벽으로 둘러싸인 열린 공간에 조각상이 세워지고 분수가 중앙에 섰다. 왼편의 벽으로 둘러싸인 정원 너머에는 조류장鳥類檻을 포함한 다양한 부속 건물이 자리한다. 이런 작은 건물들은 대담한 바로크 스타일로서, 스투코 장식으로 과잉 치장되었으며 플랑드르 손길의 무거움이 없지 않다. 하지만 로마 정원 건축의 구별 징표가 되는 저 유쾌성과 비예측성을 갖는다.* 만약 더 큰 규모라면 위압적이겠지만, 우거진 녹음을 배경으로 높은 벽에 붙은 그림 같은 부속물들, 연철 대문, 석조 화병 및 조각상이 서 있는 단순한 정원 건물로서는 그 매력을 부인할 수 없을 것이다.

보르게세 공원의 설계에 대해서는 많은 논쟁이 이뤄져왔다. 팔다의 인쇄물은 빌라 건물 주위만을 보여주기 때문에, 외곽 부지가 언제 설계되었고 얼마나 수정되었는지는 결론 나지 않고 있다. 현재 이 공원은 풀밭 둔덕들 위에 낭만적인 우산 소나무 숲, 감탕나무 가로수길, 호수와 원형극장, 모조 고대 유적, 그리고 작은 건물들이 흩어져 있어, 18세기 말에 설계된 영국

---

\* 빌라 보르게세는 원래 보르게세 가문의 소유였으나 1903년 로마시가 취득하여 시민들을 위한 공원으로 개방했다. 그리고 빌라 건물은 보르게세 미술관이 되었다.

\* '물의 유희' 또는 '물 장난'은 물 장치를 이용하여 다양한 형태의 분수나 수로, 물 분사 장치를 만들어 즐거움과 놀라움을 선사하는 건축술을 말한다.

\* 유쾌성과 비예측성imprévu(뜻밖임)은 이탈리아 정원 건축의 한 특징이다. 이탈리아 정원은 무겁지 않고 밝고 가벼우며 예측하지 못한 곳에 볼거리를 숨겨두는 경우가 많다.

**빌라 보르게세의 출입문, 로마**

식 정원의 외양을 한다.* 그런데 투커만 씨는 이 공원을 조반니 폰타나의 작품이라고 믿어버린 나머지, 폰타나에게서 암자·영묘·신전을 가진 영국과 독일의 '감상적인' 풍경 정원의 창시자 모습을 본다. 그러나 페르시에와 퐁텐은 공원 도면으로부터 결론을 이끌어낸다. 즉, 1789년에 영국의 경관 정원가인 제이컵 무어와 로마의 피에트로 캄포레시에 의해 부지가 크게 수정되었다는 것이다. 한편, 굴리트 씨는 위 진술을 간과한 것으로 보이는바, "이미 감성의 느낌이 울리는 이 창조물"의 일자에 대해서는 확실한 입장이 없다고 밝힌다. 그러나 언제나 정확한 부르크하르트가 말하기를, 경마장과 아스클레피오스 신전은 늦은 연대이며, 공원은 푸생의 경관 스타일에 따라 1849년에 리모델링되었다고 한다.**

---

\* 영국식 풍경 정원 디자이너에 의해 정원에 자유로움이 생기게 되자 정원에는 크고 작은 건축물과 구조물, 나아가 가짜 폐허까지 등장한다. 이것들은 때로는 단순한 장식 요소로, 때로는 고대 이집트(오벨리스크)나 그리스·로마(신전), 고딕 중세 시대를 연상케 하는 기능을 했다. 사람들은 정원 속을 거닐면서 '모든 시간과 장소'를 가질 수 있게 된 것이다.

## 빌라 도리아 팜필리(빌라 벨레스피로)Villa Doria Pamphily(Villa Belrespiro)

빌라 보르게세보다 약 30년 뒤에 위대한 로마 전원 별장으로서 라이벌이 하나 떠올랐으니, 자니콜로 언덕에 있는 빌라 벨레스피로 또는 빌라 팜필리다.* 볼로냐의 알레산드로 알가르디가 설계한 빌라 팜필리는 아마도 로마 '기쁨의 집' 가운데 가장 잘 알려져 있고 가장 칭송받는 곳이리라. 비교할 수 없는 감탕나무 가로수길과 소나무 숲, 구불구불한 초원과 캄파냐 평원 너머가 보이는 넓은 경관은, 그 건축적 아름다움에 별 매력을 못 느끼는 사람조차 매혹시켜왔다.

건물은 빌라 메디치 스타일에 영리하게 적응해 고대의 얕은 돋을새김이 표면에 붙여졌지만 장식은 훨씬 더 풍부하고 자유로워졌다고 할 수 있다. 그리고 17세기의 빌라, 아니 차라리 카지노의 완벽한 사례인데, 진정으로 거주지가 아니라 교외의 별장으로 의도된 것이기 때문이다. 집 옆쪽으로는 측면 테라스가 있고, 정원 쪽 정면은 반대쪽보다 한 층이 낮기 때문에, 2층의 발코니에서는 큰 침상정원을 내려다보게 된다. 침상정원은 벽감의 조각상, 분수, 그리고 자수화단으로 풍부하게 장식되었고, 테라스의 옹벽으로 둘러싸였다. 거기서 양익 층계는 한때 정원의 중앙 부분이었던 곳, 즉 감탕나무 숲으로 경계가 나뉜 큰 원형극장으로 내려가게 된다. 이 원형극장에는 물 극장*théâtre d'eaux* *과 테라스식 감탕나무 숲으로 올라가는 당당한 양익 층계가 있다. 그러나 이 모든 하부 정원은 19세기 상반기에 영국식 공원으로

---

** 푸생(1594~1665)은 17세기 프랑스 최고의 화가로 불리는데, 서른 살에 로마로 이주하여 죽을 때까지 로마에서 활동했다. 그리스·로마 신화와 성서, 고대사 등에서 고른 제재를 이상적인 풍경 속에 담은 그의 그림은 영국의 정원가들에게 영감을 주어 풍경 정원이 탄생하는 데 큰 역할을 했다.

* 빌라 도리아 팜필리는 로마 테베레강 건너편의 자니콜로 언덕 아래에 있는 거대한 빌라다. 팜필리 가문, 도리아 가문의 손을 거쳐 1960년대부터는 로마시 소유가 되어 공원으로 개방되고 있다. 이 탈리아 전통 정원이 영국식 정원으로 바뀌었다가 근래에 일부 다시 복원되었다.

* '물 극장'은 분수의 일종으로, 분수와 조각상을 중앙에 두고 물로 둘러싼 극장같은 모습이다.

빌라 도리아 팜필리의 테라스 화단, 로마

바뀌었다. 로마 정원 중에서 가장 훌륭한 정원 하나가 이 분별없는 변화에 희생된 것이다. 왜냐하면 부지의 아름다움, 규모의 웅장함, 그리고 로마 조각의 풍부함에 있어, 빌라 팜필리는 타의 추종을 불허했기 때문이다. 물론 지금도 빌라 팜필리는 흥미로운 파편으로 가득 차 있다. 하지만 빌라 주위의 위엄 있는 정원 건축에 구릉진 잔디밭과 드문드문 심어진 관목 수풀을 부조화스럽게 병치시킨 것은 구성의 통일성을 완전히 파괴하고 말았다.

르 노트르가 1678년 로마에 왔을 때 빌라 팜필리의 공원을 설계했다는 전설이 내려온다. 그러나 페르시에와 퐁텐은 이 이야기를 입증할 아무런 자료가 없다고 선언하면서, 빌라 팜필리가 르 노트르의 방문 30년 이상 전에 건설되기 시작했다고 지적한다. 그럼에도 불구하고 평범한 프랑스 작가들은 르 노트르가 프랑스뿐만 아니라 이탈리아 조경의 아버지이기도

**빌라 도리아 팜필리의 하부 정원에서 본 모습, 로마**

하다는 주장을 정당화하고 싶어한다. 그들에게 증거의 부재는 아무 의미가 없다. 리아 씨는 『정원 예술』에서 빌라 팜필리의 전설을 반복하고, 뒤시외 씨는 『외국의 프랑스 예술가』에서 프랑스 동포들에게 더 큰 영예를 얹어주고 싶은 열망으로, 르 노트르의 로마 방문 이후 거의 200년* 뒤에 피에트로 놀리에 의해 설계된 빌라 알바니마저 르 노트르의 작품으로 돌린다! 르 노트르의 이탈리아 정원 설계 이야기는 오로지 그가 빌라 루도비시의 일부 디테일을 리모델링한 사실에 기초할 뿐이다. 그러나 그의 정원과 로마의 주요 빌라 사이의 연대를 비교하기만 해도 그가 위대한 이탈리아 정원 건축의 스승이 아니라 반대로 제자라는 것을 알게 될 것이다.

---

\* 사실은 200년이 아니라 100년인데 저자의 착오인 것 같다.

## 빌라 알바니 Villa Albani

로마의 추기경을 위해 지어진 마지막 위대한 시골 저택은 포르타 살라리아 성문 바깥에 카를로 마르키온네가 1746년 알바니 추기경을 위해 지은 빌라 알바니다. 늦은 연대에도 불구하고, 건물은 여전히 빌라 메디치에서 유래한 로마 교외 빌라의 유형에 부합하고 있다. 그런 점에서 독창적이고 적절한 스타일을 생각해낸 로마의 건축가들이, 생명 없는 고전주의가 성장해가는 당대의 경향에 개의치 않고, 원래 스타일을 두려움 없이 계속해나갔다는 사실은 흥미롭다.*

　알바니 추기경은 열정적인 고대 조각 수집가였다.* 이 빌라는 자신의 보물들을 전시하기 위해 지은 것인 만큼, 설계는 그에 적합하도록 건목 친 기둥으로 된 개방 아케이드가 지층의 긴 파사드 전체를 따라 달리고 있으며, 아케이드는 양 끝에서 긴 포르티코로 계속된다. 안토니오 놀리가 설계한 부지는 많은 찬사를 받아왔다. 부르크하르트는 이 부지에서 프랑스의 18세기 정원술이 이탈리아에 미친 영향에 대한 이탈리아 유파의 반응 흔적을 본다. 하지만 그보다는 오히려, 빌라 알바니는 이탈리아 정원으로서는 드문 예외로 평지에 지어졌고, 땅이 그렇기 때문에 프랑스 스타일과 비슷하게 만들어진 것뿐이지 않을까? 사실 빌라 알바니의 설계상, 특별히 프랑스적인 것을 찾기도 어렵고 이탈리아에서는 흔히 볼 수 없는 모티프를 찾기도 어렵다. 나아가 정원의 가장 매력적인 모습인, 빌라와 보스코를 연결시켜주는 긴 감탕나무 길은 프랑스적인 것이라기보다는 집으로부터 그늘로의 시원한 접근을

---

*　18세기에는 바로크의 과도한 장식성에 싫증 내던 차 폼페이 유적이 발굴돼 그리스·로마의 고전으로 돌아가는 분위기가 형성됐는데, 이를 신고전주의라 한다. 저자는 (신)고전주의가 고대 그리스·로마의 고전주의와 달리 생명력이 결여되었다는 비판적 입장을 보이고 있다.

*　빌라 알바니는 과거에는 로마 성벽 밖에 있었지만, 도시가 확장돼 지금은 시내에 속한다. 토를로니아 가문의 소유로 일반에는 공개돼 있지 않다. 컬렉터로 유명했던 알바니 추기경은 수집품 진열을 위해 빌라 알바니를 지었다. 빙켈만은 알바니 추기경의 도서관 사서로 고용되어 일했다.

마련하는 이탈리아의 관습을 보여주는 것일 뿐이다. 어쨌든 뒤시외 씨는 르노트르가 빌라 알바니의 설계자라고 하면서도 그 점에 대해서는 별 찬사를 보내지 않고 있다. 왜냐하면 이 위대한 프랑스 예술가는 빌라 알바니의 설계를 지배한다고 말해지는 캄파냐 평원의 저 유명한 전망으로부터 이룬 것보다, 보 르 비콩트와 베르사유 같은 드넓은 평지에 더 많은 시적인 느낌을 불어넣을 수 있었기 때문이라는 것이다.

부지는 가지치기한 감탕나무가 정형식으로 오점식재된 모습으로 되어 있지만, 집 앞에는 테라스로 둘러싸인 거대한 침상정원이 누워 있다. 정원의 반대편 끝은 카페$_{Caffè}$*라 불리는 반원형 포르티코에 의해 마감된다. 이는 빙켈만의 감독하에 집보다 늦게 지어진 것이다. 이런 구조와 테라스 건축에서, 우리는 18세기 이래 생명력을 쇠잔하게 만드는 신그리스주의$_{neo\text{-}Grecianism}$의 무거운 터치를 보게 된다. 빌라 알바니의 정원은 예술가가 아닌 고고학자에 의해 장식된 것처럼 보인다. 고대의 조각은 살아 있는 예술과 대담하게 결합할 때 이탈리아 정원의 가장 귀중한 부속물 중 하나가 되며, 반대로 과거에 대한 인위적인 환기 속에서의 조각은 모든 활력을 잃고 마치 그 배경처럼 생명이 없어진다.


## 빌라 키지 Villa Chigi

로마의 작은 규모 빌라 중 가장 매력적인 것 하나는 포르타 살라리아 성문 너머, 빌라 알바니에서 2 ~ 3킬로미터 떨어져 있는 돈 로도비코 키지 공작의 시골 저택이다. 이 빌라는 여러 면에서 시에나 유형의 빌라를 떠올리게

---

\* 이탈리아어 카페caffè는 카페이면서 커피를 가리킨다.

빌라 키지, 로마

한다.* 빌라 입구의 공용 도로는 반원형으로 확장되어 문장 조각이 붙은 벽으로 둘러싸여 있다. 철문의 축선상에서는, 첫째로 회양목 정원이 곁에 선 안뜰이, 다음으로 집의 중앙을 관통해 달리는 개방 아치 길이, 끝으로 그 뒤의 키 큰 회양목 울타리로 된 긴 산책길이 비스타를 이루어 일직선상에 보인다. 이 길은 감탕나무 둔덕이 뒤를 받치고 있는 반원형 부분으로 마감된다. 이런 설계는 토스카나와 움브리아 빌라의 모든 간결함과 매력을 갖고 있다. 집 주변의 평지는 회양목 울타리로 된 여덟 개의 정사각형 정원으로 세분되는데, 한쪽에 네 개씩 대칭이다. 그 뒤로는 조각상과 벤치가 있는 두 개의 작은 숲이 있다. 부지는 빌라 지면 아래의 농지로 떨어지는데, 다른 정원으로 이어지는 것처럼 보이는 중앙의 기다란 길 하나를 남겨놓는다. 그러나 실제로는 앞서 말한 반원형 부분에서 끝나고, 그 뒤에는 비슷한 길이 직각으로 달려 곧바로 들판으로 이어진다.*

## 몰타 기사단 빌라Gran Priorato di Roma dell'Ordine di Malta

로마의 다른 쪽 끝에는 키지 공작의 빌라와 유일하게 비교할 만한 작은 로마식 정원이 있다. 바로 아벤티노 언덕 위 산타 사비나 성당 근처의 기사단좌 또는 몰타 기사단의 빌라다.* 1765년 피라네시**가 건물에 부속된 예배당에 대한 리모델링과 장식을 하고, 정원 또한 설계했다고 전해진다. 정말

---

* 앞서 시에나의 빌라에서 키지 집안의 빌라(빌라 체티날레, 빌라 비코벨로)를 살펴보았다. 여기 로마의 것은 은행가로 성공한 키지 집안이 로마로 진출해 만든 것이다.
* 지금 빌라 키지는 시민들의 공원으로 쓰이는데, 주변이 어수선한 주거지로 변모하는 등 관리가 잘 안 돼 안타까움을 자아낸다. 로마는 1871년 수도가 되면서 도심 재개발과 외곽 개발이 무분별하게 이뤄졌다.
* 몰타 기사단은 십자군 전쟁 때의 구호기사단으로, 십자군이 성지에서 쫓겨나자 몰타섬에 거대한 요새를 짓고 살았다. 1798년 나폴레옹에게 섬이 점령당하자 교황의 허락으로 로마에 본부를 두게 된 것이다. 이 빌라는 본래 베네딕트 수도원으로 지어졌으나 여러 손을 거쳐 마침내 기사단에 넘겨졌다.

그가 그렇게 했다면, 이는 르네상스 정원의 전통이 이탈리아에서 얼마나 늦게까지 남아 있었는지를 보여준다고 하겠다. 왜냐하면 기사단좌에는 낭만주의 영향의 흔적이 없기 때문이다. 건물은 테베레강을 내려다보는 가파른 절벽 위에 서 있기 때문에 부지가 좁은 편이다. 하지만 성 베드로 대성당과 자니콜로 언덕이 바라보이는 영광스러운 전망을 보유하고 있다. 디자이너는 분명히 정원이 이 전망을 위한 단순한 설정이어야만 한다고 느꼈던 것 같다. 그에 따라 회양목과 월계수 벽으로 된 곧은 길을 마련했고, 이 길은 대문에서부터 강변의 테라스까지 쭉 뻗어간다. 이 초록 터널의 액자가 만들어내는 전망은 로마의 명승 중 하나다. 그리고 이탈리아 특유의 터치로서 더해진 대문의 작은 열쇠 구멍은 그 전망을 모두 받아들이도록 자리잡고 있다.* 한편, 얽어 덮은 길 왼편에 자리잡은 작은 화단은 조각상 벽감이 설치된 높은 벽으로 둘러싸였고 정사각 모양으로 전정된 회양목이 심어져 있다. 테라스 아래의 광대한 전망과 평화로운 대비를 이루는 이 화단은, 양지바른 수도원 회랑이 품는 고요함으로 가득한 진짜 "비밀의 정원"이다.


## 팔라초 콜론나 정원Giardino di Palazzo Colonna

팔라초 콜론나* 뒤에 있는 정원 부지는 지금까지 본 것과는 또 다른 유형에

---

** 피라네시 (1720~1778)는 동판화가이자 건축가, 고고학자다. 로마의 유적과 전경을 묘사한 『고대와 근대 로마의 다양한 풍경들』(1745) 같은 동판화집은 선풍적인 인기를 얻었고, 신고전주의가 전개되는 데 크게 기여했다.

* 즉, 빌라의 대문에 난 열쇠 구멍을 들여다보면 나무가 만들어내는 녹색 터널 프레임 안으로 저 멀리 성 베드로 대성당의 돔이 눈에 들어오는 것이다. 한 장소에서 세 개의 나라를 동시에 보는 셈인데, 서 있는 곳은 이탈리아이고, 중간은 몰타 기사단의 땅이며, 그 너머는 바티칸 시국의 땅이다.

* 콜론나 가문은 중세 시대 로마 근처 콜론나 마을에서 나온 로마에서 가장 오래되고 강력한 집안 중 하나로, 많은 교황과 로마의 지도자들을 배출했다. 팔라초 콜론나는 14세기부터 가문의 저택으로 존재했으며 지금도 가족이 거주하고 있다.

속한다. 도시 정원을 다루는 흥미로운 사례로서, 특히 로마 성벽 안에 위대한 정원이 많이 파괴되었기 때문에 특별한 가치를 지닌다.

콜론나 궁은 퀴리날레 언덕의 기슭에 서 있고, 정원은 건물 뒤쪽의 가파른 경사면에 지어졌다. 정원은 비아 퀴리날레 길에서 당당한 관문으로 들어서게 된다. 이 상부 정원에는 가운데에 수조와 그 주위의 꽃밭을 가진 매력적인 직사각형 회양목 정원이 있다. 거기서 두 개의 좁고 긴 테라스로 내려갈 수 있는데, 하나는 다른 하나의 아래에 있고, 회양목과 감탕나무가 식재되었으며, 고대의 대리석물로 장식되었다. 상부 테라스로부터 중심을 따라 내려가면, 이끼 낀 항아리와 바다의 신 조각상들이 놓인 바로크 양식의 정교한 물의 성 *château d'eau* *이 있다. 이것은 양치식물들이 가장자리를 두른 수조에서 마감된다. 그리고 정원은 세 번째 테라스에서 끝나는데, 여기에는 정사각형으로 자른 감탕나무들이 심어져 있어 위에서 보면 마치 초록 마루 같다. 우아한 석조 다리에 의해 이 가장 낮은 테라스는 좁은 길로 정원에서 분리되어 있는 팔라초의 2층 문으로 연결된다.* 이 같은 전체 설계는 작고 가파른 땅 조각에서 만들어낼 수 있는 다양한 효과와 아름다움을 보여주는 흥미로운 사례다.

## 로마의 다른 빌라들

로마의 언덕 위에 왕관을 씌웠던 수많은 정원 중 지금 남아 있는 것은 얼마되지 않는다. 첼리오 언덕의 빌라 첼리몬타나 Villa Celimontana 또는 빌라 마테

---

* '물의 성'은 위쪽 분수나 그로토에서 물이 계곡처럼 아래로 흘러내리게 한 것을 말한다.
* 즉, 팔라초는 퀴리날레 언덕 기슭의 평지에 있고, 그 정원은 작은 길 건너 언덕의 가파른 경사면에 있는 셈이다. 이처럼 중간에 난 길 때문에 분리된 부지를 다리를 놓아 연결시킨 것이다.

이 Villa Mattei는 여전히 살아 있지만, 그 부지는 너무나 앵글로화되어 주로 그 부지와 성 필립보 네리와의 연관성, 즉 그 무덤이 거대한 감탕나무 아래 보존되고 있다는 점에서 흥미로울 뿐이다.

웅장한 빌라 루도비시 Villa Ludovisi는 아우로라 카지노와 추한 팔라초 마르게리타의 안뜰에 통합된 몇 가지 아름다운 건축 파편만을 새롭게 난 도로망 속에 남기고 사라졌다. * 마찬가지로 유명한 빌라 네그로니 Villa Negroni는 피아차 델레 테르메 광장과 그랜드 호텔의 공간을 만들기 위해 쓸려나가버렸다. 몬테 마리오산의 경사면에 있는 빌라 사케티 Villa Sacchetti는 폐허가 되었다. 그리고 디비노 아모레 마을로 가는 길의 캄파냐 평원에 있는 체키뇰라 Cecchignola의 오래된 사냥 별장도 그렇다.

위의 빌라들과 다른 많은 빌라가 사라졌거나 사라져가고 있다. 하지만 주의 깊은 눈을 가졌다면 눈길을 돌리는 곳마다 원주로 된 출입구나 세로 홈이 난 화병, 벽감 속 웅크린 조각상 같은 파편들에 아직도 어른거리는 옛 정원 예술의 잔영을 볼 수 있을 것이다. 이 모든 것은 왕관과 같은 로마의 정원이 틀림없이 존재했음을, 그리고 여전히 그 과거를 배우는 학생들에게 충만한 시사점을 준다는 것을 증명하고 있다.

---

* 빌라 루도비시는 한때 유명했던 로마 교외 빌라로서 역사가 파란만장하다. 원래 고대 로마 살루스티우스의 별장 자리에 루도비코 루도비시 추기경이 1620년대에 주변 땅을 매입해 빌라를 세웠다. 로마에 왔던 스탕달은 세상에서 가장 아름다운 정원 중 하나로 꼽기도 했다. 그러나 19세기 말 재정 상태가 악화된 가문이 부동산개발 회사에 매각해 대폭 분리·개조되었다. 빌라의 한 조각인 아우로라 카지노만 파괴되지 않고 남았으며, 부지 한가운데로는 유명한 베네토 거리가 났다. 한편 가문을 위해 지어진 새 팔라초는 또 다른 재정 악화로 1900년 이탈리아 국왕 비토리오 에마누엘레 3세에게 팔렸고 그 모후 마르게리타가 26년간 거주했다. 이 팔라초 마르게리타는 무솔리니 정권하에서 정부 건물로 쓰이다가, 제2차 세계대전 후인 1946년 미국이 매입해 현재 미국 대사관이 되어 있다.

ITALIAN VILLAS
AND
THEIR GARDENS

로마 외곽 빌라 리비아의 정원 프레스코화(기원전 1세기), 팔라초 마시모 로마국립박물관

헨드릭 반 클레브, 바티칸 정원과 성 베드로 대성당 전경(1587)
왼편에는 브라만테의 바티칸 정원이, 오른편에는 아직 공사 중인 성 베드로 대성당의 돔이 보인다.

바티칸 성 베드로 대성당, 건물 뒤로 정원이 있다.

솔방울 정원에서 남쪽을 바라본 바티칸 정원(정면의 건물이 브라초 누오보)

바티칸 미술관에서 내려다 본 정원(가운데가 빌라 피아의 출입문)

혼히 부조화스럽다고 비판받지만 워턴이 변호해주는 빌라 줄리아의 정면

빌라 줄리아 건물의 안쪽을 형성하는 반원형 안뜰

빌라 안쪽의 아치형 아케이드와 추케로의 천장 프레스코화, 빌라 줄리아
아기 천사들이 포도나무 격자 울타리 사이로 빼꼼히 내려다보고 있다.

설계가 복잡하고 건축적 모티프가 다양한 님파에움(또는 그로토)을 내려다본 모습

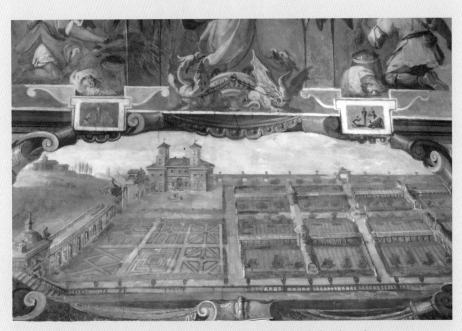

지금과 별로 다르지 않은 모습을 보여주는 빌라 메디치의 옛 프레스코화

스페인 계단으로부터 올라가는 길에 보이는 육중한 외부 전면, 빌라 메디치

건물 안으로 들어와 바라본 섬세한 내부 전면(건물 뒷면), 빌라 메디치

얕은 돋을새김과 조각상으로 덮인 빌라의 정원쪽 전면(가운데 메디치 문장 이스커천)

빌라 2층에서 바라본 구획지어진 회양목 정원, 빌라 메디치

키보다 높은 감탕나무 수벽 사이로 난 고요한 산책길, 빌라 메디치

옹벽을 쌓아올린 테라스에서 바라본 광대한 로마 서쪽 전망, '안에서 밖으로 내다보는 정원'을 가진 빌라 메디치

로마 포룸에서 올려다 본 오르티 파르네시아니, 팔라티노 언덕의 파르네세 정원
아래로는 고대 로마의 유적이, 위로는 르네상스 이탈리아의 유적이 함께하는 모습이다.

이디스 워턴이 어릴 적 로마에 살 때 뛰어놀던 핀초 언덕, 빌라 보르게세에서 이어진다.

빌라 보르게세의 전면(지금의 보르게세 미술관), 건물의 후면과 측면에 정형식 정원이 있다.

팔라티노 언덕 위의 파르네세 정원에서 바라본 로마 포룸과 로마 전경, 2700년의 역사가 발 아래에 있다.

영국식 풍경 정원을 닮은 모습의 부지, 빌라 보르게세

의술의 신 아스클레피오스 신전과 호수, 빌라 보르게세

로마 외곽 광대한 빌라 도리아 팜필리의 우산 소나무 숲

로마 중심에 있는 팔라초 도리아 팜필리의 중정. 도시 외곽에는 빌라, 시내에는 팔라초라는 등식을 보여준다.

바로크 양식의 정교한 물의 성이 있는 팔라초 콜론나 정원(출처: www.grandigiardini.it)

4장

# 로마 인근의 빌라들

빌라 파르네세, 카프라롤라

# 1. 카프라롤라와 란테

## 카프라롤라의 빌라 파르네세Villa Farnese a Caprarola

모든 위대한 추기경들이 성 베드로 대성당이 보이는 로마의 지근거리에 빌라를 짓지는 않았다. 그중 하나의 예로, 알렉산데르 파르네세 추기경은 산속 마을 카프라롤라 위에 부지를 선정했다. 이곳에서는 네피, 오르테, 치비타 카스텔라나 같은 고대 도시로 둘러싸인 에트루리아 평야가 내려다보이고, 중간 거리에는 소라테산이 홀로 솟아 있으며, 저 멀리로는 살짝 눈 덮인 아펜니노산맥이 병풍 친 듯 보인다.*

이탈리아를 통틀어도 카프라롤라와 같은 곳은 없다. 부르크하르트는 "세속 건축이 성취한, 절제된 위엄을 보여주는 아마도 가장 높은 예"라고 부른다. 그리고 굴리트 씨는 비뇰라가 빌라를 지으면서 이탈리아의 전통적인 궁전 건축을 깨뜨리고 프랑스에서 영감을 구했다는 흥미로운 의견을 제시한다. 그는 말한다. "카프라롤라, 그것은 당시 도달했던 가장 현대적인 유럽 북부 성의 모습을 보여준다. (…) 우리는 여기서 북부가 아니면 거의 볼 수 없는 요새화된 주거 중 하나와 관계하는 셈이다. 계속 커지는 약탈의 위험

---

\* 로마와 피렌체 사이의 이 지역은 고대 로마 이전 에트루리아 문명의 도시들이 있던 땅이다. 한편, 이탈리아의 산맥은 크게 지붕이 되는 북쪽 끝의 알프스산맥과 등뼈가 되는 동쪽의 아펜니노산맥으로 이뤄져 있다.

에 노출된 상황에서 이런 형태가 필요했을 수밖에 없다. 이탈리아는 실제 성곽과 요새화된 건물을 지었지만, 이처럼 평화와 전쟁에 똑같이 부응한 요새궁은 거의 없었다."

카프라롤라에 대해서는 수많은 삽화 출판물이 있기 때문에 복잡한 건축 구조를 자세히 설명할 필요는 없으리라. 거대한 오각형 요새가 깊은 해자에 둘러싸여 있으며, 궁전 뒤쪽의 가벼운 다리가 해자를 가로질러 하부 정원을 잇는다고 말하는 것으로 충분할 것이다.* 위압적인 파사드로부터 얽어 덮은 산책로·분수·그로토가 넓게 펼쳐지는 아름다운 곳으로 넘어가면, 16세기라는 과도기의 이탈리아 시골생활에서 벌어지는 흥미로운 대조가 선명하게 눈앞에 나타난다. 빌라 밖으로는 추기경의 병사와 용사들이 마을 위 요새의 넓은 단에 느긋하게 서 있다. 안쪽으로는 귀부인과 그녀들의 기사가 장미 덤불 아래에 앉거나 레몬나무 벽 사이를 거닐면서, 그리스어 필사본 혹은 로마 청동상에 대해 토론하거나, 추기경의 궁정 시인이 지은 최신 소네트를 듣는 모습이 그려진다.*

카프라롤라의 하부 정원은 웃자란 회양목 화단, 그리고 무너져가는 벽과 난간의 난파선일 뿐이다. 부식되어가는 석고 조각상이 벽감 안에 서 있거나 산책로를 방해하거나 한다. 과일나무가 뜬금없이 꽃 화단에 심어져 있고, 양치식물은 더 이상 물이 흐르지 않는 그로토에서 시들어간다. 분수와 아치가 있는 건축의 디테일은 호화롭고 아름답지만, 전체 설계의 윤곽은 추적하기 어렵다. 따라서 옛 정원이 어땠는지 알기 위해서는 이 닫힌 공간을 지나

---

* 빌라의 관람 순서는, 우선 화려하고 장대한 오각형 빌라 건물을 둘러본 뒤, 다리를 통해 해자 너머 하부 정원을 구경하고, 옆에 난 오르막 산길을 올라 울창한 숲속을 한참 지나가 상부 정원에 이르는 순서로 이뤄진다.
* 몽테뉴는 1581년 9월 빌라 파르네세를 방문해 다음과 같은 기록을 남겼다. "바냐이아 궁(빌라 란테)에서 다시 길을 나선 우리는 곧게 뻗어 있는 길을 따라 파르네세 추기경이 지낸다는 카프라롤라 궁을 지나갔다. 이탈리아 사람들에게는 아주 유명한 곳이었다. 정말이지 이렇게 아름다운 이탈리아에서도 카프라롤라에 버금가는 궁을 본 적이 없는 것 같다."

**빌라 파르네세의 카지노, 카프라롤라**

경사진 떡갈나무 숲을 통과해 더 높은 곳으로 올라가야만 한다.

그 숲 너머에는 넓은 타피 베르가 있고, 이것은 원형 분수가 놓인 평지로 이어진다. 이 평지의 일부는 건목 친 아케이드 구조물이 둘러싸고 있다. 양 아케이드 사이에는 두 명의 거대한 강의 신 조각상이 누운 물의 성이 배치되어 당당한 석조 계단의 중심 모티프를 이루는 한편, 그 그로토로부터 물이 흘러나와 내리막을 타고 흘러내린다. 아케이드는 최상층 테라스에 이르는데, 거기에는 비뇰라의 몹시 아름다운, 확실히 이탈리아에서 가장 아름다운 정원 집이 있다. 아케이드와 계단이라는 모티프는 그 자체로는 훌륭하지만, 그 위에 선 섬세한 작은 건물에 어울리기에는 너무 크고 중요해 보인다는 비판을 받을 수도 있겠다. 그러나 일단 상부 테라스에 올라서면 그 비율의 결함은 더 이상 보이지 않으며, 모든 주변 환경이 조화를 이룬다. 그 구성은 단순하다. 카지노 주변으로, 넓은 양익 층계 위로 올려진 가벼운 아케이드가 있고, 분수가 있는 평지의 회양목 정원이 펼쳐진다. 정원은 카프라롤라를 그린 모든 그림에서 볼 수 있는, 그 유명한 카네포라*가 올라선 낮은 벽으로 둘러싸여 있다. 때로는 거대한 숲속 인간이 자신의 돌집에서 위로 반쯤 빠져나오는 듯한데, 약간은 화난 듯 혹은 신성한 듯, 약간은 촌스러운 웃음을 짓고 있는 듯하다. 산으로 둘러싸인 무한한 분위기를 배경으로 이렇게 환상적인 신성한 조각을 맨 끝에 일렬로 배치한 대담함은 카프라롤라의 상부 정원에 형언할 수 없는 시적인 감동을 준다. 여기에는 피할 수 없음이라는 성질이 있다. 그래서 위대한 시구가 그러하듯이, 그렇지 않았다면 그렇게 될 수 없었던 것이다. 바사리의 행복한 문구가 말하듯, 그것은 "태어났지 지어지지 않았다."

## 빌라 란테 Villa Lante

카프라롤라에서 20킬로미터도 채 떨어지지 않은 곳에 비뇰라가 만들었다고 전해지는 다른 유명한 빌라가 있다. 혹자는 비뇰라가 진짜로 그랬기를 바라는데, 만약 정말 그렇다면, 한 위대한 예술가가 새로운 주제에 적응해 어떻게 자신의 소재를 변개했는지 보여주는 사례가 될 것이다. 비테르보 인근 바냐이아 마을의 빌라 란테는 추기경 한 명이 아니라 네 명의 작품이었던 것으로 보인다. 비테르보 추기경 주교인 라파엘 리아리오는 15세기 말경에 이 작품을 시작했고, 그의 후계자인 리돌피 추기경과 감바라 추기경이 이어서 계속해, 마침내 1588년 교황 식스투스 5세의 조카인 몬탈토 추기경에 의해 완성되었다. 그는 비테르보의 주교들로부터 이 재산을 매입했고, 나중에 교

---

* 카네포라 canephora는 머리 위에 항아리, 화병 등을 이고 있는 여자 조각상.

빌라 란테, 바냐이아

**빌라 란테, 바냐이아**

황청에 유증했다. 페르시에와 퐁텐은 여러 건축가가 이 작품에 협력했다고
생각하지만, 구성의 통일성으로 볼 때 하나의 정신에서 전체 설계가 비롯되
었음이 틀림없다. 그리고 굴리트 씨는 비뇰라가 실제 작자라는 점을 반박할
사실이 전혀 없다고 본다.

란테에 대해서는 카프라롤라와 마찬가지로 철저하게 스케치하고 사
진을 찍어왔다. 란테는 너무나 완벽하고, 또 지금까지 아름다움, 보존 상태,
정원 마법의 특질에 있어 이탈리아의 다른 모든 위대한 '기쁨의 집'을 능가
한다.[**] 따라서 정원 예술 학도는 언제나 그 연구에서 신선한 영감을 찾을
수 있을 것이다. 카프라롤라가 "안에서 밖으로 내다보는 정원"이라면 란테는
"안으로 들여다보는 정원"이다. 이 말뜻은 란테가 닫혀 있다는 것이 아니다.
오히려 란테의 테라스는 드넓은 지평선을 향유하고 있다. 단지 정원을 둘러싼 그 멋진 풍경은 정원에 대한 액세서리일 뿐이며, 경관은 모든 것이 사랑스러운 이곳에 가해진 마지막 사랑스러움의 터치라는 의미다.

란테의 디자이너는 이를 이해했고, 주위가 불필요하게 관심을 끌지 않는 상태로 앞 부지를 정교하게 다듬을 수 있다는 것을 깨달았다. 화단은 쌍둥이 파빌리온 앞의 평평한 공간을 차지한다. 파빌리온이 하나가 아닌, 완전히 똑같은 둘인 것이다. 이 두 파빌리온 사이는 완만한 경사로*rampe douce*에 의해 연결되고, 이 경사로는 상부 테라스로 올라간다. 이 특이한 배치는, 아마도 두 번째 파빌리온을 지은 몬탈토 추기경이 부지의 설계를 방해하지 않으면서 더 많은 방을 마련할 수 있는 다른 방법이 없다는 것을 깨달았기 때문일 것이다. 화단의 디자인은 복잡하고 아름답다. 회양목 테두리가 있는 화단은 이탈리아에서 가장 유명하고 아름다운 분수 중 하나를 둘러싸고 있다. 디자이너는 란테의 풍부한 물 덕분에 독일인들이 '물 예술'이라고 부르는 다양한 효과를 만들어낼 수 있었다. 그 발명이 이 중앙 분수 설계보다 더 행복의 절정에 이른 곳은 없었다. 분수는 난간으로 둘러싸인 정사각형 물탱크 또는 수조에 서 있는데, 네 개의 작은 다리가 십자가 모양으로 놓여, 난간이 대어진 중앙의 원형 길로 연결된다. 그리고 이 원형 길 안쪽에는 다시 수조가 있고 다리가 이어져, 가운데 우뚝 솟은 분수에 이른다. 그리하여 아치 모양으로 물이 뿜어져 나오는 분수 아래에 서 있노라면 물보라에 의해 피어나는 물안개를 통해 정원이 바라보이게 된다.

란테는 그 위치에 있어 두 가지 이유로 복 받았으니, 물이 풍부한 만큼이나 그늘 역시 풍부하기 때문이다. 파빌리온 뒤편의 두 번째 테라스에는 고

---

** 몽테뉴는 빌라 란테에 대해 이렇게 썼다. "바냐이아로 가는 길에 들어섰다. 바냐이아는 감바라 추기경이 관할하는 영토에 속하는 아주 화려한 곳이다. 무엇보다도 분수가 많아서 피렌체에 있는 프라톨리노 궁과 티볼리에 있는 페라라 궁에 버금가는 곳이라고 할 수 있으며, 심지어는 두 궁을 능가하는 곳이라고도 할 수 있다. 바냐이아 궁은 규모가 작지만 건물의 구조는 매력적인 곳이었다. 내가 아는 한 물을 활용하는 데는 바냐이아 궁이 단연 일등일 것이다."

대의 플라타너스*가 심어져 있다. 다시 이 테라스 위로는 세 개의 테라스가 있는데, 모두 플라타너스와 감탕나무로 숲이 우거졌고, 위의 숲 가운데로부터는 아래쪽으로 폭포가 흘러내린다. 난간과 오벨리스크, 양익 층계를 갖춘 테라스들은 이 중앙의 물의 성에 당당한 분위기를 만들어준다. 폭포 물은 물의 성을 통해 이끼 낀 계단과 수로를 지나 강의 신들이 곁에 누운 화려한 중첩 수조들로 시원하게 흐른다.

란테의 모든 정원 건축은 특별한 연구를 할 가치가 있다. 쌍둥이 파빌리온은 위대한 로마 빌라의 훌륭한 정면을 좇아 평범하고 중요하지 않은 것처럼 보인다. 그러나 그것들은 정원 설계의 일부로 간주될 뿐 정원을 지배하지는 않음으로써 적절한 위치에 서게 되고, 친퀘첸토 초기의 진중하지만 순수한 스타일의 좋은 사례가 된다. 특히 흥미로운 것은 옹벽의 처리 방법으로, 옹벽은 빌라의 입구를 부지와 마주하게 만들고 있다. 그리고 화단의 큰 문, 상부 테라스의 분수와 정원 건물은 모두 바로크주의*barocchismo*의 손길이 닿지 않은 르네상스 정원 예술Renaissance garden-art의 멋진 사례다.

란테는 또한 정원 설계에 숲을 포함시킨 최초의 사례 중 하나다. 16세기의 모든 빌라는 집에 인접한 작은 숲을 갖고 있었고, 그늘진 자연림은 가능하다면 정원의 배경으로 쓰였다. 그러나 란테에서는 숲이 대담하게 전체 설계 안으로 포섭되었고, 테라스들과 정원 건축은 숲과 능숙하게 버무려졌다. 숲 깊숙이 들어간 곳으로는 잔디 길이 뚫려 숲속 공터로 이어지고, 거기에는 늘어진 나뭇가지 아래 돌 의자로 둘러싸인 수영장이 잠들어 있다.

숲과 정원의 조화는 프라스카티에 있는 빌라들의 특징 중 하나다. 그러나 그것들은 대개 빌라 란테보다 연대가 늦기 때문에, 발명의 우선권은

---

\* 플라타너스는 고대로부터 사랑받아 소小플리니우스의 서한이나 키케로의 저작은 물론 성경에도 등장한다. 정원수 한 그루에도 특별한 의미가 부여되는 경우가 있다. 플라타너스 그늘 아래 고대 아테네의 플라톤과 아리스토텔레스는 학교를 열었으며, 코스섬의 히포크라테스는 의술을 가르쳤다. 르네상스 이래 이탈리아 정원의 감상자들은 이런 사실을 모두 알고 있었던 것이다.

란테의 설계자가 주장할 수 있겠다. 르 노트르가 정원의 부속물로서 숲을 이용하는 방법을 배운 것은 바로 르네상스 시대의 이탈리아 공원임이 틀림 없다. 그러나 프랑스에서는 대부분의 경우 숲이 일부러 식재되어야 했다. 반면, 이탈리아의 정원 건축가는 자연의 숲을 이용할 수 있었다. 이 숲은 보통 구릉이었기에, 그렇게 산출된 효과는 프랑스의 평평한 인공적인 공원에서 이룰 수 있었던 것보다 훨씬 더 다양하고 흥미로운 것이었다.

## 2. 빌라 데스테

### 빌라 데스테 Villa d'Este

추기경들이 로마의 치맛자락으로부터 저 멀리 지은 세 개의 위대한 빌라 가운데, 세 번째이자 가장 유명한 것이 바로 티볼리의 빌라 데스테다.*

코르도바 추기경 주교가 1540년 이전에 짓기 시작한 이 빌라는 페라라 공국 알폰소 1세의 아들인 이폴리토 데스테 추기경의 재산이 되었고, 그는 100만 로마 스쿠디가 넘는 비용을 들여 장식을 했다. 그 뒤로 빌라는 다른 두 명의 에스테 가문 추기경에게 계속해서 넘어갔는데, 그들도 장식을 이어나갔다. 마지막으로 17세기에는 모데나 공작가에 상속되었다.**

미완성 병영 같은 건물인 빌라는 티볼리 마을의 한쪽 끝 광장에 위치한다. 정원은 빌라 아래에 있고, 가파른 비탈을 따라 아니오강 협곡으로 내

---

\* 당시 이탈리아의 고위 성직자들은 귀족의 자손들인 경우가 대부분이었다. 가문의 장남은 대를 잇고 나머지는 성직자 등 다른 길을 택했던 것이다. 빌라 데스테는 '에스테 가문 d'Este의 빌라'라는 뜻이다. 바로 근처 하드리아누스 황제의 별장인 빌라 아드리아노에서 영감은 물론 훌륭한 재료들까지 마구 얻어오기도 했다. 로마 유적에서 자재와 조각상 등을 획득하는 것은 당시의 공공연한 관행이었다.

4장 로마 인근의 빌라들

171

빌라 데스테, 티볼리

려간다. 이 정원이 너무나 많은 찬탄을 받은 나머지, 건물에 대해서는 깊은 설명이 별로 없었지만, 그 역시 충분히 주목받을 자격이 있다. 건물은 피로 리고리오에 의해 지어졌다고 전해진다. 이 거대하고 특징 없는 덩어리가 카 지노 델 파파(빌라 피아)의 창조자에 의해 설계되었다고 하면 놀라겠지만, 이 집의 방들이 빌라 피아에서 풍부하게 사용된 것과 똑같은 환상적인 자갈 작품으로 장식되어 있다는 점에서 그 사실을 알 수 있다. 빌라 데스테의 추한 부분에 대해 정상참작해보자면, 화려한 중앙의 포르티코를 제외하고는 건물의 그 긴 파사드가 미완성이라는 점을 기억해야 한다. 또한 빌라 피아가 뜨거운 여름 오후의 피난처로 만들어진 것이라면, 티볼리에 있는 이 거대한 궁전은 추기경과 그의 손님을 묵게 할 목적으로 설계된 것으로서, '이탈리아에서 가장 고귀한 혈통의 신사 250명의 방'이라고 일컬어진다는 점도 생각해야 한다. 수많은 시종까지 추가된 그 인파를 상상해본다면, 빌라 데스테가 여느 평범한 시골 저택과 달리 왜 그렇게 확대되어야 했는지 쉽게 이해할 수 있을 것이다.

설계는 독창적이고 흥미롭다. 마을의 광장으로부터는 높고 텅 빈 벽만이 보일 뿐이다. 이 벽에 난 문으로 들어가면 프레스코화가 그려진 복도가 나오고, 이내 건목 친 벽감에 분수가 붙은 개방 아케이드로 둘러싸인 안뜰에 이른다. 이 안뜰의 한 모퉁이로부터 건물 내 멋진 계단을 통해 빌라의 피아노 노빌레*piano nobile* *로 내려간다. 피아노 노빌레의 정원 쪽에는 길게 병렬 배치된 방들이 늘어서 있어 정원을 내다보게 되는데, 방에는 추케로 유파가

---

** 페라라 공국은 에스테 가문이 지배했는데, 르네상스 시대 에스테는 피렌체의 메디치와 함께 예술가와 인문학자에 대한 가장 활발한 후원자였다. 알폰소 1세는 페라라의 전성기 시절 군주이자 전쟁 지휘관으로서, 교황 알렉산데르 6세의 딸 루크레치아 보르자와 결혼했다. 빌라의 건설자 이폴리토 데 스테 추기경은 그 사이의 아들로서, 교황 선거에서 낙선하고 권력에서 밀려나자 시름을 달래기 위해 빌라를 지었다는 유명한 이야기가 있다. 나중에 에스테 가문은 페라라를 잃게 되지만, 모데나는 유지해 이를 수도로 하는 모데나 공국의 지배자로 남았다.
* 피아노 노빌레는 직역하면 '고귀한 층'으로서 서양 저택 건축에 있어 주요 층을 가리킨다. 통상 우리의 2층에 해당하는데, 천장이 높고 크기가 큰 응접실 및 거실이 자리잡는다.

빌라 데스테의 연못, 티볼리

그린 밝은 프레스코화가 있다. 방 뒤로는, 언덕 측면에 기대어 지어진 아치형 복도가 달리는데, 천장의 '황소의 눈'을 통해 빛이 들어온다.* 이 복도에는, 프레스코화는 지워졌지만 줄지은 벽감이 보존되어 있다. 벽감은 아치를 지지하는 밝게 채색된 스투코 인상주와 색칠한 자갈로 장식되어 있다. 그리고 각 벽감에는 반원형 분수가 있기 때문에, 한때는 흐르는 물 덕분에 긴 복도 전체에 잔물결이 일었을 것이다.

중앙의 방은 2층짜리 큰 포르티코 또는 로지아로 열리고, 여기서 외부 계단을 통해 테라스로 내려가게 된다. 테라스는 건물의 길이만큼 쭉 이어진다. 한쪽은 장식 벽에 의해 끝나고 다른 한쪽은 캄파냐 평원을 내려다보는 개방 로지아로 마감된다. 무성한 월계수와 회양목의 벽을 가진 이 상부 테라스로부터는, 우뚝 솟은 사이프러스와 하부 정원의 감탕나무를 내려다볼 수 있다.* 부지가 아주 크지는 않으나, 비극적인 웅장함으로 가득하다는 인상을 받게 된다. 빌라의 탑은 매우 높고 장식이 없으며, 테라스에서 테라스로 내려가는 길은 몹시 길고 가팔라, 그 무한한 녹색의 거리감 속에는, 그리고 하부 정원의 사이프러스 그늘진 수영장에는 비밀스러운 깊이가 있다. 그래서 정원의 한 층에서 어둡게 부스럭거리는 녹색의 다음 층으로 내려갈 때는 즐거움보다 오히려 으스스한 감정마저 느끼게 된다. 하지만 에스테 정원 특유의 성격은 사방에서 뿜어져 나오는 물에서 비롯된다. 아니오강에서 헤아릴 수 없는 비용과 노동력으로 언덕 면 위로 끌어올려진 강물은 천 개의 실개천이 되어 아래쪽에서 솟아올라, 테라스마다 분출되고, 돌난간의 홈을 따

---

*  방들은 좁고 긴 건물을 따라 쭉 나열되어 있다. 정원 방향으로는 창이 나 있고, 양옆으로는 문이 있으며(열어놓으면 옆으로 통하게 됨), 정원 반대 방향, 즉 언덕 면 방향으로는 복도가 있어, 이 복도를 통해 각 방으로 들어가는 구조. '황소의 눈'은 천장을 둥글게 뚫어 빛이 들어오게 만든 창을 말한다. 로마 판테온의 오쿨루스oculus(눈)와 같은 것이다.
*  사실 이런 묘사만으로 빌라의 구조를 상상하기는 어렵다. 빌라는 가파른 산비탈 면을 이용해 서 있는데, 맨 위에는 건물이, 아래로는 정원이 있는 것이다. 위쪽의 마을 광장에 면한 소박한 출입문을 들어오면 곧바로 건물 안으로 들어가게 되고, 이 건물을 통해 내려가 밖으로 나가면, 그 아래로 수많은 분수가 설치된 테라스와 정원이 나온다.

라 흐르고, 계단 계단을 타고 넘으며, 이끼 낀 소라고등 조각으로 똑똑 떨어진다. 바다의 신이 든 나팔과 신화 속 괴물이 벌린 입에서 물보라가 피어나고, 뒷 물이 앞 물을 밀어내 담쟁이로 덮인 둑을 흘러넘친다. 두 번째 테라스의 길이 쪽 전부는 가장자리가 깊은 돌 수로로 만들어져 있어, 수없이 많은 배출구에서 물이 솟아 나와 흔들거리는 양치식물 너머로 떨어진다. 테라스의 옆길이나 계단 옆으로도 전부 실개천이 흐르고, 옹벽의 모든 벽감에는 물을 뿜는 님프나 물이 솟아나는 항아리가 있다. 엄숙하고 깊은 녹음은 수없는 유수流水의 소동으로 떠나갈 듯하다. 투커만 씨가 말하듯이, "아니오강은 마치 자신의 가장 깊고 생명 같은 신조이거나 한 듯이, 정원이라는 전체 유기 생명체를 관통하며 고동친다".

빌라 데스테의 정원은 아마도 피로 리고리오에 의해 시작되었고, 굴리트 씨가 생각하듯, 나중에는 자코모 델라 포르타에 의해 계속되었다. 아니오 강물을 언덕 꼭대기로 끌어올리고 부지 내의 배분을 조직한 사람은 유명한 수압 엔지니어인 오라치오 올리비에리였다. 그의 취향에 리고리오가 얼마나 빚지고 있는지는 알 수 없다. 그러나 정원의 전체 구성이 아니오 강물의 분출을 중심으로 계획되었다는 점은 명백하다. 즉, 정원은, 실제로 그랬지만, 물이 연주하는 오르간이 될 운명이었다.* 그 결과 극도로 낭만적이고 아름다워졌다. 다양하고 풍부하게 사용된 물길과 그로부터 얻어지는 다양한 효과는 디자이너의 상상력을 증언하고 있다.

사람들은 데스테 정원의 시적인 우아함과 매력을 온갖 말로 상찬해 왔다. 하지만 건축가의 관점에서 볼 때는 친퀘첸토의 다른 위대한 빌라들에 비해 덜 만족스럽다는 것을 인정해야만 하리라. 설계는 충분히 칭찬받을 자격이 있지만, 디테일은 너무 복잡하고, 장식은 하찮거나 거추장스럽다. 이처

---

* 수압 차에 의한 공기의 압력으로 자동적으로 음악이 연주되는 거대한 물 오르간 분수가 실제로 있다. 이런 물 장치나 분수는 모두 근처의 아니오 강물을 끌어들여 동력장치 없이 만든 것이다.

럼 빌라 란테나 빌라 카프라롤라의 건축보다 열등하다는 점에서 부르크하르트는 빌라 데스테의 건축을 17세기로 상정했는데, 아마 옳을 것이다. 여기서 처음으로 바로크의 무거운 터치가 느껴지는 것이다. 그리고 대폭포 위의 수압 오르간을 포함하는 환상적인 모자이크와 스투코로 장식된 신전, 개선문, 그 유명한 '아레투사의 그로토'*, 종종 스케치되던 두 번째 테라스의 분수, 이 모든 것은 라파엘로나 비뇰라의 건축과 비교하면 애석하게도 저속한 느낌이 든다. 구성에 있어서도 일부 세부 사항, 예컨대 아마도 이웃한 하드리아누스 황제의 빌라에 있는 '카노푸스 계곡'*에서 시사받은 듯한 옛 로마라고 생각되는 고대 도시의 축소 재현은 완전히 유치하다. 그리고 과거의 대가들이 폭과 단순함이 필요하다고 느꼈던 그 지점에서 끝없는 디테일의 복잡함이 있다. 무엇보다, 경관과 그것을 다루는 방법 사이에 조화가 결여되어 있다. 이탈리아의 바로크 정원 건축은 매력이 없지 않고, 바로크 그로테스크의 터치마저 평평한 롬바르디아 평야나 화창한 에우가네이 구릉에서는 그 나름의 매력을 지닌다. 그러나 자질구레함에 가까운 것을 견디기에 빌라 데스테의 사이프러스 숲은 너무나 엄숙하고, 주위의 로마 경관은 너무나 위엄 있다.

---

\* 아레투사는 아르테미스 여신을 따르는 요정이었는데, 어느 날 강가에서 목욕하다가 그에 반한 강의 신 알페우스에게 쫓긴다. 도망치다 지친 그녀는 아르테미스에게 도와달라 부탁했고, 여신은 아레투사를 샘물로 만들었다. 이에 알페우스가 물로 변해 아레투사와 결합하려 하자, 여신은 아레투사를 땅으로 스며들게 한 뒤 지하를 흐르다가 시라쿠사의 오르티자에서 솟아나게 했다. 지금도 그곳 바닷가 바로 옆에서는 맑은 아레투사 샘이 솟아나고 있다.

\* 오현제 시대의 황제 하드리아누스는 제국을 즐겨 여행(순시)했고, 로마에 돌아와서는 근교 티볼리에 제국 각지의 명승을 재현한 거대한 빌라를 만들었다. 카노푸스 계곡은 로마보다 훨씬 더 오래되고 위대한 문명이었던 이집트에 감명받은 황제가 이집트의 모습을 구현해놓은 곳이다.

# 3. 프라스카티

## 빌라 몬드라고네Villa Mondragone

로마의 전원에서 가장 유명한 빌라 집단은 프라스카티 마을 위쪽 언덕에 자리하고 있다. 16세기 중반, 플라미니오 폰치오는 시피오네 보르게세 추기경을 위해 빌라 몬드라고네를 지었다.* 경사진 감탕나무 숲 가운데 거대한 건물이 돌출된 기단 위에 우뚝 솟아 있다. 쇠 격자 창문이 높이 달린 요새 같은 지층은 산적이 출몰하는 프라스카티의 언덕에 있는 이전의 모든 빌라에 공통되는 요소다. 고대의 감탕나무 가로수길(현재는 잔인하게 잘라내짐)은 공원을 지나 빌라로 이어진다. 빌라 앞에는 담으로 둘러싸인 큰 안뜰이 자리잡고, 여기에 건목 친 벽감들 안에 분수가 마련되었다. 이 안뜰의 오른쪽으로 또 다른 안뜰이 있는데, 그 곁에는 비뇰라의 화려한 로지아가 섰다. 이 로지아는 본콤파니 가문의 용과 보르게세 가문의 독수리가 번갈아 조각된 스판드렐*과 이탈리아에서 가장 화려한 정원 건축작품 중 하나인 스투코로 장식된 아치형 천장을 하고 있다.*

이전에 꽃 정원이었던 이 안쪽 안뜰의 다른 쪽 끝에는, 그 이름이 프라스카티의 분수와 동일시되는 조반니 폰타나가 물 극장을 건설했다.* 물 극

---

* 이 빌라는 1567년 마르코 달템프스 추기경을 위해 대大마르티노 룽기에 의해 건설되기 시작했고, 교황 그레고리우스 7세(그레고리우스 13세 — 옮긴이)에 의해 확장되고, 교황 바오로 5세와 그의 조카 시피오네 보르게세 추기경에 의해 완성되었다. 구스타브 에베, 『후기 르네상스』 참조. — 원주
* 스판드렐spandrel은 인접한 아치가 천장 및 기둥과 이루는 세모꼴 면.
* 지금 빌라 몬드라고네는 로마2대학의 캠퍼스로 쓰인다. 과거 대저택의 내부 장식이나 귀족적인 느낌은 많이 사라졌으나, 그 건물의 형태나 정원은 보존되어 있다. 몬드라고네라는 이름은 용dragone에서 나온 것으로, 용은 교황 그레고리우스 13세의 집안인 본콤파니 가문의 문장 속 동물이다.
* 프라스카티의 여러 빌라에 분수를 건설한 조반니 폰타나의 이름 '폰타나Fontana'는 분수, 샘물이라는 뜻이다.

장은 안뜰 위로 올려져 있고 모자이크가 정교하게 상감된 이중 경사로로 접근하게 된다. 원근법에 의해 아케이드 갤러리처럼 보이게 하는 일련의 모자이크 벽감을 가진 이 화려한 구성물은 이제 쇠락해버렸다. 몬드라고네에서 가장 인상적인 것은 아무것도 걸치지 않은 넓은 테라스의 위엄이다. 여기에는 중앙의 분수와 두 개의 높은 꼬인 원주 말고는 장식이 없으며, 아래로 나무 덮인 비탈 너머 저 멀리 프라스카티, 캄파냐 평원, 그리고 바다까지 내다보게 되는 것이다.

## 빌라 알도브란디니 Villa Aldobrandini

빌라 몬드라고네와 비슷한 높이의 프라스카티 언덕 이웃에는 더 유명한 빌라 알도브란디니가 있다. 이 빌라는 그 이름을 가진 추기경을 위해 1598년 자코모 델라 포르타에 의해 지어졌다.* 50년 후 그것을 본 에벌린은 이렇게 말했다. "어떤 멋진 곳도 능가한다. (…) 위치, 우아함, 풍부한 물, 숲, 오르막길 그리고 전망 모두가."

집 자체는 빌라 메디치 또는 빌라 팜필리와 같은 건물과의 비교를 견디지 못할 것이다. 스타일상 빌라 알도브란디니의 집은 바로크가 그 유파의 정형화된 형식을 발견하기 전의 첫 번째 단계를 보여주기 때문이다. 여기 지어진 모든 빌라와 마찬가지로 그것은 건물 뒤쪽이 앞쪽보다 한 층 낮은데, 그래서 이 낮은 층의 지붕은 건물 양쪽 끝에서 2층의 창문과 같은 높이의 테

---

* 빌라 알도브란디니는 교황 클레멘스 8세가 조카인 피에트로 알도브란디니 추기경에게 프랑스와의 외교 협상에 대한 공로로 선물한 것이다. 과거 귀족과 추기경의 빌라들이 대부분 국가 소유가 되거나 다른 가문으로 넘어간 반면, 이것은 여전히 알도브란디니 가문이 소유하며 거주하고 있는 드문 사례다. 알도브란디니 가문과 인척관계를 맺은 나폴레옹은 빌라의 조각상들을 가져가면서, 러시아 원정에서 돌아오면 값을 치르겠다고 약속했으나 공수표가 되고 만 일도 있었다. 또 빌라는 제2차 세계대전 때 미군의 폭격을 받아 일부가 파괴되었다가 복구되었다.

빌라 알도브란디니의 폭포와 로툰다, 프라스카티

라스를 이룬다. 이 테라스들은 두 개의 기묘한 작은 탑으로 장식되었다. 탑은 바로크식 기단에 올려져 있으며 위에는 제비 꼬리처럼 생긴 튀어나온 것이 붙어 있다. 이것은 중세주의로의 환상적인 회귀인데, 17세기의 이탈리아보다는 오히려 '스트로베리 힐 고딕'*을 암시하는 것 같다.

오라치오 올리비에리와 조반니 폰타나는 자코모 델라 포르타와 공동으로 빌라의 당당한 정원을 디자인했다고 한다. 집 아래로 화려한 석조 테라스가 쭉 이어져 긴 타피 베르로 연결되고, 타피 베르의 중앙에는 감탕나무 가로수길이 있다. 이 길은 언덕의 발치에서 부지를 끝맺는, 석재와 연철鍊鐵 살로 만들어진 웅장한 대문으로 내려간다. 한편, 빌라 뒤편에는 언덕을 자른

---

* 스트로베리 힐 고딕은 18세기 중반 영국 런던 교외에 호러스 월폴이 지은 저택으로 기존 건물을 고딕 양식으로 개조한 것이며, 고딕 부흥 운동의 전조로 본다.

반원형 절개지에 폰타나의 유명한 물 극장이 있다. 에벌린은 그림 같은 묘사를 한다.

"궁전 바로 뒤에는 (…) 높은 언덕 혹은 산이 솟아 있다. 키 큰 나무들로 전부 덮여 있는데, 마치 인공으로 잘린 듯하지만 자연적으로 형성된 것이다. 산꼭대기로부터 폭포가 떨어져 (…) 거대한 물 극장으로 치닫는다. 이 아래에는 사람이 만든 잡물들이 자리하는데, 기묘한 바위들과 수압 오르간이 있고, 온갖 종류의 노래하는 새들이 물의 힘으로 움직이며 쩍쩍거린다. 다른 여러 신기한 것들과 놀라운 발명품도 있다. 이런 방들 중 하나에서는 그 한가운데에 구리 공이 약 1미터 땅 위로 떠올라 끊임없이 춤을 춘다. 공 아래의 구멍으로 눈치채지 못하게 빠져나가는 바람의 힘으로 움직이는 것이다. 또 다른 많은 장치로 주의를 게을리한 관람자들을 흠뻑 적시기도 한다. (…) 이런 물 극장 중 하나에서는 아틀라스가 물을 뿜어낸다. (…) 그리고 또 다른 괴물은 뿔 나팔로 무시무시하게 울부짖는다. 그러나 무엇보다 비·바람·천둥 같은 폭풍의 표현이 가장 자연스러운데, 아마 자신이 격렬한 폭풍우 한가운데에 있다고 상상하게 될 것이다."

이제 아틀라스와 괴물은 침묵하고, 폭풍우는 포효를 멈추었다. 그러나 위대한 물 극장 건축은 그대로 남아 있다. 이것은 굴리트 씨와 같은 훌륭한 비평가에게 많은 찬사를 받았지만, 사실 비뇰라의 빌라 몬드라고네 로지아나 로마 팔라티노 언덕 파르네세 정원의 테라스와 비교하면 무겁고 영감이 없는 작품이다. 또한 그것은 빌라에 지나치게 근접해 있고 수수한 빌라 입면에 비할 때 너무 크다는 문제도 있다. 즉, 빌라와 물 극장의 두 파사드 사이에는 조화가 명백히 부족하다. 그러나 에벌린조차 언덕 정상에서 눈부시게 폭포가 쏟아져 내려오는 모습을 칭찬하기 바빴다. 17세기의 로마 정원 건축가들은 급류를 유도하는 일에 그들의 시적인 느낌과 무한한 다재다능함을 보여주었다. 그리고 빌라 알도브란디니의 상부 정원 건축은 호화로운 극장에 뿌려진 모든 찬탄을 받을 자격이 있다.

## 빌라 토를로니아(빌라 콘티) Villa Torlonia(Villa Conti)

이웃의 빌라 토를로니아(옛 빌라 콘티)에서는 덜 현란하지만 훨씬 더 아름다운 또 다른 물 극장을 보게 된다.* 이 빌라의 정형식 정원 중에는 오직 넓은 테라스식 계단만이 남아 있으며, 이것은 빌라의 2층 높이에 있는 감탕나무 숲으로 이어진다. 이 숲에는 이끼 낀 길들이 교차한다. 길은 뻗어나가, 널따란 석조 수반에 분수 물이 흘러넘치고 깊은 그늘 아래 벤치가 놓여진 둥근 빈터에 이른다. 빌라의 축선에 있는 중앙의 길은 숲을 통과해 감탕나무 언덕 기슭의 풀이 우거진 큰 반원형 땅으로 간다. 여기 언덕의 벽면은 스무 개의 벽감으로 된 긴 아케이드로 되었으며, 각 벽감은 장식 기둥에 의해 나뉘어 분수를 하나씩 가졌다. 중앙에는 바로크 양식의 바위 더미가 있는데, 거기서는 물이 뿜어져 나와 반원형 수조로 떨어지고, 수조는 언덕 꼭대기에서 내려오는 폭포 물도 받아들인다. 이 폭포는 프라스카티 분수 건축의 가장 아름다운 예다. 폭포는 경사진 돌 수로를 통해 네 개의 타원형 수조로 떨어진다. 이 수조는 아래 것이 위의 것보다 조금씩 넓다. 수조의 각 측면에는 그 곡선을 따르는 돌계단이 있어 풀이 무성한 상부 고지에 이른다. 감탕나무로 둘러싸인 이 고지에는 폭포 쪽으로 돌출한 테라스가 있고, 그 중앙에는

---

* 한때 귀족의 정원이었고 섬세하게 설계된 빌라 토를로니아는 현재 프라스카티 초입의 시영 공원이 되어 있다. 안타깝게도 자동차 도로가 정원의 아래쪽을 절단하며 지나가며, 전체적으로 썩 잘 관리되고 있지도 않다.

빌라 토를로니아의 폭포, 프라스카티

이탈리아에서 가장 아름다운 분수 중 하나인, 풍부한 조각상 난간으로 둘러싸여진 대형 수조가 자리잡았다. 이러한 분수의 설계는 이탈리아 정원 건축가가 자신이 만드는 수조의 윤곽에 부여한 다양성을 보여주는 흥미로운 예다. 더 작은 정원에서도 이런 수조의 설계는 취향과 독창성에 따라 다양하며 소규모 벽 분수 또한 주의 깊게 공부할 가치가 있다.

## 빌라 무티 Villa Muti

프라스카티의 빌라들 중에는, 앞서 본 것들보다는 덜 유명하지만 더 낭만적인 매력이 가득한 빌라가 둘 있다. 하나는 그로타 페라타로 가는 길에 있는, 프라스카티 마을에서 2~3킬로미터 떨어진 빌라 무티다. 대문에서부터 오래된 감탕나무 가로수길 세 개가 빌라로 이어지는데, 가운데 길은 가장 아래쪽 정원의 축선상에 있다. 부지는 집 쪽으로 서서히 솟아오른다. 부서진 조각상들이 나무 사이로 여전히 보이는 점으로 미루어볼 때 감탕나무 가로수길 사이의 공간은 아마도 한때 정형식 보스코로 심어졌던 것 같다. 언덕에 기대어 있는 집은, 일반적인 성채 같은 기초 위에 있어 가금사육장 건물을 향한 쪽이 정원을 향한 쪽보다 2층 더 낮다. 입구 왼쪽의 가로수길은 작은 정원으로 이어지는데, 이것은 아마 빌라 앞의 안뜰이었던 것 같고, 여기서 가금사육장에 있는 육중한 옹벽 너머 아래로 원편을 볼 수 있다. 오른편으로는 화병이 올려진 작은 담으로 안뜰이 나뉜다. 이곳에는 정교한 기하학적 문양으로 설계된 이탈리아에서 가장 아름다운 회양목 정원이 있다. 이 정원의 3면은 높게 전정된 회양목과 월계수 벽으로 둘러싸였고, 나머지 한 면은 상부 정원을 지지하는 옹벽에 의해 닫혔다. 그 어떤 것도 조용하고 고요한 이 장면의 아름다움을 능가할 수 없다. 꽃이나 밝은 색상은 없다. 오직 회양목, 감탕나무, 월계수 그리고 촉촉한 길과 고대 석물 위로 퍼진 선명한 초록 이끼 사이에 각각의 색조 차이만이 있을 뿐이다.

좁지만 같은 길이를 가진 상부 정원에서도 회양목 화단이 반복된다. 상부 정원의 좁은 테라스에는 스투코로 장식된 분수를 가운데 둔 정교한 건축적 옹벽이 서 있다. 조각상이 곁에 선 층계는 이 분수까지 오르고, 거기에서 또 다른 층계를 통해 빌라의 뒷면과 같은 높이에 있는 셋째 또는 상부 정원으로 간다. 이 셋째 정원은 세 정원 중 가장 크고, 한때 조각상을 가진 보스코와 정형식 화단으로 설계되었다. 지금은 풍경 정원 스타일로 리모델링되었지만, 그 옛 설계는 여전히 추적될 수 있다. 빌라 무티의 세 테라스는 파괴되기 전에는 프라스카티에서 가장 매혹적인 정원을 이룩했음이 틀림없기에 그 설계와 건축상의 디테일은 주의 깊은 연구를 할 만하다. 왜냐하면 그것은 웅장함보다는 매력과 숲의 호젓함이 추구되고, 또 기념물을 향한 라틴 민족의 열정이 절제와 단순함의 욕구에 종속된, 드문 유형의 작은 이탈리아 정원에 속하기 때문이다.

## 빌라 팔코니에리 Villa Falconieri

빌라 몬드라고네의 아래쪽 언덕 면에 있는 빌라 팔코니에리는 풍부한 정원 건축으로 유명하다. 부지는 두 개의 화려한 석조 대문을 통해 들어선다. 위쪽 문은 빌라의 축선상에 있으며, 이 문에서부터 잔디 길이 벽감과 조각상으로 장식된 건목 친 개선문으로 이어지는데, 그 위쪽에는 "호라티우스 팔코니에리스"라는 명문이 새겨져 있다.* 개선문의 아치를 지나면 안쪽의 부

---

* 호라티우스 팔코니에리스Horatius Falconieris는 1628년 이 빌라를 구입한 집주인 '오라치오 팔코니에리Orazio Falconieri'이며, 라틴어로 권위와 품격을 나타냈다.

빌라 팔코니에리의 카지노, 프라스카티

지로 들어서고, 여기서 직선의 가로수길이 정형식 감탕나무 숲 사이를 달려 집 앞에 있는 안뜰에 이른다. 오른쪽 보스코 위에는 우뚝한 바위 벽이 있는데, 거기에는 관목과 덩굴식물이 그림처럼 무성하게 자라며, 흉상과 다른 고대 조각이 돌출부 위 여기저기에 배치되었다. 위쪽의 높은 땅은 이 자연 절벽에 의해 지지되며, 그곳에는 다듬은 바위와 기세 좋은 사이프러스 숲으로 둘러싸인 장방형의 인공 연못이 있다. 이 외로운 그늘로부터 하부 공원의 나무가 우거진 비탈길에는 이중 층계를 통해 도달한다. 이 층계는 디자인이 매우 단순하고 위엄 있어 경관을 특징짓는 야생과 완벽하게 조화를 이룬다. 이것은 이탈리아 정원 건축가들이 자신의 작품에 자연의 폭과 엄숙함을 융합시켜야 할 때 작품의 풍성함과 기발함을 기꺼이 포기할 수 있었던 한 사례로 연구되어야 한다.

**빌라 팔코니에리의 입구, 프라스카티**

빌라 팔코니에리의 부지는 16세기 전반에 루피니 추기경에 의해 설계되었다. 하지만 빌라 건물은 보로미니*에 의해 1648년에야 지어졌다. 빌라는 보로미니의 가장 매력적인 창조물 중 하나다. 뛰어난 예술가인 그는 바로크 건축 양식을 위한 가장 행복한 표현법을 발견했다. 그런 나머지 빌라 팔코니에리는 사람들을 애석하게 만들기도 한다. 보로미니가 상상력을 발휘해 팔코니에리 같은 '기쁨의 집'을 더 많이 건축했으면 하는 생각이 드는 것

---

\* 보로미니(1599~1667)는 바로크 건축의 창안자 중 한 명으로 베르니니의 경쟁자 겸 협력자였다. 로마에서 산 카를로 알레 콰트로 폰타네 성당과 산타녜세 인 아고네 성당 등을 만들었다.

이다. 정면은 로마 교외 빌라의 전통을 따른다. 1층의 중앙은 아케이드 로지아로, 이 로지아의 지붕은 뒤로 쑥 들어간 위층의 테라스를 형성한다. 한편이 2층의 중심 모티프는 움푹한 또 다른 반원형으로, 스투코로 장식되었고 그 위에는 페디먼트가 올려졌다. 다락 층은 뒤쪽으로 더 멀리 물러나 있기 때문에 난간 장식이 있는 그 지붕 라인은 풍부하게 꾸며진 파사드의 배경을 형성한다.* 그리고 건물의 경우, 비록 그 규모가 크지만, 교외 '기쁨의 집'에 적합하다고 여겨졌던 경쾌한 외양과 가벼운 비율을 보존하고 있다.

빌라는 석조 개 조각상이 올려진 두 원주로 된 문에 의해 오른쪽으로 그 구성이 연장된다. 앞뜰에서는 인접한 가금사육장이 이어지고, 그 주변으로는 몇 개의 키 작은 농장 건물이 그룹 지어 있다. 여기에는 바로크의 손길이 가해져 그림 같아 보인다. 빌라 팔코니에리는 입면의 매력, 그리고 정원 벽과 별채의 행복한 병치 덕분에 프라스카티에서 가장 조화롭고 성공적인 정원 건축의 예가 되었다.*

## 빌라 란첼로티 Villa Lancellotti

사실 빌라 란첼로티와 빌라 팔코니에리는 비슷한 정면을 갖고 있다. 란첼로티의 집은 팔코니에리보다 거의 1세기 이전의 것으로서, 개방 로지아를 똑같이 멋지게 사용한 모습을 보여주는데, 이 로지아는 당당한 페디먼트 형식

---

* 위 흑백 사진에서 알 수 있듯 빌라 팔코니에리의 다락 층(보꾹층)은 뒤로 물러나 있고 그 꼭대기가 난간으로 장식되어 있기 때문에 그보다 앞으로 나와 있는 파사드 면의 배경처럼 보인다는 것이다.
* 빌라 팔코니에리의 운명은 기구하다. 원래는 루피니 추기경에 의해 지어진 빌라 루피나였는데, 팔코니에리 가문이 구입했다. 20세기 초 독일인의 손에 넘어갔고(소설가 리하르트 보스는 여기서 '빌라 팔코니에리'를 씀), 제1차 세계대전에서의 독일 패망 이후 1921년 이탈리아 정부에 수용되었다. 제2차 세계대전 때는 이탈리아가 연합군에 항복하자 독일군 사령부가 무단 점거했고, 이에 미군의 폭격을 받아 파괴된 바 있다.

빌라 란첼로티, 프라스카티

빌라 란첼로티의 정원, 프라스카티

의 1층 현관 위에 있어 2층의 중심 모습을 형성한다. 그리고 로지아에는 조각상이 선 난간으로 장식된 정사각형 머리 모양의 박공이 올려졌으며, 이런 중앙 구성의 각 면에 있는 파사드는 거의 진중한 토스카나식에 가깝다. 건물 앞에는 높은 감탕나무 벽에 둘러싸인 정교한 디자인의 아름다운 회양목 정원이, 그 반대쪽 끝에는 역시 물 극장이 서 있다. 이것은 반원형 구성으로, 건목 친 장식 기둥 사이에 벽감 속 조각상이 있고, 난간이 붙은 수조로 분수가 뿜어져 나온다. 이는 조화롭고 품위 있는 디자인이다. 하지만 안타깝게도 갈색과 노란색 페인트가 새로 칠해져 이탈리아의 기후가 자연과 건축의 점진적 혼합에 영향을 미침으로써 만들어내는 그 절묘한 고색창연<sub>patina</sub>*이 파괴되어버리고 말았다.

---

\* 저자는 이탈리아 건축물의 고색창연古色蒼然한 느낌을 '파티나patina'라고 부르고 있다. 본래 파티나는 오래된 청동상에 끼는 푸른 녹을 가리킨다.

ITALIAN VILLAS
AND
THEIR GARDENS

빌라 파르네세를 그린 옛 프레스코화(인근 빌라 란테의 파빌리온 내부)

거대한 요새 같은 오각형의 빌라 파르네세. 마을 위에 당당히 자리 잡고 아래를 굽어보고 있다.

그 옛날 추기경의 병사와 용사들이 느긋하게 서 있었을 넓은 단, 빌라 파르네세
그 너머로 카프라롤라 마을과 에트루리아 평야, 우뚝 솟은 소라테 산이 보인다.

상부 정원의 원형 분수와 계단 끝에 자리잡은 카지노, 빌라 파르네세

워턴이 이탈리아에서 가장 아름답다고 한 빌라 파르네세 상부 정원의 집(정면)

상부 정원 카지노의 뒷면(왼쪽 아래가 카네포라가 있는 회양목 정원)

(왼쪽, 오른쪽 페이지) 회양목 정원과 머리에 항아리를 이고 있는 카네포라들, 빌라 파르네세

파빌리온 내부에 프레스코화로 그려진 빌라 란테의 옛 모습

상부 테라스에서 본 빌라 란테의 전경. 그 너머로 에트루리아 평야가 펼쳐진다.

회양목 정원 앞에 단정하게 선 쌍둥이 파빌리온, 빌라 란테

따가운 태양빛 아래 푸르름이 가득한 회양목 정원

파빌리온의 유리문을 통해 바라본 정원 풍경

정원의 중앙에 있는 일명 무어인 분수, 빌라 란테

오래된 돌 화병과 거대한 플라타너스 나무

물에 와인과 음식을 띄우고 둘러 앉아 연회를 열던 추기경의 테이블

강의 신들이 한가롭게 누워 있는 거인의 분수, 빌라 란테

거인의 분수 윗부분을 장식하는 가재 조각상
이탈리아어 감베로(가재)의 발음이 빌라의 주인인 감바라 추기경과 비슷하여 모티프로 삼았다.

티볼리 마을 광장에서 빌라 데스테의 작은 입구로 들어가 건물을 통과하면 아래로 정원이 펼쳐진다.

추케로 유파의 화려한 프레스코화로 장식된 방과 복도(가운데 벽감과 반원형 분수), 빌라 데스테

빌라 데스테의 건물 발코니에서 로마 캄파냐 평원을 바라본 광활한 전망

건물 최상층에서 내려다본 정원의 모습. 오른쪽은 티볼리 마을의 일부다.

짙은 사이프러스 녹음 속에 숨어 있는 듯한 장방형 연못, 빌라 데스테

(왼쪽, 오른쪽 페이지) 빌라 데스테를 가득 채우고 있는 분수들

1620년경의 빌라 몬드라고네(위)와 현재의 전경(아래), 프라스카티(출처: web.uniroma2.it)

빌라 알도브란디니의 웅장한 연철 정문. 경사로를 올라간 끝에 건물이, 그 뒤의 산비탈에 로툰다와 폭포가 있다.

빌라 팔코니에리 전경, 프라스카티(출처: FAI 홈페이지, fondoambiente.it)

5장

# 제노바의 빌라들

빌라 스카시, 제노바

제노바, 이탈리아에서 가장 화려하고 사랑스러운 도시 중 하나인 이곳은 거의 항상 자신의 화려함을 수입해왔다. 소프라니의 『제노바의 화가, 조각가, 건축가의 삶』을 읽는 독자들은 놀라운 사실과 맞닥뜨리게 된다. 거기에 소개된 주요 인물들은, 몇몇을 제외하고는, 영광스러운 항구 위에 대리석의 도시를 키워낸 '상인 왕자들merchant princes'에게 재능으로 봉사했다는 그런 의미에서만 제노바인이기 때문이다.

경쟁의 힘은 다른 방향에 놓여 있었던 것이다. 그러나 소위 이차적 예술 본능을 가진 민족이라고 불리는 경우가 종종 그러하듯이, 제노바인들은 스스로 아름다움을 창조할 순 없었지만 그것을 간절히 열망했다. 그리하여 16세기에는 자신들이 생각하는 장엄함을 구현하기 위해 이탈리아의 모든 지역으로부터 예술가들을 불러 모았다. 이들 가장 유명한 예술가 중 프라 몬토르솔리와 피에린 델 바가는 피렌체 출신이고, 갈레아초 알레시는 페루자에서 왔으며, 조반니 바티스타 카스텔로는 베르가모 출신이었다. 제노바는 그 장엄함의 상당 부분을 이 네 사람, 즉 조각가, 화가, 건축가, 치장 벽토가治粧 壁土家의 천재성에 빚지고 있는 것이다(그리고 각자는 다른 사람들의 기술에 어느 정도 정통했다).

## 팔라초 안드레아 도리아(빌라 프린치페) Palazzo Andrea Doria(Villa del Principe)

피렌체 사람 프라* 조반니 안젤로 몬토르솔리를 제일 먼저 호명할 수 있겠다. 1529년에 지어진 주요 작품인 팔라초 안드레아 도리아가 제노바의 위대한 빌라 중 가장 이른 건물이기 때문이다. 또한 그것은 현대의 여행자에게 가장 친숙한 곳이기도 하다. 이전에 펠리에서 네르비까지 제노바의 고지대에 왕관을 씌웠던 아름다운 시골 저택들이 이제는 교외 공업지대의 성장 속에 파묻혀버려, 오직 부지런한 빌라 건축 탐구자만이 삼피에르다레나의 공장 굴뚝 또는 산 프루투오소의 지저분한 공동주택가 속에 남겨진 그 쇠락한 정원과 벗겨진 스투코나마 알아볼 수 있게 되었기 때문이다.

"교황, 황제, 프랑스 왕과 제노바 공화국의 해군 제독" 위대한 안드레아 도리아*는 1521년 제노바 항구의 서쪽 해안에 있던 빌라 로멜리니와 빌라 주스티니아니를 구입해 두 재산을 하나로 합쳐, "평화 속에서 영광스러운 인생의 열매를 즐기기 위해" 이 별장을 지었다.

프라 몬토르솔리는 우선 그리고 무엇보다 조각가였다. 미켈란젤로의 제자이고 조소 예술가이기도 했기에, 그에게 건축은 부차적인 관심사였을 것이다. 아마 부분적으로는 이런 이유로, 그리고 빌라 도리아가 피에린 델바가의 프레스코화를 보여주기 위해 디자인된 면이 상당했기에, 그 건축적 처리는 그리 정교하지 못하다. 그러나 1층의 연속되는 개방 로지아, 그리고 상부 정원을 둘러싼 측면의 돌출한 주랑*은 물 장식 전면에 경쾌한 우아함

---

* 프라Fra는 호칭으로서 '수도사'라는 뜻이다.
* 안드레아 도리아(1466~1560)는 제노바의 오래된 귀족 가문 출신으로 프랑스와 신성로마제국, 교황 아래서 용병 대장으로 활약했으며, 나중에는 신성로마제국 카를 5세의 해군 제독으로 지중해에서 오스만튀르크와 맞서 싸우는 기독교계의 수호자가 되었다. 한편 제노바를 사실상 지배하는 정치가로서 1797년 제노바 공화국이 나폴레옹에게 멸망할 때까지 지속된 국가 체제를 만들기도 했다.
* 주랑柱廊, colonnade은 일정한 간격으로 배치된 일련의 돌기둥과 그 공간. 대표적으로 성 베드로 대성당의 주랑을 들 수 있다.

222

을 준다. 또 그것은 벽화 및 스투코 장식, 그리고 정원의 조각상들과 결합돼 이 빌라를 이탈리아의 빌라 중에서도 가장 빌라답게 만든다. 정원은 테라스들을 내려가 해안에 이르고, 여러 인상적인 대리석 분수들을 포함한다. 그 분수 중 하나에는 넵투누스 조각상이 있는데, 1600년 카를로니 형제들에 의해 만들어진 것으로 위대한 제독의 초상 조각으로 추정되고 있다.

집은 가파른 테라스식 언덕에 기대어 서 있다. 이 언덕 면은 예전에는 부지의 일부였으나, 지금은 불행히도 철도에 의해 절단되어 나뉘었다. 넓은 타피 베르는 여전히 언덕을 올라 거대한 유피테르 상(이 아래에 제독이 좋아하는 개가 묻혀 있다고 한다)에 이른다. 그리고 빌라가 바다에서 보일 때면, 낮게 누운 건물들에 이 당당한 테라스식 배경이 얼마나 긴요한지 이해하게 된다.* 에벌린이 1644년 빌라를 방문해 바다 위로 솟은 대리석 테라스, "사이프러스, 미르투스, 렌티스커스 및 기타 희귀 관목 외에 직경 50센티미터 이상의 나무들이 자라고", "오렌지, 시트론, 석류, 분수, 잡물과 조각상들"이 있는 조류장을 묘사했던 때에는 참으로 빌라 주변이 아름다웠을 것이다. 이제 조각상을 제외한 모든 것이 사라졌다. 하지만 집과 바다 사이의 좁은 띠에는 오래된 정원 마법이 여전히 머물러 있다. 이탈리아 정원 건축가들의 영광은 아무리 오랜 세월 풍화와 방치 속에 있어도 능숙하게 창조한 효과들이 전적으로 훼손되지는 않는다는 점이다. 그 효과는 비율에 대한 세련된 감각, 그리고 건축과 경관 사이 및 식물과 대리석 사이의 관계에 대한 절묘한 인식 덕분에 생겨난다. 원래 설계의 흔적이 남아 있는 한 그 전체의 마법을 느낄 수 있을 것이다.*

---

* 제노바와 같은 해양 도시국가는 많은 활동이 해상에서 이뤄졌으므로, 바다에서 바라보는 모습이 육지에서의 정면만큼이나 중요하게 된다. 이는 베네치아나 나폴리도 마찬가지다.
* 이처럼 저자의 방문 당시에도 뒷 부지가 철도로 절단되는 등 훼손이 심했다. 지금 뒷 부지 언덕면은 주택가로 변했으며, 바다에 면한 앞 부지는 잘려나가 도로가 되어버렸다. 거대한 유피테르 상 역시 사라졌다.

## 스트라다 누오바Strada Nuova

루벤스가 1607년 제노바에 왔을 때, 그는 최근에 만들어진 스트라다 누오 바*라는 궁전이 줄지은 거리의 웅장함에 감명받아 이에 대한 찬미를 동판화 연작에 기록했고, 1622년 안트베르펜에서 『제노바의 팔라초들』이라는 제목 으로 출판했다.* 이것은 이탈리아 르네상스 건축을 공부하는 학생에게 더할 나위 없이 귀중한 기록이다. 카날레토의 환상적인 베네치아 동판화와 같이 인상주의적 스케치에 만족한 게 아니라 모든 주요 제노바 팔라초에 대한 세 심한 건축 드로잉과 조감도를 만들었기 때문이다. 이후 이러한 건물 중 상당 수가 바뀌었으므로, 루벤스의 책은 후속 연구에 의해서는 복구되지 않았을, 그런 흥미로운 디테일들을 보존하고 있다는 추가적인 가치도 가진다.

갈레아초 알레시는 1550년에서 1560년 사이 제노바의 스트라다 누오 바를 설계했다. 이는 건축가가 계획적인 예술적 의도를 가지고 만든 유럽에 서 가장 오래된 도시 거리 계획의 사례다. 이 거리는 그가 나중에 짓게 되는 궁전을 전시하도록 디자인된 것이다. 그때까지 거리란 교통의 자연스러운 흐름에 따라 형성되는 것이었고, 개별 주택은 가까운 이웃집의 부지나 스타 일에 크게 관계없이 거리를 따라 지어졌다. 스트라다 누오바는 그와 반대로 계획된 것이었고 균일한 건물들로 이루어진 것이기에, 현대 유럽의 모든 대 로大路 설계의 선조가 되었다. 즉, 파리의 보주 광장과 방돔 광장, 낭시의 대 광장, 비첸차의 대성당 주위에 팔라디오가 만든 여러 팔라초 건물, 그리고 인접 건물들로부터 유기적 전체를 창조하려는 모든 후속 시도가 그 후손인 셈이다.** 심지어 렌펀트의 미국 워싱턴 도시 계획도 이 페루자 출신의 건축

---

* 스트라다 누오바는 직역하면 '새 거리'다. 지금 보기엔 무척 좁지만 당시에는 대저택이 줄지어 서 있는 제노바의 영광과 부유함을 보여주는 곳이었다. 현재 이름은 비아 가리발디Via Garibaldi다.
* 루벤스(1577~1640)는 플랑드르 안트베르펜 출신으로 바로크 미술의 거장이다. 젊은 시절 이탈 리아에서 활동했는데, 제노바 팔라초를 소개한 동판화집 서문에서 이탈리아의 건축 설계를 격찬했다.

가에게 그 최초의 자극을 빚지고 있다 할 수 있다.*

## 팔라초 파로디 Palazzo Parodi

알레시가 이 위대한 사업을 기획했을 때 그에게는 텅 빈 건축 부지가 있었다. 부유한 제노바 상인들은, 마치 네덜란드인들처럼, 에벌린이 말한바 "거리에 들여넣을 땅이 거의 또는 전혀 없다"고 했지만 말이다.* 그럼에도 대규모 포르티코와 전정을 둘 만한 충분한 공간이 있었고, 알레시는 스트라다 누오바에 있는 저택 중 하나에 진짜 교외 빌라 같은 충분한 전개와 경쾌한 비율을 주었다. 바로 팔라초 파로디다. 빌라는 사라진 팔라초 사울리와 마찬가지로, 일반적인 블록형 도시 주거 대신, 개방 로지아가 올려진 파빌리온이 있는 정면과 거리로부터 중정을 분리시키는 건목 친 차폐물을 보여준다. 알레시가 아름다운 빌라 사울리(지금은 완전히 재건축되었다)의 경우를 제외하고는, 제노바의 교외를 장식하던 시골 저택에서 이 적절한 디자인을 반복하지 않았다는 점은 흥미롭다. 제노바는 해안을 따라 수 킬로미터 계속되는 도시의 화려함을 저 "제노바 귀족의 황홀한 은퇴 저택"으로 연장시키고 있었기 때문이다. 알레시의 다른 빌라들은 블록형으로 지어졌거나 약간의 돌출부만을 가졌다. 그것들은 비록 디테일이 풍부하고 전반적인 구성이 당당하기는 하지만, 로마의 빌라 건축가들이 전달하는 방법을 알았던 그 환상적

---

** 예컨대 지금의 파리는 19세기 중후반 나폴레옹 3세 치하 파리 시장 오스망 남작의 도시계획에 의해 이루어진 것으로, 안정되고 우아한 느낌이 드는 이유는 바로 건물들이 동일하고 균일한 양식으로 지어졌기 때문이다.

* 렌펀트 혹은 랑팡Pierre L'Enfant(1754~1825)은 프랑스 출신의 미국 건축가다. 영국에서 독립한 미국은 수도를 새로 건설하면서 렌펀트를 도시설계가로 지명해 워싱턴 도시 계획을 만들었다.

* 유럽에서 네덜란드인이 그런 것과 같이 이탈리아에서는 제노바인들이 인색 혹은 검소하기로 유명하다.

인 손길은 다소 부족하다.

그러나 이를 결함이라고 말하기 전에 우리는 알레시와 제노바의 동료 건축가들이 작업해야 했던 상이한 조건들을 고려해야 한다. 로마의 안니발레 리피, 피로 리고리오, 자코모 델라 포르타, 카를로 보로미니가 풍성한 숲을 배경으로 저 멀리 펼쳐지는 경관에 우아한 로지아를 크게 키우고 경쾌한 주랑을 길게 늘린 반면,

멋지구나
바다의 눈부심과 어스름이여,

알레시와 몬토르솔리는 그들의 시골 저택을 물이 없는 좁은 암반 위에 위치시켜야 했다. 그곳은 바람에 의해 바싹 말라버린 흙이 얇게 덮여 있을 뿐이고, 상업 도시의 붐비는 배들과 빽빽이 들어선 지붕들이 내려다보이는 전망을 가진 곳이었다. 제노바의 정원은 돌쌓기로 만든, 흙을 퍼담은 주머니인 셈이다. 거기에서 올리브나무와 월계수 몇 그루가 타는 여름의 이글거리는 태양과 가혹한 겨울의 바닷바람과 싸운다. 반면 전망의 아름다움은 항구의 고귀한 윤곽선에 있다. 제노바항은 수목이 없는 구릉으로 둘러싸인 채 절묘하게 형성되어 있고, 때때로 코르시카섬의 산들이 거대한 푸른 수평선 속에 잠시 떠오른다. 이러한 환경 속에서는 건축적 특질이 그림 같은 특질 혹은 자연의 특질보다 더 두드러져야 한다고 여겨진다. 부지와 토양이라는 자연적인 제약뿐 아니라 풍경의 엄혹함과 큰 도시의 근접성 때문에 제노바의 빌라 건축가들은 자신들의 주요 효과를 물과 식물보다는 석조 건축과 조각에 의해 달성할 필요가 있었던 것이다. 이런 식으로 제노바 전원 저택의 다소 무거운 실루엣은 부분적으로 해명될 수 있다. 왜냐하면 정원이 석조 기념비가 되어야 하는 곳에서 저택을 덜 거대하게 만드는 것은 비논리적이었

을 것이기 때문이다.

## 빌라 스카시(빌라 임페리알레 스카시) Villa Scassi(Villa Imperiale Scassi)

알레시의 빌라 중 가장 유명한 것은 삼피에르다레나 지구라는 제노바 서쪽의 한때 세련된 교외였던 곳에 자리잡고 있다. 여기에 해안을 따라, 상인 왕자들의 가장 아름다운 '기쁨의 집'이 무리 지어 있었다. 이제 대부분이 공장 근로자들을 위한 공동주택이나 아예 공장으로 변해버렸고, 해안으로 내려가는 아름다운 정원은 철로에 의해 절반이 잘려나가 양배추와 뽕나무가 심어졌다. 미로 같은 더러운 담, 허물어지는 로지아, 우울한 쓰레기가 쌓인 불모의 땅 가운데서, 삼피에르다레나의 옛 '환희'에 대한 외로운 증거로 서 있는, 알레시의 걸작인 빌라 임페리알리(현재 빌라 스카시)로 가는 길을 찾기란 쉽지 않다. 다행스러운 계기로 이 빌라는 시의 재산이 되어, 건물은 여학교로 바뀌고 부지는 공공 정원으로 사용되고 있다. 이렇게 건물과 부지가 잘 보존되어왔기 때문에, 건축을 배우는 학생으로서는 제노바 귀족들이 수 주간의 빌레자투라 *villeggiatura**에서조차 추구했던 장엄함이 어떤 것인지 잘 알게 된다.

그러한 장엄함에 필적하는 것으로는 로마 추기경들의 위대한 빌라를 생각할 수 있다. 그리고 빌라 도리아 팜필리(이것은 더 작다)와 빌라 알바니를 제외하면, 대궐처럼 거대한 크기가 그 정도로 풍부한 장식과 결합한 입면을 찾기는 어려울 것이다.

---

* 빌레자투라villeggiatura는 별장이나 시골로 가는 나들이, 휴가라는 뜻이다. 이탈리아인들은 지금도 이것을 주말이나 휴가 때마다 행한다. 한편 도시 산책·산보를 뜻하는 '파세자타passeggiata' 역시 즐긴다. 이 습관은 17세기 초 메디치 가문 출신의 프랑스 왕비 마리 드 메디시스에 의해 이탈리아에서 프랑스로 도입되고, 영국과 전 유럽으로 퍼졌다.

빌라 스카시 정원의 벽감, 제노바

한때 알레시는 로마에서 미켈란젤로의 제자로 있었던 것으로 생각되었다. 그러나 굴리트 씨는 미켈란젤로가 1516년부터 1535년까지, 즉 정확히 알레시의 재능이 형성되는 시기임이 틀림없었던 그때 로마에 있지 않았다는 것을 보여준다.* 이 페루자의 건축가는 확실히 미켈란젤로의 영향을 보여주는 흔적을 거의 갖지 않는다. 오히려 동시대의 위대한 팔라디오 유파로부터 영향을 받은 것으로 보인다.

빌라 스카시는 아래로 토스카나식 오더와 위로 코린토스식 장식 기둥, 그리고 풍부하게 조각된 프리즈와 코니스, 아름다운 지붕난간을 가졌다. 아마 학생들에게는 제노바 교외 건축의 다른 어떤 예보다 더 친숙할 것이다. 제노바 빌라 중 거의 유일하게, 언덕 기슭에 서 있으면서도 정원이 건물 아래 바다로 내려가는 대신 건물 뒤로 올려져 있다. 굴리트 씨는 이 부지에 대해 생각하기를, 중세의 좁은 호르투스 인클루수스를 경관이라는 넓은 선과 버무린 이탈리아 최초의 것 중 하나라고 봤다. 실제로 그는 "훗날의 모든 정원 예술은 알레시에 그 근원을 두고 있는바, 스카시 정원에서 알레시는 형태의 복합성 안에 개념의 통일성을 보존하는 독특한 재능을 최대한도로 보여주었다"는 다소 놀라운 진술을 한다.

이탈리아 르네상스의 정원 과학에 대한 더 나은 정의는 없을 것이다. 그래서 만약 스카시 정원이 보볼리 정원이나 오르티 파르네시아니 정원보다 연대상 이른 것이라면, 확실히 스카시 정원은 유원지의 진화에 있어 중요한 자리를 차지할 것이다. 그러나 바티칸 정원이 정말로 안토니오 다 상갈로에 의해 설계되었다면, 그것이야말로 나중의 경관 건축가 유파가 최초의 영감을 이끌어낸 자원으로 간주되어야 한다. 자연의 길들여지지 않은 형태를 건축의 규율된 선에 연계시키려는 최초의 시도가 이루어진 곳은 확실

---

\* 미켈란젤로는 크게 피렌체 → 로마 → 피렌체 → 로마로 오가며 살았는데, 당시는 두 번째 피렌체 체류 기간이었다.

히 여기 바티칸 정원과 미완성 빌라 마다마의 정원에서였다.

그러나 굴리트 씨의 주장은 어떤 면에서는 충분히 옳다. 우선 그는 건축적 선을 부지에 적용시킨 스카시 정원의 주목할 만한 방식에 대해 주의를 환기시켰다. 그리고 스카시 정원의 정형식 주변 환경으로부터 나무가 우거진 집 위쪽 언덕 꼭대기로의 연속적인 전이를 고안한 알레시의 기교에 대해서도 시선을 기울이게 했던 것이다.

넓은 테라스는 자연적인 완만한 경사를 올라, 두 번째 테라스를 지지하는 높은 옹벽 아래의 길고 평탄한 길로 이어진다. 이 옹벽은 아름답게 디자인된 삼중 벽감이 가운데 있고, 섬세하게 조각된 엔타블러처를 받치는 남상주男像柱*에 의해 나뉜다. 양익 층계가 이 중앙의 구성을 둘러싼다. 조각상과 대리석 의자가 있는 벽감들 또한 정원의 측면 벽을 장식한다. 상부 테라스에는 전정된 관목과 조각상이 곁에 선 긴 수조 혹은 수로가 있다. 거기에서 경사진 길이 건목 친 신전으로 이어지는데, 신전은 석조 화환과 한때 물이 흘렀던 세로 홈이 파인 수조, 그 위의 벽감 속 조각상으로 장식되었다. 그리고 이 너머에는 언덕에 왕관을 씌우는 듯한 숲을 향하는 구불구불한 오르막이 있다. 정원의 모든 세부 건축 사항은 그 고전적인 순수성과 세련미 면에서 주목할 만하다. 다만, 나무둥치 비슷하게 조각한 환상적인 원주를 가진 신전만은 예외인데, 아마 이것은 후대의 것인 듯하다. 만약 동시대의 것이라면, 그 바로크 스타일은 하부 정원의 정형성으로부터 위쪽의 자연적인 경관이 보이는 소박한 성격으로의 전이를 표시하려는 의도였을 것이다. 그리하여 실제로 정원garden에서 공원park으로 가는 문을 만들고 있다.

16세기 말경에는 새로운 현상이 나타난다. 이탈리아 '기쁨의 집' 건축과 조각에서, 더 구체적으로는 부지의 정형식 부분과 숲 부분을 연결시키는 외곽 건축에 있어서, 자연에 대한 위와 같은 인식이 증대하고 자연의 형태

---

* 남상주男像柱, Atlantides는 앞서 본 인상주 중 하나로서, 남자의 형태를 띤 것이다.

를 채택하는 일들이 생긴 것이다. 투커만 씨가 말하기를, "르네상스 중기의 정원 건축에서는 인공과 풍경의 관계가 반전된다. 이전에는 정원이 건축에 적응해야 했다면, 이제는 건축적 형태가 자연과 닮도록 강제된다".

찾아 올라가자면 미켈란젤로까지도 거슬러갈 수 있지만, 베르니니가 이 새로운 자극의 위대한 주창자라고 할 수 있다. 처음으로 분수에서 물의 떨리는 움직임과 변화하는 곡선을 표현하고, 정원 조각에 현대 화가들이 자신의 풍경 속에 나타내고자 하는 야외plein air의 바스락거림을 불어넣은 사람이 바로 베르니니였다.* 매우 인공적인 시기로부터 이 자연과의 화해를 향한 점진적인 발전을 추적하는 일은 이 글의 범위를 벗어난다. 그러나 르네상스 후기의 바로크적 정원 건축과 조각에 대한 판단에 있어서는, 그것이 의도적인 기벽의 표현이 아니라, 고도로 관습화된 도시 예술 형태와 시인·화가의 상상력을 매혹하기 시작하던 들판과 숲의 생명이라는 양자 사이의 연결 고리라는 점을 기억해야 한다.

## 빌라 팔라비치노 델레 페스키에레Villa Pallavicino delle Peschiere

제노바 동쪽, 아쿠아 솔라 정원 위의 고지에 알레시의 또 다른 위대한 시골 저택, 빌라 팔라비치노 델레 페스키에레**가 있다. 19세기 초의 우스꽝스러운 싸구려 창조물인, 펠리 지구에 있는 빌라 팔라비치니(빌라 두라초-팔라비치니)와 혼동하지 말아야 한다. 아직도 가이드북은 순진한 여행객 인파를 그곳으로 보내고 있다. 애석하게도 그들은 늘어진 버드나무, 중국식 탑, 모

---

\* 베르니니(1598~1680)는 바로크 양식을 대표하는 17세기의 건축가, 조각가이자 화가. 평생에 걸쳐 성 베드로 대성당의 장식 작업을 했으며, 나보나 광장의 4대강 분수 등 수많은 건축과 조각을 남겼다. 그의 바로크 양식은 전 유럽에 퍼져나갔다. 그러나 이탈리아는 그를 끝으로 예술에서의 독보적 위상을 잃고, 바로크 이후로는 국제적인 양식을 만들어내지 못하게 된다.

조 고딕 유적, 그리고 이국적인 식물로 된 싼 티 나는 이 잡탕이, 그토록 많이 얘기되면서도 실제로는 거의 알려지지 않은 전형적인 '이탈리아 정원'을 대표한다고 생각하면서 돌아온다.*

빌라 팔라비치노 델레 페스키에레(그 드로잉은 루벤스의 동판화집에서 볼 수 있다)는 부지와 디자인 측면에서 16세기의 전형적인 제노바 교외 저택이다. 아래층에는 이오니아식 장식 기둥 사이로 일련의 아치형 창문들이 붙었다. 그리고 위층에는 세로 홈이 난 코린토스식 장식 기둥 사이에 사각형 머리의 창문들이 있으며, 그 위로 아름다운 코니스와 특이한 디자인의 지붕난간이 올려졌다. 여기 지붕난간에는 풍부하게 조각된 직사각형 패널 투각과 난간동자 묶음이 번갈아 나타난다. 각 층의 처마는 아주 살짝 돌출해 있고, 아치형의 우묵한 곳에는 영웅 조각상들이 단색화법*으로 그려졌다.

빌라가 지어진 좁은 땅은 집 앞에 넓은 테라스 하나만을 허용할 뿐이다. 이 테라스는 아름다운 날개 달린 인물상이 올려진 수조가 중앙에 있으며, 돌로 가장자리를 두른 화단으로 둘러싸였다. 하부 테라스로는 당당한 층계를 통해 가는데, 이 테라스의 육중한 옹벽은 도리아식 포르티코를 마주 보며, 그 뒤에는 우묵한 로지아가 있다. 여기에서 거의 30미터 높이의 거대한 벽이 곁에 선 다른 양익 층계가 세 번째 테라스로 내려간다. 이곳은 다른

---

** 이 빌라는 16세기 중반 처음 지어졌을 때 제노바 성벽 밖의 교외에 있었지만, 19세기 도시 확장으로 도시에 속하게 됐으며, 여전히 팔라비치노 가문의 소유다. 찰스 디킨스가 이 빌라의 손님으로 묵은 적이 있다. 『이탈리아의 초상』에서 그는 이렇게 썼다. "이탈리아에는 팔라초 페스키에레, 즉 연못의 궁전만큼 아름다운 곳은 없다는 말이 있다. 나도 그렇게 생각한다. (…) 저택을 둘러싼 아름다운 정원은 조각상, 항아리, 분수, 대리석 수반, 테라스로 장식되어 있고, 산책길에는 오렌지와 레몬나무가 늘어서 있었다. (…) 이 저택보다 더 쾌적하고 살기 좋은 집은 상상하기가 어려울 것이다. 햇살 속에서건 달빛 아래에서건 이곳보다 더 기분 좋은 경치는 생각할 수 없었다."

* 지금은 빌라 두라초-팔라비치니Villa Durazzo-Pallavicini라고 하는데, 팔라비치니 후작을 위해 1840년대에 지어진 것이다. 저자는 싸구려 잡탕이라는 혹평을 하지만, 아이러니하게도 지금은 이탈리아에서 가장 아름다운 정원 중 하나로 꼽히는 곳이 되었다.

* 단색화법grisaille은 보통 회색이나 갈색의 단색으로 명암을 이용해 그린 그림. 부조와 같은 입체감을 내기 위해 벽과 천장 장식에 사용한다.

테라스들보다 더 좁으며, 아래로는 저택 지붕과 우뚝 솟은 석조 건축 부분 사이의 조각 땅마다 끼워놓은 듯한 정원들을 내려다볼 수 있다. 그리고 이 붐비는 앞뜰 바로 아래로는 지중해의 드넓은 푸른 바다가 반짝인다.

## 빌라 두라초-그로팔로(빌라 체르비노) Villa Durazzo-Gropallo(Villa lo Zerbino)

빌라 팔라비치노 델레 페스키에레 위쪽 더 높은 고지에는, 아마 알레시의 작품인 듯한 빌라 두라초-그로팔로가 자리잡고 있다.* 여기서는 집 주위의 부지가 특이하게 넓은 덕에 흥미로운 경관 건축의 전개가 가능했다. 세련된 페디먼트가 있는, 건목 친 기둥으로 된 대문에서는 쭉 뻗은 플라타너스 가로수길을 통해 집으로 간다. 집은 메자닌* 및 다락 층을 가진 우아한 2층짜리 건물이다. 1층의 창문에는 사각형 머리와 그 위에 직사각형 패널이 있다. 한편, 2층에서는 아키트레이브 주위에 가벼운 바로크적 움직임을 보게 되는데, 모든 창문에는 기묘한 조개 모양의 페디먼트가 올려졌다. 정원 쪽 면으로는 아름다운 대리석 발코니가 피아노 노빌레의 중앙 모티프를 형성하고, 지붕은 단단한 패널과 난간동자 묶음이 번갈아 나타나는 난간이 둘러쳐졌다. 건물의 평면은 직사각형이고, 처마가 살짝 돌출했다. 각 층은 쌍기둥으로 장식되었는데, 아래층 기둥 장식은 건목 친 것이고 위층의 것은 세로 홈이 새겨진 코린토스식이다. 집의 스투코 표면에는 그림이 그려져 있다. 이 건축적 장식으로서의 그림은 제노바 건축에 매우 특징적인 것으로, 너무 솜씨가 뛰어나기 때문에 좀 멀리서 보면 프레스코화 부분이 진짜 돌출한 건축

---

\* 지금은 빌라 발비 두라초 그로팔로 알로 제르비노 또는 단순히 빌라 제르비노라 불린다. 17세기 초 발비 가문이 여름 별장으로 지었으나, 18세기에 두라초 가문으로 넘어갔고, 다시 그로팔로 가문에 속했다가, 지금은 알바니 가문이 소유하고 있다. 고급 연회장으로 대여되고 있다.
\* 메자닌mezzanine(중이층)은 다른 층들보다 작게 두 층 사이에 지은 층.

일부인 것 같아 구분하기 어려울 정도다.

빌라 앞에는 길고 좁은 정형식 정원이 놓였고, 높은 옹벽으로 3면이 지지된다. 이 정원의 가운데 아래로, 파사드 중앙 문의 축선상에는 수로가 달리고, 그 끝은 기대 누운 강의 신과 물을 뿜는 대리석 돌고래 조각상으로 마감된다. 감탕나무 길이 그 양쪽을 지나며, 먼 끝 쪽으로는 난간이 이 상부 정원을 에워싸고, 평범한 벽감을 가진 양익 층계가 다음 단계의 테라스를 잇는다. 이 테라스에 훨씬 더 넓은 부지가 있으나, 옛 정형식 정원의 선은 영국식 정원의 구불구불한 길과 관목으로 잘려버렸다. 그러나 이곳에서도 원래 설계의 흔적이 발견된다. 불규칙한 식재 사이로 매력적인 조각상과 분수가 흩어져 있고, 길은 전정된 수벽樹壁 사이를 통해 먼바다와 산의 아름다운 경관으로 이어진다. 특히 흥미로운 것은 상부 정원 측면 옹벽의 처리 방법이다. 이 어마어마한 석조 성곽은 절단되어 조개껍질과 스투코로 장식된 터널이 되었고, 이 터널들은 넓은 층계를 통해 집이 서 있는 부지로 올라간다. 터널 중 하나에는 연속한 물웅덩이가 있는데, 이 물은 아래쪽의 낭만적인 덤불 숲을 구불구불 지나 개울로 쏟아진다. 이곳은 빌라 스카시에서와 같이 모든 정원 건축 양식이 순수하고 고상하며, 수로와 감탕나무 산책로가 마련된 상부 테라스의 넓고 단순한 처리 방식에는 대단한 아름다움이 있다.


## 빌라 파라디소, 빌라 캄비아소 Villa Paradiso, Villa Cambiaso

빌라 두라초-그로팔로의 테라스에서는 제노바 동쪽 교외의 산 프란체스코 달바로 언덕 면을 내려다보게 된다. 이 언덕 지구는 제노바 서쪽 교외의 삼피에르다레나 지구와 균형을 이루는 곳이다. 다행히 이 매력적인 곳은 여전히 인기 있는 빌레자투라 지역이고, 알레시가 그 경사면에 지은 집들은 거의 변치 않은 정원과 포도원이 만드는 풍경들 위로 서 있다. 멋진 길이 비사뇨강을 가로질러 높은 담과 경사진 아름다운 정원 사이로 지난다. 길모퉁이를 돌 때마다 사이프러스와 동백나무를 배경으로 한 빌라의 매력적인 파사드와 마주친다. 이런 빌라들 중에서도 아름답고 작은 파라디시노*를 간과하지 말아야 하겠다. 이 옅은 녹색의 작은 빌라는 이오니아식 장식 기둥과 고전적 페디먼트를 하고서 오르막길 왼편으로 높은 테라스 위에 자리잡고 있다.

그 바로 위에는 알레시의 또 다른 걸작인 빌라 파라디소(또는 빌라 캄비아소)*가 서 있는데, 출입 허락을 받는 것이 거의 불가능하다.* 불행히도 집이 길에서 한참 뒤로 떨어져 있기 때문에, 테라스와 수풀 사이로 빌라 스카시처럼 장식이 많고 인상적인 아름다운 파사드와 가지치기된 울타리와 조각상이 늘어선 정원 길만을 살짝 불완전하게 엿볼 수 있을 뿐이다.

산 프란체스코 달바로 언덕 위로 더 올라가면 있는, 알레시의 또 다른 빌라 캄비아소*에는 좀더 친절한 환대가 관람객을 기다린다. 여기는 입장이 쉽고, 여유롭게 공부하고 사진을 찍을 수 있다. 이 빌라는 1층 파사드에 있는 아름다운 중앙 로지아가 주목할 만하다. 로지아는 거대한 도리아식 아케이드로 되었는데, 안쪽으로 극도의 고전주의 정신으로 디자인된 2층짜리 아

---

* '낙원, 천국'이라는 뜻의 파라디소Paradiso에 축소형 어미가 붙어 파라디시노Paradisino가 된 것. 작은 낙원이라는 뜻이다. 본래 파라다이스는 고대 페르시아에서 담장을 치고 식물을 가꾼 정원을 가리키는 말이었다. 그런데 히브리어 성경을 그리스어 성경으로 번역할 때 '에덴동산'의 동산gan을 파라데이소스paradeisos로 번역했고, 이에 후대 유럽 언어들에서는 파라다이스가 낙원을 가리키는 말로 쓰이게 되었다. 즉, 고대 페르시아의 '정원'이 유럽의 '낙원'이 된 것이다.
* 요제프 두름 박사는 『이탈리아 르네상스 건축』(제5권 제2장)에서 출처를 인용하지 않고 빌라 파라디소가 '바노베'라고도 불리는 안드레아 체레솔라에 의해 1600년에 지어졌다고 말한다. — 원주
* 지금은 빌라 살루초 봄브리니Villa Saluzzo Bombrini라고 불린다. 16세기 말에 살루초 가문의 별장으로 처음 지어졌다가 19세기 말에 봄브리니 가문으로 넘어갔으며, 21세기 초 부동산개발 회사에 팔려 고급 호텔이 될 뻔하다가 무산됐다.
* 빌라 캄비아소는 현재 빌라 주스티아니-캄비아소로도 불린다. 원래는 거대한 정원이 거의 해변에까지 이어졌지만, 20세기 초의 도시 개발로 대폭 축소되었으며, 지금은 제노바대학 공과대 건물로 쓰이고 있다. 제노바의 빌라들은 구도심 개발로 과거 모습을 꽤 잃어버렸다.

트리움에 연결된다. 그런 까닭에 이것은 피렌체 근처 빌라 봄비치의 로지아를 연상케 한다. 여기서 알레시가 미켈란젤로의 제자라고 불리는 이유를 이해하게 된다. 집 뒤쪽에 있는 (빌라 봄비치와 같은) 세련된 상부 로지아, 1층 창문의 넓은 간격, 모든 건축적 디테일의 육중함과 단순함은 필연적으로 토스카나 스타일을 떠올리게 하는 것이다. 타피 베르는 아래로 내려가 낮은 길에 면한 쇠창살 문에 이른다. 옛 정원은 타피 베르를 제외하고는 별로 남아 있지 않다. 그러나 집 주변의 넓은 잔디 공간에는 대리석 벤치가 이어지는 경계 벽이 서 있고, 이는 바티칸 정원의 빌라 피아의 경우와 비슷하다.

## 빌라 임페리알리 Villa Imperiali

산 프란체스코 달바로 언덕과 비사뇨강 사이의 계곡에는 산 프루투오소라는 음울한 교외 지역이 자리잡고 있다. 여기서는 반쯤 짓다 만 공동주택이 줄지은 지저분한 거리들 사이로 한때 제노바에서 가장 아름다운 '기쁨의 집'인, 아마도 프라 몬토르솔리가 지었을, 빌라 임페리알리를 찾아야 한다.* 그것은 특이할 정도로 넓은 테라스식 부지 위에 우뚝 섰고, 그 뒤로는 경사진 숲이 있다. 그러나 옛 정원은 아름다운 상부 테라스만 빼고 모두 파괴되었다. 집마저 약간의 손상을 입었지만, 본래 집의 전반적 느낌에서 심각하게 변한 것은 아니다. 여기서 마침내, 빌라 메디치와 그런 유형의 다른 로마 저택들의 특징인 가벼움과 위엄의 결합을 발견하게 된다. 처마가 붙은 긴 정면

---

\* 지금은 빌라 임페리알레 디 테랄바Villa Imperiale di Terralba라고 불린다. 앞서 본 제노바 서쪽 삼피에르다레나 지구의 빌라 임페리알리(빌라 스카시)와는 다른 것으로, 제노바 동쪽 산 프루부오소 지구에 있는 것이다. 임페리알리 가문은 12세기 이래 제노바의 유력 가문으로 17~18세기에는 이탈리아 전역에 영지를 가지고 있었다. 현재 공원이면서 제노바에서 가장 중요한 도서관 중 하나로 쓰이고 있다.

은, 두 개 층과 코니스 위의 다락 층이 건목 친 기단 위에 올려진 모습이다. 오더는 없지만, 전체 파사드에는 풍부한 프레스코화가 엄정한 건축 스타일로 그려졌으며, 단색화법의 벽감, 조각상, 그리고 기타 장식 모두 숙련된 장인에 의해 이루어졌다. 2층의 창문들은 조개 모양의 절단 페디먼트*를 가졌는데, 그 위의 창문은 일반적인 삼각형 페디먼트와 번갈아가며 동일한 처리를 보여준다. 그러나 집의 가장 중요한 특징은 3층의 모퉁이를 형성하는 두 개의 절묘한 로지아에 있다. 이 키 큰 아케이드는 가느다란 원주 위에 서 있어서 파사드에 경쾌함이 확장되는 효과를 주며, 힘과 고귀함이라는 일반적 효과를 방해하지 않음과 동시에 그 둔중함을 깬다. 이처럼 거대한 덩어리를 능숙하게 배분하고 있다는 점에서 빌라 임페리알리의 정면은 주의 깊은 연구를 할 만하다. 다만, 한때 빌라 구성의 한 부분을 형성한, 넓게 펴진 테라스와 결합한 모습을 더 이상 볼 수 없다는 점은 안타깝다.

---

\* 절단 페디먼트는 삼각형 윗변 두 개가 절단되어 가운데가 뚫려 있는 듯한 것.

바다에서 바라본 제노바 전경, 1810
제노바인들은 뒤로는 거친 산, 앞으로는 바다 사이의 좁은 땅에 위대한 상업도시를 건설했다.

그라놀로 언덕에서 본 제노바 전경, 이폴리토 카피, 1853

루벤스의 동판화집 『제노바의 팔라초들』(1622)에 그려진 팔라초들

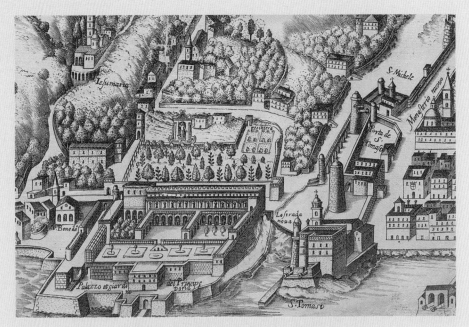

팔라초 안드레아 도리아, 알렉산드로 바라타의 동판화, 1637

팔라초 안드레아 도리아 전경, 안토니오 졸피의 동판화, 1769 이전

팔라초 안드레아 도리아의 정원과 넵투누스 분수(출처 FAI 홈페이지, fondoambiente.it)

팔라초 안드레아 도리아의 정원. 바다에 면한 부분이 잘려나가고 흉한 도로가 생겼다.(출처 FAI 홈페이지)

스트라다 누오바 거리. 유럽에서 가장 오래된 도시 거리계획의 사례다(붉은 건물은 팔라초 로쏘).

빌라 파라디소(빌라 살루초 봄브리니) (출처: wikipedia-Villa Saluzzo Bombrini)

빌라 팔라비치노 델레 페스키에레의 전면(출처: wekipedia-Villa delle Peschieye)
1층에는 이오니아식 장식기둥, 2층에는 코린트식 장식기둥이 있으며, 지붕난간의 장식이 풍부하다.

워턴이 엉터리 정원이라고 비난했지만 지금은 사랑받는 빌라 두라초-팔라비치니(출처: www.villadurazzopallavicini.it)

6장

# 롬바르디아의 빌라들

빌라 치코냐, 비수스키오

## 이솔라 벨라Isola Bella

밀라노 옛 보로메오 궁의 문서고 벽면에는 잘 알려지지 않은 15세기 화가 미켈리노의 그림이 있다. 귀족 가족의 스포츠와 기분전환 놀이를 묘사한 것인데, 뾰족한 헤닝 모자와 길게 늘어뜨린 옷소매를 한 귀부인들, 그리고 가죽을 댄 튜닉에 뾰족한 신발을 신은 젊은이들이, 마조레 호수와 보로메오 제도諸島를 배경으로 신기한 게임과 춤에 몰두하고 있는 모습이다.

다빈치의 그림에 나오는 듯한 거친 바위섬인 이 '툭 튀어나온 섬 덩어리'에서 현대의 여행자들이 이솔라 벨라와 이솔라 마드레의 미소 짓는 숲과 테라스를 인식하기 위해서는 정신적인 노력이 요구된다. 그 당시의 보로메오 가문은 이 바위섬을 이후 '그랜드 투어grand tour'* 여행자들의 가장 중요한 명소 중 하나가 된 정원으로 바꾸지 않았던 것이다. 그리고 이 재미있는 프레스코화에서 이탈리아 정원 예술이 어떻게 가망 없어 보이는 문제들을 다루었는지, 어떻게 대담하게 자연을 리모델링하면서도 주변 환경과의 조화를 이루기 위해 노력했는지 배우게 된다.

보로메오 제도 중 큰 섬인 이솔라 마드레Isola Madre가 처음으로 건설되

---

\* 원래 브리튼섬은 유럽 대륙의 서쪽 끝 바다 건너에 있어서 문명의 조류가 가장 늦게 이르는 곳이었다. 그러나 부강해진 영국의 상류층은 17세기 중반부터 교육을 위해 자제들을 1~3년 정도 프랑스와 이탈리아로 보내기 시작했다. 이 그랜드 투어는 18세기에 상류계급 남성이 받는 필수 교육으로 인식됐고, 귀국할 때는 이탈리아에서 고가의 회화·조각·고문서·태피스트리 등을 구입했다. 특히 그렇게 획득된 클로드 로랭과 니콜라 푸생의 풍경화는 '잉글리시 가든'으로 불린 풍경 정원에 그대로 재현되었다. 이런 점에서 영국식 정원은 그랜드 투어의 산물이기도 하다.

이솔라 벨라, 마조레 호수

고 식재되었다. 평범한 르네상스 궁전은 지금도 벽으로 둘러싸인 정원과 사이프러스, 월계수 및 소나무 숲을 내려다보고 있다. 그러나 섬의 상당 부분은 별로 흥미로울 것 없는 영국식 공원으로 바뀌었다. 다만 원예가만은 온화한 호수 기후에서 번성하는 다양한 이국적인 식물을 공부할 수 있어 흥미로워할지도 모르겠다. 이솔라 벨라Isola Bella는 마조레 호수의 아름다운 굴곡에

위치한 스트레사 마을의 맞은편에 있는, 꽃으로 가득한 테라스로 만들어진 피라미드다. 현재의 모양을 갖추기 시작한 것은 1632년, 카를로 3세 백작이 바위섬 위에 '기쁨의 집'을 지을 때였다. 이후 아들 비탈리아노 4세 백작이 작업을 계속하여 완성했다. 그는 뾰죽한 바위를 평평하게 만들고, 본토에서 가져온 엄청난 흙으로 좁은 틈을 채우고, 카를로 폰타나와 밀라노의 건축가들을 불러들여 테라스 위로 저택과 정원 파빌리온을 올리도록 했다. 한편, 테라스는 카스텔리와 크리벨리가 만들었고, 물 장치는 로마의 모라가, 조각상 및 그 외 장식 조각품은 비스마라가 맡았다. 이 작품은 1671년에 완성되었고, 봉건 영지였던 이 섬은 백작의 어머니 이름을 따서 '이솔라 이사벨라'로 명명되었다. 이후 활음조 변화와 그 장소가 만들어내는 찬탄으로 말미암아 얼마 지나지 않아 '이솔라 벨라'로 바뀌었다. *

이 섬은 10개의 테라스로 되어 있다. 테라스들은 정상을 향해 연속적으로 좁아진다. 가장 아래층의 테라스는 호수로 돌출된 거대한 볼트형 아케이드 위에 있고, 이 아케이드는 상부 정원 레몬나무들의 겨울 대피소로 이용된다. 각 테라스는 대리석 난간으로 둘러싸였으며, 꽃병·조각상 및 오벨리스크로 풍성하게 장식되었다. 또 장미·동백·재스민·미르투스 및 석류가 풍부하게 심어졌는데, 그중 사이프러스 군락이 짙은 몸체를 높이 뻗고 있다. 옹벽에는 오렌지나무와 레몬나무가 붙어 자라고, 꽃은 길의 경계를 이루면서 모든 난간과 층계를 에워싸고 있다. 이솔라 벨라에 대한 오래된 묘사를 보면, 원래도 지금 볼 수 있는 것과 똑같이 심어진 것 같다. 사실, 이탈리아

---

\* 이솔라 벨라는 '아름다운 섬, 예쁜 섬'이라는 뜻이다. '이솔라'는 '아일랜드island'란 뜻이다.

의 호수 정원은 꽃이 항상 다량으로 사용된 이탈리아의 유일한 옛 유원지라고 할 수 있을 것이다. 이곳은 겨울에 롬바르디아의 평야처럼 춥지도 않고, 여름에는 남부처럼 바싹 말라버리지도 않는다. 이처럼 고르고 온화한 호수 기후 덕분에 원예를 향한 열정이 일찍 발전한 것 같다. 그리고 경관 건축가는 단일한 초록색의 배치에 의존하는 대신 밝은 색을 건축적 구성물과 어우르는 데 익숙했던 것이다.

이솔라 벨라의 최상층 테라스에는 작은 산이 왕관처럼 씌워져 있다. 그 한 면에 지어진 과도한 바로크 디자인의 물 극장은 정원 북쪽에 있는 저택의 남쪽 전면을 마주한다. 저택은 크기만 할 뿐 그리 흥미롭지는 않은 건물이다. 한편, 섬의 남쪽 끝은 아름다운 정원 파빌리온으로 마감된다. 이 육각형 파빌리온은 건목 친 모서리돌과 조각상이 올려진 난간이 씌워져 있다. 파빌리온 아래로는 좁은 암초가 호수로 돌출돼 있는데, 이것조차 또 다른 일련의 테라스로 바뀌어, 연결되는 날개 계단을 통해 물가로 내려가게 된다.*

저택은 다른 건축적 가치보다는 장식과 가구를 다루는 방식이 주목할 만하다.* 그 거대한 부피와 무거운 윤곽은 건물에서 내려다보이는 정원의 경쾌한 우아함에 전혀 어울리지 않는다. 이는 집과 부지가 서로 간의 조화를 염두에 두지 않고 디자인되었기 때문으로 보인다. 그러나 저택은 빌라 건축을 공부하는 사람에게는 특별한 흥밋거리가 된다. 즉, 남쪽 기단부에는 정원 쪽으로 열린 아름다운 방들이 늘어서 있는데, 섬세하게 착색된 스투코와 조

---

* 이솔라 벨라는 길이 320미터, 폭 400미터밖에 안 되는 작은 섬이다. 북쪽 절반은 거대한 빌라 건물이, 남쪽 절반은 정원이 차지한다. 육지 스트레사에서 배를 타고 섬의 부두에 내려, 거대하고 화려한 저택을 관람하고 밖으로 나오면, 비로소 정원이 시작된다.

* 유럽 주거 문화에서 가구가 차지하는 중요성은 상당히 크다. 가구는 효용성뿐만 아니라 인테리어로서의 장식성도 있어야 하는데, 서양에선 건축 사조에 부응하여 집과 어울리는 가구를 탄생시켰다. 이탈리아 르네상스는 가구 제작에 있어서도 서양 문화의 시작점을 이룬다. 때로 건축가도 가구 제작에 직접 참여해 건축물과 상통하는 면모를 만들어냈다.

약돌 및·조개껍데기가 혼합돼 매우 아름답게 장식되어 있기 때문이다. 이 낮은 볼트형 방들에는 대리석 바닥에 그로토 같은 벽, 그리고 세로 홈이 난 소라고둥으로 떨어지는 분수가 설치되었다. 이곳은 나른한 녹색 공기가 물의 시원함을 안아 품고 있다. 그리하여 시인이 여름 열기로부터의 어스름한 피난처를 상상할 때 떠올리는 그런 모습과 비슷할 것이다. 환상적인 콘솔, 테이블, 벤치는 조각된 나무 및 연녹색·장미색으로 칠해진 스투코에 시원하게 반짝이는 모자이크가 붙여져 만들어졌다. 그래서 그것들은 바닷속 궁전을 장식하는 진주층·산호·해초로 이루어졌다는 느낌을 준다. 뜨거운 기후 아래 정원집 장식 사례로서의 이런 방들은 이탈리아에서 타의 추종을 불허할 뿐만 아니라 그 처리는 시원함의 효과를 찾는 현대 정원 건축가에게도 적절한 시사점을 준다.

이솔라 벨라의 정원이 처음 설계된 이래 얼마나 변하지 않았는지 보여주기 위해 버넷 주교의 묘사를 인용해본다. 그는 철자법과 구두법에 관한 유쾌한 전문가로, 1685년 노새들에게 짐을 지우고 이탈리아로 내려왔다.* 주교의 숨 가쁜 여정이 시작된다.

"루가노에서 나는 마조레 호수로 갔다. 그것은 거대하고 고귀한 호수로, 길이가 56마일, 폭은 대부분 6마일, 호수 가운데는 깊이가 100패덤이나 된다.* 서쪽으로는 큰 만이 있는데, 여기에 보로메오 제도라 불리는 두 개의 섬이 있다. 그 섬들은 확실히 세상에서 가장 사랑스러운 땅으로, 이탈리아 전체에서도 그와 비교될 만한 곳이 없다. 거기서는 호수 전체의 전망을 볼 수 있고, 땅은 너무 달콤하게 솟아 일부러 평평하게 만든 테라스 같

* 길버트 버넷(1643~1715)은 스코틀랜드 출신의 영국 철학자이자 역사가이면서 고위 성직자로서 정치와도 관련되어 있었다. 1685~1688년 일종의 망명을 하면서 이탈리아에까지 갔던 것이다.
* 원문의 수치는 실제 호수의 크기보다 과장돼 있다. 사실은 길이 약 50킬로미터, 폭 1킬로미터, 깊이 150미터 정도다.

이솔라 벨라의 정원에서, 마조레 호수

은 것을 상상하기 어렵다. 그 섬들은 보로메오 가문 두 백작의 소유다. 나는 그들 중 한 명의 손님이었는데, 그는 가문의 수장인 성 카를로라는 이름으로 알려진 유명한 추기경의 조카로서 (…) 섬 전체가 정원이다. (…) 그리고 자연은 섬의 외형을 불규칙하게 만들어놓았기 때문에, 가문은 그로테스크한 모습의 암반을 따라 거대한 볼트와 포르티코를 짓고, 그 볼트 위에 흙을 쌓아 규칙적인 형태로 만들었다. 우선 동편으로 정원이 있는데, 호수에서 솟아오른 5단의 테라스로 되었고, 정원의 3면은 물가에 바로 닿아 있다. 그 층계는 고귀하고, 벽은 오렌지나무와 시트론나무로 덮여 있어, 이보다 더 아름다운 지점은 찾을 수 없다. 이 정원의 두 모서리에는 두 개의 건물이 있다. 하나는 물을 가져오기 위한 수차이고, 다른 하나는 고귀한 여름 집인 육각 파빌리온으로, 이것은 앨러배스터*와 붉은빛이 도는 대리석으로 덮여 있다. 이 정원에서 다른 산책로와 화단, 약초 정원, 꽃 정원으로 갈 수 있는데, 이들 모두에는 다양한 분수와 화초가 있다. 그러나 대大화단이 특히 놀라운 것으로, 그곳은 아주 넓으며 조각상과 분수가 갖추어졌고, 저택 바로 곁에 자리잡고 있다. 이 대화단 끝에는 정원을 바라보는 작은 산이 있는데, 분수와 조각상으로 가득 찬 극장같이 만들어진 것으로, 5행으로 높이 솟아 있다. (…) 그리고 이 산 주위로 극장의 5행에 맞추어 나뉜 고귀한 산책로는 여러 테라스들로 간다. 우리 영국의 벽이 월계수로 덮여 있듯 여기의 벽은 오렌지와 시트론으로 덮여 있다. 산의 정상은 길이 60피트, 폭 40피트이고, 여기에 수차가 물을 끌어올려 채우는 거대한 수조가 있어, 모든 분수에 물을 공급한다. 호수와 인근의 산들에 가득한 청량한 공기, 향기로운 냄새, 아름다운 전망, 그리고 다양한 즐길거리는 아마도 세상 어느 곳에도 없는 여름 거주지를 만든다."

---

* 앨러배스터alabaster는 석회석의 일종으로, 무르면서 균질하고 대리석보다 쌌기 때문에 고대로부터 조각이나 장식에 널리 활용되었다. 대리석보다 투명한 성질을 지녀 가공해 대리석처럼 만들기도 했다.

17세기의 여행자들은 이구동성으로 이솔라 벨라를 찬양했다. 하지만 충분히 예상되는 대로 그들의 상찬은 설계와 공학의 정교함과 독창성에 대한 것이었다. 사실 이는 현시대에는 큰 즐거움을 주지 못하는 것들이다. 18세기 중반에 이르러 비판적인 반응이 나타났다. 새로운 '영국식 정원'과 '줄리의 작은 숲'에 대한 루소의 묘사*에 매료된 여행객들은 보로메오 제도의 정연한 건축에서 아무런 감동할 만한 것을 볼 수 없었다. 모조 고딕 유적과 '푸생을 따라' 식재된 숲, 그리고 렙턴과 케이퍼빌리티 브라운의 공들인 자연주의를 갈망하는 감상적인 관광객들은 옛 이탈리아 정원 건축의 직설적인 인공성에 몸서리를 쳤다. 그때 시작된 싸움은 여전히 계속되고 있다. 즉, 인공적 자연인 것과 직설적 관습인 것 사이에서 사람들의 공감이 나뉘고 있는 것이다. 그러나 이 두 양식은 양식일 뿐이고, 하나는 다른 하나만큼이나 인공적이라는 점에 유의해야 한다. 이제 각각은 '진실성 sincerity'이라는 윤리적 기준이 아니라 그 자체의 미학적 가치로 판단되어야 한다는 것을 인식하는 시점이 왔다. 이를 통해 현대의 비평가들은 루소의 시대가 기대할 수 있었던 만큼 자연주의적인 위대한 로마의 빌라들과 비교되는 한 정원, 즉 이솔라 벨라와 같은 명백히 관습적인 구성물에 대해 좀더 공정한 평가를 내리는 관점을 갖게 되었다.*

그리하여 중립적으로 판단한다면, 이솔라 벨라는 여전히 많은 사람들에게 자연의 완전한 부정인 것처럼 보인다. 그것을 주변 환경 속에서 보지

---

\*  루소(1712~1778)는 프랑스의 위대한 계몽주의 사상가. 자연에 대한 찬양과 인습에 얽매이지 않는 인간성과 사랑을 노래했다. 『신新 엘로이즈』는 알프스 자락 제네바의 호수를 무대로 한, 귀족의 딸 줄리와 평민 출신 가정교사 사이의 사랑 이야기다. 아름다운 자연을 배경으로 하는 정열적이며 참신한 이 소설은 유럽에서 큰 성공을 거뒀다.

\*  앞서도 설명한 바 있지만, 영국식 풍경 정원과 이탈리아 및 프랑스식 정형식 정원의 지지자들 사이에는 큰 갈등이 있다. 풍경 정원의 옹호자는 정형식 정원이 인위적·인공적이며 자연을 꾸며내고 비틀었다는 점에서 '진실성'이 없다고 비판한다. 그러나 풍경 정원 역시 마치 자연인 것처럼 보이도록 인공적으로 꾸민 점에서 양자는 동일하다. 그런 점에서 저자는 말하기를, 각자는 각각의 미학과 정당성을 가지며, 각기 다른 하나의 양식으로 다뤄져야 한다는 것이다.

않고 그림과 사진만으로 판단하는 사람들에게는 그렇게 보일 수밖에 없다. 왜냐하면 보로메오 제도를 둘러싼 풍경은, 정원 건축가에게 거의 모든 공상의 과잉을 정당화하는 것처럼 보이는, 절묘하게 숙련된 배치와 조작이 가해진 인공의 성질을 갖고 있기 때문이다. 장엄하고 풍부한 로마의 경관은 변치 않는 자연의 한 부분처럼 보인다. 그리고 중부 이탈리아의 미묘하게 모델링된 언덕과 계곡 역시 그러하다.* 하지만 이 모든 장면은 결함이 있는 것들, 반복되는 것들, 그리고 자연이 세상이라는 캔버스에 던져넣는 조악함과 과도함을 갖고 있다. 그에 반해 이 호수의 풍경은 아주 세심하고 신중한 손길로 디자인된 것으로 보인다. 그 손길은 모든 거칠음과 눈 거슬림을 없애고, 맨 꼭대기부터 호수변의 완만한 곡선에 이르기까지의 모든 자연 형태를 혼합해 끊임없이 변하고 영원히 아름다운 선의 조화를 이루도록 했다.

그렇게 생성된 효과는 의심할 여지 없이 하나의 인공이며, 어두움, 불모성 및 때로는 자연이 종종 빠져버리는 적나라한 추함 같은 특정한 자연적 특성을 선택적으로 배제한 것이다. 호수의 풍경에는 거의 강요된 유쾌함과 사랑스러운 다년생 초목의 경직된 미소가 있다. 여기서 보로메오 정원이 정당화될 수 있는 이유는 이런 상황을 잘 보완하기 때문이다.

그것은 실물 그대로인가? 아니다. 하지만 정원 주변의 풍경 또한 그렇지 않다. 그것은 지구상의 다른 정원과 같은가? 아니다. 그러나 정원 주변의 산과 호수변은 여느 호수변이나 산과도 다르다. 보로메오섬의 정원은 꿈의 호수에 닻을 내린 아르미다의 정원**이며, 실제 땅 조각이 아니라 아리오스토나 보이아르도의 작품 한 페이지와 비교되어야 한다.***

---

* 이탈리아 중부 토스카나 지방은 물결처럼 퍼져나가는 구릉에 초록으로 펼쳐진 밀밭, 올리브원과 포도원, 그리고 곧게 선 사이프러스가 만들어내는 아름다운 풍광으로 칭송받는다. 특히 발도르차 지역 같은 시에나 주변의 전원이 유명한데, 이는 자연 그대로가 아니라 산과 숲이었던 땅을 수백 년 이상 주민들이 미묘하게 모델링해 가꾼 것이다.

정원 학도의 관점에서 볼 때, 롬바르디아에는 이솔라 벨라만큼 중요한 정원이 없다. 피렌체 주변과 같이 이 부유한 북부 지방의 오래된 정원은 그 주인의 풍요로 말미암아 고통받아왔기에, 원래의 윤곽을 유지할 수 있었던 정원이 거의 남아 있지 않다.* 영국식 정원에 대한 열정이 조수의 파도처럼 롬바르디아를 휩쓸어, 테라스와 그로토가 없어지고, 얽어 덮은 길은 구불구불한 산책로로 대체되었으며, 단정한 회양목 화단은 불타는 롬바르디아의 태양 아래 발 매트처럼 누렇게 변하는 잔디밭으로 개조되었던 것이다.

## 체르노비오의 빌라 데스테 Villa d'Este(Cernobbio)

빌라의 부지가 산과 물 사이의 좁은 지반으로 제한되는 호수변에서는 정원 건축가에게 운신의 폭이 그리 크게 주어지지 않는다. 영국식의 새로운 스타일은 그 전개를 위해 상당히 넓은 부지가 필요했기 때문에 앞서 본 것 같은 변형은 쉽지 않았다. 특히 코모*의 기슭으로는 호수에서 땅이 급격하게 상승하므로, 경관 효과는 만들어내기 어렵고, 물 위로 짓는 대리석 테라스를 대

---

** 아르미다는 타소의 서사시 「해방된 예루살렘」에 나오는 사라센의 여주인공. 아르미다는 용감하고 잘생긴 기독교 십자군의 용사 리날도를 살해하려다 사랑에 빠진다. 그녀는 마법의 정원을 창조해 리날도를 붙잡아둔다. 하지만 동료에 의해 마침내 정신을 차린 리날도는 본분을 찾고, 십자군이 승리한다. 리날도는 아르미다가 자살하려는 것을 막고, 그녀는 기독교인이 된다. 이후 「해방된 예루살렘」 또는 아르미다는 많은 예술작품의 주제가 되었다.

*** 보이아르도(1434~1494)는 시인으로, 아서 왕 이야기와 카롤링거 왕조의 로맨스 전통을 결합한 「사랑에 빠진 오를란도」의 작가다. 아리오스토(1474~1533)는 위 작품의 후속편 격인 「광란의 오를란도」를 썼다. 이들 기사도 문학은 환상적이고 정열적인 사랑 이야기를 펼치는데, 개성의 발견과 이성의 해방을 추구하는 문예 부흥기라는 새로운 세계의 도래를 규정짓는 것이기도 하다.

* 밀라노를 중심으로 한 롬바르디아 지방은 유럽에서 가장 부유한 지역으로 손꼽힌다. 넓은 평야와 비옥한 땅, 풍요로운 자연, 잘 만들어진 사회체제와 높은 시민의식 덕이다. 그런데 이러한 풍요로움 때문에 정치체가 약할 때는 곧잘 외국의 침략을 받았다.

* 알파벳 Y자를 뒤집어놓은 모양의 코모 호수는 알프스가 만들어낸 맑고 찬 빙하호로서, 풍광이 수려해 전 세계의 부호들의 빌라들이 늘어서 있다.

체할 만한 자연물을 발견하기도 쉽지 않았다. 그러나 여기에서조차 좁은 정원은 공간이 허용하는 한 최대한 개조되어, 곧은 길은 굽게 만들어지고, 토분에 담긴 레몬나무와 자갈길이 있는 정돈된 회양목 정원은 잔디밭 속 꽃화단으로 대체되고 말았다.

코모 호수에서 원래 건축의 편린 이상을 보존하고 있는 유일한 옛 정원은 체르노비오의 빌라 데스테 정원이다. 체르노비오 마을은 호수의 남쪽 끝에 있는 코모 마을에서 2~3킬로미터 떨어져 있다. 빌라는 1527년 체르노비오의 어부로 태어난 갈리오 추기경에 의해 지어졌는데, 이후 수많은 변화를 거쳤다. 1816년에는 빌라에 '에스테'라는 이름을 부여한 브런즈윅의 캐럴라인 왕비가 구입했고,* 이를 제국 스타일의 큰 구조로 바꿨다. 여기서 그녀는 여러 해 동안 수행원 베르가미가 수석 시종 혹은 사실상의 부군Prince Consort으로 있던 환상적인 궁정을 열었다.* 이 일이 여러 불이익을 그녀 자신에게 떠안겼을지는 몰라도 영국 왕비가 빌라 데스테에서 거주한 것은 마을에 도움이 되었다. 그녀는 몰트라시오 마을과 체르노비오 마을을 연결하는 최초의 마차길을 호수변을 따라 건설하고, 상당한 재산을 인근 환경의 개선에 희사했던 것이다.

그 이후로 빌라는 더 많은 변화를 겪어 크고 세련된 호텔로 바뀌었다. 비록 캐럴라인 왕비가 부지의 일부를 앵글로화했지만, 옛 르네상스 정원의 주요 라인은 여전히 남아 있다.

빌라 데스테 뒤로는 산들이 충분히 멀찍이 물러나 있어 완만한 경사

---

* 티볼리에 있는 그 유명한 빌라 데스테를 본떠 붙인 이름이다.
* 브런즈윅의 캐럴라인 왕비(1768~1821)는 독일 브라운슈바이크 공작의 딸로 태어나 영국 조지 4세의 왕비가 되었으나, 불행한 결혼생활을 했다. 결혼 전부터 남편에겐 애인이 있었고, 딸에게도 접근이 금지되는 일 등이 있어 1814년 이탈리아로 떠난다. 여기서 베르가미라는 시종을 고용하는데, 사람들은 그녀의 연인으로 여겼다. 이에 조지의 루머 조사와 이혼 요구 등이 있었으나 여론은 왕이 아니라 1820년 영국으로 돌아온 왕비에 대한 동정으로 기울었다. 그러던 중 병마로 1821년 사망해 고향인 브라운슈바이크에 묻혔다.

를 남긴다. 여기에 한때 정교한 정원이 여럿 있었던 것이다. 호수 바로 위에는 빌라와 인접한 평평한 땅이 있는데, 이곳은 화단 및 분수와 함께 '비밀의 정원'을 형성했음이 틀림없다. 지금은 잔디와 꽃 화단으로 대체되었지만, 여전히 뒤쪽으로는 바로크식 그로토와 자갈 및 조개껍질로 된 분수가 있는 경계 벽을 보존하고 있다. 그 위쪽으로 사이프러스 그늘이 지는 타피 베르를 따라 올라가면 평범한 헤라클레스 상이 있는 신전에 이른다. 이 오르막 양측으로는 좁은 석조 계단 수로가 있어 물이 졸졸 흘러내려간다. 그리하여 겹겹의 양치식물과 장미 밑을 지나 하부 정원 그로토 아래에 있는 물고기 연못으로 들어간다. 정형식 정원 너머에는 보스코가 있다. 이것은 절벽 면을 타고 오르는 아름다운 자연 숲으로, 여름 집과 사원으로 이어지는 구불구불한 길이 나 있다. 무성한 호두나무, 아카시아, 사이프러스, 저 아래 살짝 보이는 푸른 호수, 그리고 낭만적인 담쟁이덩굴로 덮인 다리가 놓인 깊은 협곡으로 내려가는 급류는 빌라 데스테의 보스코를 이탈리아에서 가장 매혹적인 숲 정원 중 하나로 만든다. 호수의 수문 옆에 있는 오래된 플라타너스 숲도 매력적이기는 마찬가지다. 이 숲에서는 지붕을 이루는 나무들의 엄숙한 어스름 속에 숲의 신들이 호수로 내려오는 넓은 대리석 계단 위를 지켜보고 있다. 빌라 데스테의 정원에는 로마의 정신, 즉 넓은 폭의 디자인, 비강제적으로 포함시킨 자연의 모습들, 그리고 캄파냐 평원의 위대한 정원들을 특징지어주는 주변 경관의 성격에 대한 민감성이 가득하다.

## 빌라 플리니아나 Villa Pliniana

호수 바로 건너편, 토르노 봉우리 아래 숲이 우거진 절벽의 짙은 그늘 밑에는, 이탈리아 정원 마법이 더 깊이 스며든 또 다른 빌라가 있다. 바로 빌라

빌라 플리니아나, 코모 호수

플리니아나다. 피아첸차의 앙귀솔라 백작에 의해 1570년에 지어졌고, 지금은 밀라노의 트로티 가문의 재산이다. 이곳은 안뜰에 있는 간헐 샘에서 그 이름을 취했는데, 이 샘은 고대 로마 플리니우스의 편지 중 하나에 묘사된 것으로 추측된다.* 그리고 이 빌라는 코모 호수변의 빌라 중에서 가장 시원한 것으로도 명성이 있었다. 호수 동편의 작은 만에 자리잡고 있는 데다 정북향을 향해 있기 때문에, 호수 반대편 체르노비오 마을의 빌라들이 햇볕 속에서 목욕을 하는 동안 이 빌라는 깊은 녹색 그늘에 감싸여 있게 된다. 집은 좁은 암반 위에 섰고, 그 기초는 호수로 돌출되었다. 집 뒤쪽은 남쪽 태양을 막아주는 거의 수직의 숲이 우거진 절벽을 배경으로 지어졌다. 이 절벽 아래로는 토르노 봉우리 바로 밑에 있는 칼로레 계곡으로부터 급류가 물거품을 일으키며 내려온다. 그리고 빌라 플리니아나의 건축가는 이 급류를 붙잡아 빌라의 중앙 방 아래를 통해 호수로 빠져나가도록 했다.

생성된 효과는 이탈리아 정원이라는 놀라움의 땅에서조차 다른 것들과 확실히 차이 난다. 집은 평범하고 다소 음울해 보이는 구조로서, 집의 두 날개에는 개방 아케이드 방이 붙어 있는데, 그 방의 뒷벽 곁으로 급류가 쏟아져 내려온다. 이 물은 이끼와 양치식물로 뒤덮인 석조물 위를 지나, 로지아의 난간 아래에서 다시 분출하게 된다. 로지아는 백색의 큰 반원형으로 호수의 짙은 녹색 물 위에서 반짝인다. 이 오래된 집은 청량함으로 가득 차 있고, 포획된 급류가 일으키는 공중의 분무로 흠뻑 젖어 있다. 간결한 볼트형 방들은 급류 소리로 울리고, 돌바닥은 초록으로 촉촉이 젖었으며, 공기는 그 끊임없는 시원한 물의 돌진으로 전율한다. 그늘진 만의 이 어스름하고 흠

---

* 소小플리니우스가 친구 타키투스에게 보낸 편지에는 자신의 코모 별장에 있는 신기한 샘에 대해 설명하는 부분이 나온다. "그런데 이 샘에선 진귀한 현상이 발견되는데, 하루 세 번씩 물이 찼다가 빠졌다가 하는 것이네. 샘 옆에 탁자를 가져다놓고 식사를 하기도 하고, 이따금 샘물을 떠다가 한 모금 마시기도 하는데, 시원하기가 이를 데 없다네." 플리니우스는 나아가 그 원인이 무엇인지에 대해서도 과학자와 같은 태도로 탐구하여 밝혀낸다.

뻑 젖은 로지아와 눈부시게 빛나는 호수의 푸른 물, 그리고 햇살이 가득한 서편 호수변 사이의 대조는 이탈리아 빌라 예술이 지금까지 고안해낸 '감각'에 있어 가장 멋진 효과 중 하나다.

집을 식히기 위해 급류의 일부를 우회시키는 데 만족하지 않은 건축가는 그 나머지를 빌라와 인접한 절벽 아래로 떨어지는 폭포로 이끌었다. 또 숲을 통과하는 굽은 길을 디자인해 거기서 쇄도하는 밝은 물을 내려다볼 수 있도록 했다. 한편, 집의 다른 쪽에는 호수와 경사진 숲 사이에 긴 난간이 둘러진 그리 넓지 않은 테라스가 위치한다. 이곳은 집 근처에서 유일하게 트여 있고 평평한 땅이다. 여기의 옛 정형식 정원은 지금은 경시되고 있지만 여전히 멜랑콜리한 매력이 가득하다.

## 빌라 발비아넬로, 빌라 카를로타 Villa del Balbianello, Villa Carlotta

빌라 플리니아나 이후, 코모 호수에 정원을 조성하는 일은 거의 다반사가 된 듯 보인다. 호수의 두 변을 따라 늘어선 빌라들은 많은 변화 가운데서도 옛 정원 건축의 흔적을 보존한다. 그런 빌라 중 레노 마을의 남쪽에 코모 주교의 빌라가 있다. 바로크 양식의 성자와 예언자 조각상이 호수변의 정원 난간을 따라 서서 편안하게 휴식을 취하고 있다.*

더 유명한 것은 카데나비아 마을의 빌라 카를로타다. 훌륭한 출입문과 테라스의 건축적 처리가 과거 부지의 아름다움을 증언한다. 그러나 거의 모

---

* 이 코모 주교의 빌라란 빌라 발비아넬로를 가리킨다. 호수로 톡 튀어나온 작은 곳에 위치해 사방으로 아름다운 조망이 이뤄지며, 조각상들이 호수를 바라보고 있다. 이 빌라는 13세기에 생긴 수도원이었으나, 18세기 말 두리니 추기경이 사들여 빌라로 개조했다. 밀라노 최고의 귀족 비스콘티 가문으로 넘어갔다가, 20세기 초 미국 사업가의 끈질긴 노력으로 그에게 팔렸다. 그 후손은 1974년 몬지노 백작에게 되팔았고, 높은 뜻을 가진 백작이 1988년 사망하면서 이탈리아의 문화유산신탁FAI에 기증했다.

든 곳에서 옛 정원 마법은 분노한 현대 원예에 의해 쫓겨났다. 얽어 덮은 길은 야자수와 바나나 나무가 박힌 잔디밭을 위해 물러났고, 회양목 화단은 베고니아와 시네라리아가 심어진 별 모양 화단으로 대체되었으며, 월계수와 미르투스 숲은 팜파스 풀과 대나무 덤불로 바뀌었다. 이 설명은 코모 마을과 벨라지오 마을 사이의 주요 정원에 전부 적용되는 것이다. 그러나 이곳저곳에, 참으로 거의 모든 정원에는 변하지 않은 구석퉁이가 남아 있다. 날개 층계는 목향화로 둘러싸이고, 그늘진 수문으로 내려간다. 판이나 시링크스*의 스투코 그림이 있는 고사리가 줄지은 그로토, 대리석 벤치가 놓인 월계수 산책로, 또는 호수 위의 고전적인 여름 집도 있다. 하지만 이 옛 조각들은 너무 흩어지고 조원술造園術에 대한 새로운 질서 아래로 잠겨버렸기에, 부유한 정원 소유주가 대리석 테라스를 영국식 공원으로 바꾸기 전 그 옛 호수 정원의 이미지를 재구성하기 위해서는 고된 상상력이 요구된다.

## 빌라 치코냐Villa Cicogna

비수스키오 마을에 있는 아름다운 빌라 치코냐 역시 호수 빌라에 포함시키는 것이 마땅하리라.* 이 매력적인 오래된 장소는 루가노 호수 남쪽 끝과 바레세 호수 사이의, 사랑스럽지만 잘 알려지지 않은 시골 언덕에 자리잡고 있다. 그 역사는 지금의 소유자에게 알려지지 않은 것처럼 보이는데, 이 집

---

* 시링크스는 그리스 신화에서 아르테미스 여신을 따르는 님프다. 어느 날 들판에서 놀던 판이 시링크스를 보고 한눈에 반해 쫓아왔다. 겁에 질려 도망가던 시링크스는 강에 막히자 강의 님프들에게 도움을 청했고, 다행히 그녀는 갈대로 변한다. 판이 절망에 빠져 한숨을 쉬고 있던 그때, 바람이 갈대를 스치며 아름다운 소리를 냈다. 이 소리에 매혹된 판은 갈대를 잘라 피리를 만들고 시링크스라 이름 붙였다(팬 파이프).
* 빌라 치코냐는 코모 호수변의 빌라들이 물가에 붙은 것과 달리 루가노 호수에서 약간 떨어져 호수 전망을 가진 곳에 있다.

**빌라 치코냐, 집 위의 테라스에서**

은 위대한 아름다움을 가진 초기 르네상스 건물로서 토스카나풍의 간결한 디자인이 특징이다. 깊은 돌출 처마와 넓은 간격의 창문이 있는 단순한 전면은 아르노 강변 마을의 광장에 서 있는 건물인 듯하다. 그리고 2층짜리 아케이드를 가진 내측 안뜰은 디자인의 순수함과 경쾌함이라는 측면에서 브루넬레스키* 전통의 계승자를 떠올리게 한다. 밀라노 근방에서는 16세기 초기의 시골 저택을 찾기가 너무 어렵기 때문에, 빌라 치코냐가 실제로 토스카나 장인의 손에 의해 만들어진 것인지, 아니면 이 이탈리아 중부 스타일이 당시 롬바르디아에서도 유행했는지 알아보는 것도 재미있을 것이다.

빌라는 언덕에 기대어 지어졌다. 내측 안뜰은 집의 세 옆면으로 둘러

---

* 브루넬레스키 (1377~1446)는 피렌체 출신의 건축가로서, 100년 이상 미완성이던 피렌체 대성당의 거대한 돔을 만들었다. 그와 더불어 조각의 도나텔로, 회화의 마사초를 르네상스 양식의 창시자로 부른다.

싸인 직사각형이고, 네 번째 면은 아름다운 침상정원으로 계속된다. 침상정원 위로는 위층과 같은 높이의 난간이 둘러진 길이 달린다. 집 반대편에는 높은 옹벽으로 경계지어진 긴 테라스로 구성된 또 다른 정원이 있다. 이 정원은 전체 길이만큼 아래로 터널이 파여 양치류가 늘어서고 작은 도랑으로 흠뻑 젖은 그늘진 아케이드 산책로를 형성한다. 집 뒤쪽으로는 땅이 계속 솟아오르고, 언덕 면에는 물의 성이 세워졌다. 한편, 위 테라스 정원 너머로는 그늘진 산책로가 놓인 숲으로 문이 이어진다. 이 산책로에서는 방향을 틀 때마다 루가노 호수의 남쪽 만을 가로지르는 매혹적인 전망을 보게 된다.

정원만큼이나 집 자체도 흥미롭다. 안뜰 벽에는 매력적인 친퀘첸토 디자인의 프레스코화가 칠해졌고, 로지아의 아치형 천장에는 빌라 줄리아의 반원형 아케이드에서와 같은 섬세한 격자 울타리가 그려졌다. 다수의 방이 벽화는 물론 르네상스 가구 또한 보존하고 있으며, 1층에 위치한 일련의 작은 방들은 18세기의 밝은 스타일로서 스투코로 정교하게 장식되었다. 그래서 빌라 치코냐는 옛 이탈리아 시골집의 원래 상태가 어떤 것인지에 대한 아이디어를 생생하게 제공한다.


### 빌라 크리벨리, 로톤다 카뇰라Villa Crivelli, Rotonda Cagnola

호수의 언덕 위 빌라 치코냐로부터 논이 있는 밀라노의 시골까지 내려가는 그 하강은 다소 갑작스럽다.* 따라서 정원 건축 학도는 코모 호수의 남쪽 끝 브리안차 지역의 미소 짓는 풍경을 통해 연구를 수행함으로써 그 급격한 전환을 완화할 수 있을 것이다. 이곳에는 숲과 포도밭을 가진 사랑스러운 터

---

\* 밀라노는 알프스 자락이지만, 그 주변은 포강 유역의 평원으로서 유럽에서 손꼽히는 곡창지대다. 특히 베르첼리 지역에는 우리와 똑같은 논이 펼쳐져 있다.

전에 자리잡은 오래된 빌라가 많이 있다. 그리고 저 멀리로는 알프스와 햇볕 쨍쨍한 롬바르디아 평야가 펼쳐진다. 하지만 옛 정원은 별로 찾을 수 없다. 그래도 그런 것 중 하나로 위대한 아름다움을 가진, 인베리고 마을 근처의 빌라 크리벨리를 들 수 있겠다. 다만 방문객의 접근이 허락되지 않아 조각상과 테라스, 사이프러스 산책로 및 우뚝 솟은 '거인'상만 감질나게 훔쳐볼 수 있을 뿐이다.

인베리고에서 머잖은 곳에 로톤다 카뇰라가 있다. 1813년 아테네 아크로폴리스의 프로필라이*를 모방해 카뇰라 후작에 의해 지어졌는데, 현재는 아다 후작의 재산이다. 집은 언덕 꼭대기에 아름답게 자리잡아, 알프스산맥과 아펜니노산맥의 영광스러운 경관을 감상할 수 있다. 신고전주의 제정양식*의 한 사례로서 학생에게 흥미롭기도 하다. 그러나 이 역시 정원이라는 용어의 옛 의미에 부합하는 그런 정원은 갖고 있지 않다.

한때 밀라노 주위의 평평한 땅에는 많은 시골 저택이 흩어져 있었다. 하지만 도시가 성장하고 여행 시설이 증가함에 따라 그 대부분은 언덕이나 호수에 지어지는 빌라에 밀려나 버려졌다. 따라서 그런 저택들의 과거 화려함을 머릿속에 그려내기 위해서는 알베르토 델 레의 희귀한 책을 들춰봐야 한다. 우리는 이 책의 모든 디테일에서, 위대한 로마 교외 빌라에 대한 연구를 통해 르 노트르가 얻어낸 '그랜드 방식grand manner'으로부터 프랑스 조경가들이 발전시킨 정교한 스타일의 조원술을 보게 된다. 평평한 프랑스의 풍경에 맞춰지고 18세기의 매너리즘과 정교함 추구 때문에 복잡해진 이 스타

---

* 아크로폴리스는 아테네의 중심에 우뚝 솟은 사방이 절벽인 언덕으로, 이곳은 서쪽에 난 정문 프로필라이를 통해 드나들 수 있다. 기원전 5세기 후반 페르시아와의 전쟁에서 승리하고 민주주의를 완성한 아테네의 페리클레스는 그 성과를 보여주기 위해 아크로폴리스를 재건하면서 프로필라이도 만들었다. 이 문을 통과한 언덕 꼭대기에 파르테논 신전이 있다.
* 신고전주의neo-classicism는 화려하고 복잡한 바로크 양식에 대한 반발로 일어난, 고전으로의 회귀를 주장한 사조다. 로마를 좋아한 나폴레옹은 자신의 제국에 어울리는 이미지를 표현하기 위해 고귀하고 장엄하며 단순한 그리스·로마 예술을 차용했다. 이를 신고전주의 제정양식 또는 제국 스타일이라고 한다.

일은 피에몬테*와 롬바르디아가 매우 수입하기 좋아했던 프랑스의 유행이었다. 이제 그것은 이탈리아로 되돌아왔다. 유럽이 이탈리아에 자신의 모습을 비춰보던 그런 시대는 지나가버렸다. 프랑스는 유행의 거울이 되었고, 특히 북부 이탈리아에서는 프랑스의 건축과 조원술이 열성적으로 재현되었다.

롬바르디아의 자연 조건은 프랑스와 아주 유사했고, 따라서 프랑스의 기하학적 정원이 그 자리에 어울리지 않아 보이지는 않았다. 그러나 여기서도 건축과 정원 모두에서 양자의 차이를 느낄 수 있다. 북부 이탈리아는 팔라디오와 팔라디오적 전통에도 불구하고 바로크에서 벗어나지 못했다.* 바로크의 예술적 성향은 온통 자유·즉흥·개인적 표현을 향한 것이었고, 프랑스는 근본적으로 고전적이며 본능적으로 온화했다. 프랑스의 가구 제작자·청동 조각가·스투코 제작자가 이탈리아 장인보다 더 섬세하고 더 완성도가 높으면서도 덜 개인적인 작품을 만드는 것과 마찬가지로, 프랑스 건축가는 더 큰 정확성과 절제, 그리고 덜 발휘된 개인적 창의성을 가지고 디자인했다. 거칠게 구분해보자면, 프랑스 예술은 항상 지성적intellectual이고, 이탈리아 예술은 항상 감성적emotional이었다고 할 수 있다. 그리고 이런 구별은 '기쁨의 집'과 그 정원의 처리에서도 느껴질 것이다. 이탈리아에서는 18세기 말까지 건축적 디테일이 바로크 양식으로 남았기에, 건축가는 형태의 선택과 재료의 조합에 있어 훨씬 더 큰 자유를 누릴 수 있었다. 그 결과 밀라노인들의 오래된 빌라는 매우 강한 개성을 갖게 되었다. 다만 강력한 프랑스의

---

* 피에몬테는 이탈리아 서북부 알프스 자락에 위치한 주로서, 프랑스와 맞닿아 있어 프랑스의 영향을 강하게 받았다. 나중에는 이탈리아 통일의 주역이 되는데, 여기에 근거를 둔 사보이 왕가의 사르데냐 왕국이 1861년 분열된 이탈리아를 통일한 것이다. 이로써 이탈리아 왕국의 수도는 토리노→피렌체→로마로 바뀌었다. 앞서 나온 이솔라 벨라는 정확히는 롬바르디아가 아니라 피에몬테에 속한다.

* 이탈리아는 17세기 초부터 로마에서 시작된 바로크 양식이 압도했고, 이후 바로크는 프랑스 절대왕정의 양식으로 채택되어 전 유럽에 퍼졌다. 한편 16세기 후반 북부 이탈리아 베네치아에서는 팔라디오가 고전주의적 건축으로 일가를 이뤘는데, 그럼에도 이탈리아인들은 바로크에 대한 애정이 가장 지극했던 것이다.

영향 때문에 그 개인적 스타일을 보존해 보여주는 빌라들이 온전히 남아 있는 경우가 별로 없다는 점은 유감스러운 일이다.

## 빌라 비스콘티 디 살리체토(빌라 알라리오) Villa Visconti di Saliceto(Villa Alario)

밀라노의 나빌리오 운하는 밀라노를 관통해 유유히 흐르면서 티치노강과 아다강으로 여러 지류를 보낸다.* 한때 도시 너머 이 운하 옆으로는 교외 빌라가 수 킬로미터 줄지어 있었다. 하지만 변형되지 않고 남은 빌라는 별로 없고, 그 남은 것들 중에서도 옛 정원은 거의 사라졌다. 델 레의 밀라노 빌라 모음집에서 가장 흥미로운 주택 하나는, 체르누스코 마을 근처의 나빌리오 운하에 자리잡은 빌라 알라리오(현재 빌라 비스콘티 디 살리체토)로서, 그 밖이나 안이나 완벽히 보존되어 있다. 그리고 그 옛 정원은 비록 19세기 초 영국식 공원으로 대체되었지만, 전체적인 윤곽은 여전히 발견할 수 있다. 1736년 루지에리가 지은 위풍당당한 빌라는 멋진 담과 아름다운 철문에 의해 공용 도로에서 분리된 안뜰을 보고 있다. 낮은 날개 건물은 예배당과 사무실을 포함하고 본관을 향해 직각으로 달리며, 본관을 안뜰의 벽과 연결시킨다. 그리고 날개의 중심을 관통하는 아치형 통로는 마구간 및 기타 부속 건물로 둘러싸인 바깥쪽 안뜰로 이어진다. 집에는 앞뜰 쪽으로 중앙이 열린 로지아 혹은 아트리움이 있으며, 상부 창문은 바로크 양식의 아키트레이브로 액자화되고 사각형 다락 등이 올려졌다. 본관의 정원 쪽 정면은 더 정교하다. 여기에는 중앙의 돌출부가 있는데, 세 개의 창문 넓이로 2층짜리 개방

---

* 나빌리오naviglio 자체가 운하라는 뜻이며, 밀라노를 서쪽의 마조레 호수와 동쪽의 코모 호수, 남쪽의 포강까지 연결시켜주었다. 과거 밀라노의 부는 이를 통한 효율적인 물자 수송에 힘입은 바 크다.

**빌라 알라리오의 철문, 밀라노 인근**

로지아가 곁에 섰고, 장식 기둥과 항아리로 된 다락 층이 올라 있다. 이 중
앙의 쑥 들어간 부분은 아름다운 연철 발코니로 장식되었으며, 그것은 건물
양 끝의 날개에서도 반복된다. 빌라 비스콘티의 모든 연철 장식은 우아함과
독창성 면에서 주목할 만하다. 그것은 테라스는 물론 당당한 층계의 난간에
서도 무거운 바로크식 석조 난간과 함께 사용되고 있다. 롬바르디아 특유의
장식 스타일을 보여주는 홍미로운 예다.

한때 저택과 나빌리오 운하 사이에는 정교한 자수화단이 놓여 있었다.
이 화단은 조각상으로 장식된 난간이 선 옹벽에 의해 운하 위에서 끝이 나
고, 양 측면으로는 얽어 덮은 길, 덤불, 트렐리스* 구조물 및 물고기 연못이
자리했다. 이 복잡한 유원지는 그대로 남은 것이 별로 없다. 집 한쪽 끝에서
뻗어 있는 긴 테라스들, 그중 한 테라스 아래의 꽃 정원, 그리고 경계 벽에
포함된 장식 조각상 몇 개만이 남았을 뿐이다. 델 레의 인쇄물에 표시된 긴
수조 또는 운하는 잔디 둑이 있는 불규칙한 연못으로 바뀌었으며, 자수화단

---

*　트렐리스trellis는 정원에 설치하는 격자 구조물로서, 장미 같은 덤불 식물을 올리는 한편 그늘과
가림막을 만들어내기 위해 사용한다.

빌라 알라리오의 난간 장식, 밀라노 인근

은 이제 잔디밭이 되었다. 난간조차 운하를 따라 세워진 벽에서 제거되었다. 그러나 여전히 앞뜰과 테라스들의 건축적 세부 사항은 신중히 연구할 가치가 있다. 변경되지 않은 여러 부속물을 가진 이 오래된 빌라의 특이한 아름다움은 원래 환경의 손실에 대해 부분적으로 속죄하고 있는 듯하다.

## 롬바르디아의 다른 빌라들

밀라노 주변에는 빌라 비스콘티 스타일로 지어진 18세기의 시골 저택들이 흩어져 있지만, 그동안 윤곽을 바꾸지 않았거나 정형식 정원의 흔적을 간직한 곳은 거의 없다. 지금은 바레세 시청이 된, 모데나 공작의 거대한 빌라가 그런 예외의 좋은 사례다. 돌과 철로 된 아름다운 난간과 체르누스코의 빌라와 같은 스타일인 연철 발코니를 많이 갖고 있다. 그리고 건물 뒤의 언덕면을 올라가는 정원은 현재 공원으로 사용되고 있지만, 한때는 틀림없이 매우 멋졌을 것이다.**

한편, 바레세 그랜드 호텔Grand Hotel Varese 또한 오래된 빌라로서, 그 건축 차폐물과 돌출 처마는 동시대의 특이한 특징적인 파사드를 형성한다. 다만 여기에서도 마찬가지로, 매력적인 상부 테라스를 제외하고는 옛 정원이 거의 남아 있지 않다. 여러 방의 내부 장식만은 방해받지 않았기 때문에 섬세한 이탈리아 바로크의 흥미로운 사례가 된다.

또 다른 유명한 시골 저택, 볼라테에 있는 카스텔라초 다르코나테 Castellazzo d'Arconate는 바레세의 모데나 공작 빌라보다 훨씬 더 장엄하다. 그래서 전체 윤곽상으로는 다소 무겁다. 하지만 내부 파사드가 흥미로운데, 쌍기둥 위에 올려진 긴 아케이드가 이어지며 여기서 조각상이 선 당당한 안뜰 너머를 내다볼 수 있다. 이 빌라는 옛 정원의 일부를 보존했다고 전해진다. 하지만 접근이 어렵고, 이 장을 쓰기 위한 자료를 모으고 있던 시점에는 방문할 수 없었다.

---

** 현재 바레세의 시청과 그 주변 부지는 옛 모데나 공작(에스테 가문)의 빌라였다. 지금은 '에스테 정원과 팔라초Giardini e Palazzo Estensi'라고도 불린다. 팔라초는 시청과 도서관이 됐고, 건물 뒤 정원은 공원이 됐다.

ITALIAN VILLAS
AND
THEIR GARDENS

마조레 호수 위에 떠 있는 이솔라 벨라. 왼쪽 절반은 보로메오 궁이고 오른쪽 절반이 정원이다.

조약돌과 조개껍질로 만들어 바다 속 궁전을 연상시키는 보로메오 궁 아래층 방

최상층 테라스에서 내려다본 이탈리아식 자수화단, 이솔라 벨라

바로크 디자인으로 된 피라미드 모양의 화려한 물 극장(앞면)

테라스 층층마다 식물과 조각상, 오벨리스크로 장식된 물 극장(뒷면)

이솔라 벨라를 가득 채우고 있는 꽃들

세상을 수호하는 듯 어스름이 내리는 마조레 호수를 내려다보는 조각상, 이솔라 벨라

빌라 데스테(가운데 흰 건물). 코모 호수의 체르노비오 마을 호숫가에서 바라본 모습

최고급 호텔이 된 빌라 데스테의 단촐한 정문

산과 호수 사이의 좁은 평지에 서 있는 빌라 데스테

잔디밭과 회양목 화단 뒤로 바로크식 경계 벽이 서 있는 정원, 빌라 데스테

빌라 뒤쪽 산으로 올라가는 길과 그 끝의 헤라클레스 상, 빌라 데스테

헤라클레스 상 앞에서 바라본 풍경. 사이프러스 샛길 끝에 코모 호수가 푸르게 빛난다.

빌라 플리니아나를 그린 19세기 중반의 그림(1840)

빌라 카를로타. 코모 호수의 마을들을 연결하는 배에서 바라본 모습

잔디밭과 사이프러스의 녹색 너머로 햇살을 받아 투명한 코모 호수, 빌라 발비아넬로

파란 호수와 우산 모양 거대한 나무가 만들어내는 빛과 색, 빌라 발비아넬로

편안하고 싱그러운 자갈 깔린 산책로, 빌라 발비아넬로

흰 돌 화분과 어우러진 붉은 제라늄, 빌라 발비아넬로

7장

# 베네치아의 빌라들

빌라 바르바리고의 정원, 바탈리아 인근 발산치비오

지금까지 이탈리아 건축에 대해 글을 쓴 작가들은 베네치아의 빌라 건축*에는 거의 관심을 기울이지 않았다. 영국과 미국의 비평가들은 겨우 몇 해 전부터 비뇰라와 팔라디오의 유파 이후 출현한 이탈리아 건축 유파를 그나마 인정하게 되었으며, 러스킨의 예술 윤리 규범*으로 키워진 세대에게는 이두 거장조차 이탈리아 예술의 퇴보 사례로 거론되곤 했던 것이다. 프랑스에서도 비올레 르 뒤크*의 영향이 러스킨의 영향만큼이나 이탈리아 예술에 대한 진정한 이해에 적대적이었다. 하지만 고전 전통에 대한 연구가 부활하면서 형태에 대한 라틴의 본능이 일깨워지고 있다.* 그럼에도 프랑스 건축학자들은 아직도 자신들의 민족 스타일을 연구하는 데 주로 관심을 갖는다.

팔라디오에서 유바라에 이르는 이탈리아 건축이 제대로 된 연구 주제로 받아들여진 곳은 오직 독일뿐이다. 부르크하르트는 자신의 명승고적 안내서인 『치체로네』**와 『이탈리아 르네상스 건축』에서 길을 제시했다. 구스

---

* 　사실 여기서는 베네치아 본섬이 아니라 주변 내륙 지역, 즉 베네토Veneto, Venetia의 빌라를 다루게 된다. 베네치아는 해상 강국으로서 지금의 본섬을 넘어 파도바·비첸차·베로나 같은 내륙 영토는 물론, 크로아티아·그리스 등지에 많은 외국 영토를 가진 대국이었다.

* 　존 러스킨(1819~1900)은 19세기 영국의 예술비평가이자 사회사상가. 두 번의 이탈리아 여행을 통해 예술과 건축에 눈을 떴고 예술에 기독교적 윤리성이 있어야 한다고 주장했다. 이에 완전성을 추구하는 고대 그리스 건축과 그 뒤를 이은 르네상스 건축을 비판했고, 자연에 기초를 두지 않는 바로크 양식을 인위적인 것으로 봤다. 중세 초기 고딕 건축에 희생과 충심이 스몄다며 이를 옹호했다.

* 　비올레 르 뒤크(1814~1879)는 19세기 프랑스의 건축가이자 작가로 중세의 주요 유적들(노트르담 성당, 카르카손 성)을 복원한 것으로 유명하다. 젊은 시절 이탈리아를 여행하면서 피사의 사탑을 보고 "몹시 불쾌하다. 차라리 똑바로 서 있는 게 훨씬 나았을 것이다"라고 한 바 있다.

* 　고대 로마의 유럽 정복으로 지금의 프랑스, 스페인 등은 이탈리아와 라틴 문화를 공유하고 있다. 후대에 이르러서야 각국의 민족주의 감성이 생겼다. 저자의 말뜻은, 로마의 조각 예술에서 느낄 수 있듯, 라틴 문화는 '형태'에 대한 본능적 추구 내지 감각이 있다는 것이다.

타프 에베 씨*는 유럽 전역의 후기 르네상스에 관한 흥미로운 책을 출간해 뒤를 이었다. 그리고 굴리트 씨는 이탈리아 바로크에 관해 지금까지 쓰인 책 중 가장 뛰어난 『이탈리아 바로크 양식의 역사』라는 작품을 펴냈다. 그러나 이들은 새롭고 넓은 분야에서 작업해야 했으므로 각자에게 가장 중요한 세부 분야에 자신의 연구를 제한할 수밖에 없었다. 부르크하르트의 귀중한 『르네상스 건축』은 비판적인 통찰력으로 가득 차 있지만, 그 주제에 관한 역사라기보다는 인상기의 모음이라고 할 수 있다. 굴리트 씨조차 훨씬 더 세밀하게 들어가긴 했지만, 샛길들을 위해 주된 길을 포기할 수는 없었기에, 이 주제에 관한 수많은 작은 파문波紋을 그냥 지나쳐야 했다. 그가 베네치아 빌라 건축의 흥미로움과 개성의 진가를 충분히 인정하고 있었다는 점에서 이는 특히 아쉽다 하겠다. 굴리트 씨는 후기 베네치아 양식이 팔라디오와 산소비노라는 두 가지 유파에서 나온다고 지적했다. 팔라디오는 그 작품을 극찬받긴 했으나 베네치아인들의 완전한 공감을 얻지는 못했다. 고딕 양식과 비잔틴 양식의 환상적인 혼합, 그리고 온 세계가 다 아는 가장 위대한 색채화파의 빛나는 장식을 토대로 자신의 취향을 형성한 베네치아 사람들에게 그의 예술은 너무 순수하고 진지했던 것이다. 이탈리아 바로크가 자연스럽게 발전한 것은 바로 산소비노와 롱게나의 따뜻하고 그림 같은 예술에서였다. 그리고 팔라디오의 권위는 베네치아의 공식 건축에서는 느낄 수 있지만, 작은 건축들, 특히 빌라와 작은 개인 주택은 창문을 모아 짓는 것 외에는 팔라디오의 영향을 받은 흔적을 거의 보이지 않는다.* 베네치아의 빌라 건축가들

---

** 치체로네Cicerone는 로마 공화정 말기의 키케로Cicero를 말한다. 키케로는 중세 암흑기에 잊혔다가 르네상스에 재발견됐는데, 그의 박학함 덕분에 명승고적 등을 설명하는 사람이라는 뜻에서 나중에는 관광안내원, 가이드북이 되었다.
* 구스타프 에베(1834~1916)는 독일의 건축가이자 예술사가.
* 베네치아인들은 다른 이탈리아 지역보다 화려함을 더 사랑했다. 그런 베네치아인에게 자신들이 배출한 팔라디오의 순수하고 엄격한 양식은 훌륭할지언정 흡족하지만은 않았다. 화려함이라는 측면에서는 바로크 양식이 그들에게 더 잘 맞았다.

에 대해서는 별로 알려진 것이 없기 때문에, 아직까지는 이런 일반적인 경향을 설명하는 방법이 정확한 정보를 대신할 수밖에 없겠다.

## 카타요 성Castello del Catajo

파도바와 트레비소 근교의 브렌타강을 따라, 그리고 에우가네이 구릉지대*와 몬티 베리치 사이의 시골에서는 여전히 베네치아의 '기쁨의 집'을 찾을 수 있다. 그러나 불행히도 이런 집들의 정원 중 겨우 한둘 정도만이 그 특징적인 형태를 보존해왔다. 더구나 심술궂은 운명 탓에 그렇게 어렵사리 정원을 유지한 빌라조차 전형적인 베네치아 스타일이 아니기도 하다. 그런 사례 중 하나가 에우가네이 구릉의 바탈리아에 위치한 카타요 성이다. 실제로 당대의 어떤 스타일과도 상당히 거리가 멀다. 1550년경 베네치아의 오비치 가문을 위해 지어진 이 특이한 건물은 마르코 폴로가 고향으로 가져온 타타르의 성곽 설계를 본뜬 것이라고 전해진다.* 어쨌든 그것은 이탈리아 북부에서 이미 300년 전 한물간 일종의 고딕주의로의 의도적인 회귀를 보여준다. 그리고 고전적 디테일과 르네상스의 조각이 뒤섞인 이 예상치 못한 스타일은 그 기이한 전통을 정당화할 만큼 그림 같은 효과를 만들어내고 있다.

　카타요 성은 미소짓는 에우가네이 전원의 끝자락에 서 있다. 그 거대한 요새 같은 덩어리는 숲이 우거지고 아래쪽에 작은 강이 흐르는 둔덕에 기대어 지어졌다. 조각상이 올려진 거대한 기둥이 선 다리를 통해 강을 건

---

*　에우가네이 구릉지대Euganean Hills는 파도바 남쪽으로 몇 킬로미터 떨어진 곳에 있는, 화산 기원의 아름다운 산지 혹은 구릉 지역이다. 산이 드문 파도바-베네치아 평원에 자리잡았기에 예부터 많은 빌라가 건설되었다.

*　마르코 폴로(1254?~1324)는 베네치아의 상인으로 서양 최초로 타타르, 즉 중국 원나라를 여행하고 돌아와『동방견문록』을 썼다.

너면, 역시 조각상으로 장식된 육중한 문루의 쇠창살 성문에 이른다. 성문은 가지치기된 화살나무 울타리가 식재된 좁고 긴 안뜰로 열린다. 그리고 한쪽 끝에서는 화려한 난간 계단이 판석 테라스로 연결된다. 여기에는 깃발들 사이로 주목나무가 자란다. 이 테라스 왼쪽의 거대한 그로토에는, 코끼리 위에 실레누스가 축 늘어져 타고 있으며,* 실물 크기의 다른 동물과 인물도 많다. 그 구성이 피렌체 빌라 카스텔로에 있는 그로토의 동물학적 경이로움을 떠올리게 한다. 이탈리아 이북의 민족들에게는 그 매력을 잃어가고 있던 시점에 뒤늦게 생긴 이 이탈리아의 그로테스크로의 회귀는 인종 미학에 관한 흥미로운 연구 주제가 될지도 모른다. 중세 유럽의 거칠고 칙칙한 공상空想이 소리 없이 웃고 있는 가고일과 사악하거나 우스꽝스러운 이미지들에서 그 표현을 찾고 있던 시절, 이탈리아의 예술은 아름다움을 차분하고 굳게 지키며, 가장 비극적인 주제를 사랑스러운 선의 미로로 직조했었다. 그러나 17세기와 18세기, 이제 고전적 우아함이 알프스 너머의 북부 유럽을 정복했을 때, 상상 속의 동물들, 그놈·고블린·가고일, 그리고 빗자루 타는 마녀들은 알프스 이남으로 도망쳤고, 그로토의 괴이한 동물군과 산책로의 곁눈질하는 난쟁이와 사티로스 조각상으로 다시 나타났던 것이다.*

성 내부로는 주목나무 테라스에서 아케이드형 로지아를 통해 들어간다. 이곳에는 어리둥절할 정도로 낮은 층고의 통로와 함께, 성곽이 기대어 지어진 바위를 대충 다듬어 만든 긴 날개 층계가 있다. 볼트식 석조 터널로부터는 높은 층고의 큰 방으로 갑자기 들어서게 되는데, 이것은 17세기 프

---

*  실레누스는 그리스 신화에서 술의 신 디오니소스 신의 양육자이자 스승. 대개 배가 나오고 못생긴 노인으로 술에 취해 당나귀에 탄 모습으로 그려진다.
*  그놈·고블린·가고일 등은 중세 시대의 심술궂은 요정이나 정령, 난쟁이, 괴물 등을 말한다. 가고일은 파리 노트르담 성당 지붕 귀퉁이에 앉아 있는 날개 달린 괴물을 상상하면 된다. 저자는 이탈리아 이북의 유럽이 아직 중세의 미몽에서 깨어나지 못하고 있을 때 고상한 르네상스 문화를 만들어낸 이탈리아가, 유럽이 모두 개화한 때 오히려 과거로 회귀하는 기이한 모습을 보여주는 상황을 말하고 있다.

레스코화로 장식되었고, 대리석 성물聖物이 놓인 난간 테라스로 열려 있다. 혹은 다른 방향으로 틀면, 모조 고딕 예배당이나 총안이 난 성벽의 순환길* 에 있는 자신을 발견하게 된다. 이런 환상적인 스타일의 혼합은 성이 위치한 특이한 장소와 결합해 그림 같은 부분들이 있는 정원을 만들어낸다. 정원은 벽과 언덕 면 사이 틈에 끼어 있기도 하고, 강으로 돌출된 테라스 위에 있기 도 하다. 그러나 건축적 관점에서 볼 때 카타요 성의 가장 흥미로운 점은 안 뜰로 들어가는 거대한 층계의 독창적인 처리 방법이다.

## 발산치비오의 빌라 바르바리고Villa Barbarigo(Valsanzibio)

바탈리아에서 10~12킬로미터 떨어진, 에우가네이 구릉지대의 좁고 비옥 한 계곡에는 이탈리아에서 가장 아름다운 유원지 중 하나가 있다. 바로 발산 치비오에 있는 빌라 바르바리고의 정원이다. 가까이 다가가면, 건목 친 파사 드와 조각상이 풍부한 절단 페디먼트를 가진, 당당하고 장식적인 개선문이 풀로 덮인 공유지 너머로 보인다. 이 개선문은 마치 주 출입구처럼 보이지 만, 실은 정원의 주요 시설인 물의 성에서의 비스타를 만들어내기 위해 높 은 경계 벽을 뚫어 일부러 배치한 것일 뿐이다. 공원이나 정원에서 특별한 지점의 전망을 제공하기 위해 벽을 뚫는 관행은 프랑스에서는 매우 일반적 이었다. 그러나 이탈리아에서는 프라스카티의 빌라 알도브란디니 하부의 개 방 쇠창살 대문에 그런 예가 있으나, 좀처럼 볼 수 없는 것이다.

발산치비오의 건물은 공용 도로를 등지고 지어졌다. 비록 창문을 가 운데로 모은 팔라디오 스타일이 베네치아와의 근접성을 보여주기는 하지

---

* 서양에서는 성벽을 쉽게 순찰하고 방어하기 위해 성 안쪽에서 성벽으로 올라가 다닐 수 있도록 평평한 순환길chemin de ronde을 만들었다.

VAL SAN ZIBIO

빌라 바르바리고, 바탈리아 인근 발산치비오

만, 시에나의 빌라 고리와 별반 다르지 않게 과시가 없는 17세기 구조다. 집은 난간으로 둘러싸인 테라스를 바라보며, 테라스에서는 넓은 날개 층계가 완만하게 경사진 정원으로 내려간다. 정원은 너도밤나무로 된 얽어 덮은 긴 길, 넓은 타피 베르, 분수, 대리석 벤치 및 벽감에 놓인 조각상이 주목할 만하다. 한 방향에는 작은 호수가, 다른 한 방향에는 조각상으로 장식된 '산'이 있으며, 긴 산책로는 잘 보존된 미로maze 정원으로 이어진다. 이런 미로는 지금의 이탈리아 정원에서는 거의 발견되지 않는데, 아마 알프스 남쪽에서는 네덜란드와 영국에서보다 인기가 훨씬 덜했던 것 같다. 네레이드가 눕고 트리톤이 고둥 나팔을 부는* 긴 물의 성은 완만한 경사면을 따라 내려가며, 양쪽으로는 높은 너도밤나무 울타리가 키 큰 낙엽수 숲을 둘러싸고 있다. 이 울타리들은 북부 이탈리아 정원에 특징적인 것으로, 여기서는 플라타너스, 너도밤나무, 느릅나무가 남부의 '다년생 상록수'를 대체한다.*

발산치비오에는 특별히 매력적인 지점이 있다. 가지치기된 너도밤나무 담이 쳐진 풀길 네 개가 잔디밭에 묻힌 돌 수조로 수렴하는데, 이 수조 위로는 대리석 아기 천사 넷이 사뿐히 경계석에 앉아 수면 위로 다리를 달랑거린다. 오래된 물 장치가 여전히 작동하고 있다는 사실 덕에 정원에는 아취가 더해진다. 그래서 부주의한 방문자는 테라스 계단에서, 판석의 갈라진 틈에서, 그리고 모든 예상치 못한 매복으로부터 뿜어나오는 맹렬한 물줄기에 기습당한다. 이런 일을 경험해보면 선조들에게 소진되지 않는 즐거움을 주었던 옛 놀래키기 놀이에 대해 어느 정도 이해할 수 있게 될 것이다.

---

* 네레이드는 그리스 신화에 나오는 바다의 요정으로, 바다의 신 포세이돈을 수행한다. 아름답고 평온한 바다의 모든 것을 상징한다. 트리톤은 포세이돈의 아들로, 보통 바다 고둥을 나팔처럼 부는 모습으로 그려진다.
* 이탈리아 중남부는 올리브, 월계수, 소나무, 오렌지나무, 사이프러스 같은 푸른 나무들이 상징한다면, 북부는 플라타너스, 너도밤나무 같은 잎 넓은 낙엽수가 그 자리를 대신한다.

## 파도바 식물원, 프라토 델라 발레 Orto Botanico di Padova, Prato della Valle

이탈리아에 발산치비오의 빌라 바르바리고와 비교할 만한 정원은 몇 없다. 그러나 파도바에는 과거의 향기를 똑같이 유지한 또 다른 종류의 정원 하나가 있다. 1545년에 세워진 유명한 파도바 식물원은 이탈리아에서 가장 오래된 식물원이라고 한다.* 기억에 의존해 대략 그린 스케치지만, 이를 통해 그 배치에 관해 알 수 있을 것이다. 바깥쪽으로는 이국적인 나무로 된 숲이 있고, 숲은 아름다운 큰 원형 공간을 감싼다. 이 원형 공간에는 벽돌 담이 둘러쳐졌다. 담에는 오래된 대리석 난간이 올려지고 흉상 및 조각상이 번갈아 장식되었으며, 네 개의 출입구가 뚫렸다. 하나는 숲에서 들어오는 주요 입구를 이루고, 다른 세 개의 문은 그 뒤의 숲을 배경으로 조각상이 놓인 반원형 공간으로 열려 있다. 이제 정원으로 오면, '단순한 것들'을 위한 구획이 낮은 철제 난간으로 둘러지고, 그 안으로 다시 석재 테두리에 의해 세분된 각 구획은 서로 다른 종의 식물들을 담는다.

파도바는 평평한 환경임에도 이탈리아 북부에서 가장 아름다운 도시 중 하나다. 정원을 찾는 사람은 좁은 운하 주위에서 혹은 도시 벽을 휘감아 느릿느릿 흐르는 강가에서 많은 매력을 발견하게 된다. 정원 공부에는 산타 주스티나 성당 앞에 있는 공공 광장인 아름다운 프라토 델라 발레를 반드시 포함시켜야 할 것이다. 여기에는 원형의 운하가 흐르는데, 그것을 가로지르는 대리석 다리가 놓이고, 주변으로는 '위인들'의 바로크 조각상이 세워졌으

---

\* 파도바 식물원은 지금 파도바대학에서 관리하고 있다. 서양 식물원의 역사는 식물학의 역사이자 사회 발전의 역사이기도 하다. 식물원은 본래 약초 재배를 위한 집 근처의 정원에서 시작됐는데 (약초 정원), 르네상스기에 귀족이나 대학들이 아름답고 진귀한 식물들을 감상하고 연구하는 곳으로 바뀐다. 대항해 시대 이후에는 남미와 아시아에서 새로운 식물이 쏟아져 들어왔고 이를 위한 전시와 교육, 연구 및 산업의 장소가 되었다. 식물원은 이탈리아 르네상스에서 처음 시작돼 피사 식물원(1544), 파도바 식물원(1545), 파비아 식물원(1558), 볼로냐 식물원(1568) 등이 생겨났고, 17세기에는 프랑스, 네덜란드, 독일, 영국에도 설치되었다.

파도바 식물원의 입구, 파도바

파도바 식물원의 설계도면, 파도바

며,* 잔디와 나무가 가운데 땅에 심어졌다. 이탈리아에서 이런 공원과 같은 방식으로 설계된 광장은 다른 예를 찾기 어렵다. 프라토 델라 발레는 현대 도시에 있어 열린 공간을 처리하는 방법에 대한 훌륭한 모델을 제공할 것이다.*

---

\* 파도바대학은 1088년 세계 최초로 설립된 볼로냐대학에 이어 1222년 두 번째로 설립된 곳이다. 전 유럽인들이 이곳으로 유학을 왔던 만큼 이 대학 출신의 유명 인물이 많아 공원에 동상을 세워놓은 것이다.

\* 프라토 델라 발레는 직역하면 '계곡의 초원'인데, 주위를 운하가 둘러싸고 흐르는 달걀 모양의 크고 평평한 공원이다. 대개 이탈리아의 광장piazza은 건물이 밀집한 도시 내에 위치해 사면이 건물로 둘러싸이고 바닥은 판석으로 포장되어 있다. 따라서 프라토 델라 발레와 같은 광장은 보기 드물다.

# 빌라 피사니 Villa Pisani

파도바에서 몇 킬로미터 떨어진 폰테 디 브렌타에서는 브렌타강을 따라 줄 줄이 늘어선 빌라들의 행렬이 시작돼 강의 바다 출구인 푸시나까지 이어진다.\* 단테는 이미 14세기 초 『신곡』 지옥 편에서 브렌타 강변의 빌라와 성들에 대해 얘기한다. 그리고 베네치아 귀족들은 그렇게 좋아하던 빌레자투라를 19세기 중반까지 이어나갔다. 거기에는 볼테르의 소설 속 주인공 캉디드가 유랑길에 방문했던 포코쿠란테 의원이 살았으며,\* 유명한 통령 피사니에서부터 시인 바이런에 이르기까지 진짜 살과 피를 가진 유명 인사도 많이 거주했다. 바이런은 1819년에 브렌타 강변의 라 미라에 있는 자신의 별장에서 귀촐리 백작 부인과 함께 지냈다.\*

그 저택들은 1750년에 출판된 잔프란체스코 코스타의 훌륭한 동판화집 『브렌타강의 아름다운 저택들』에 그려진 대로, 여전히 줄지어 남아 있는데, 이것은 18세기의 여행자와 시인들이 가장 자주 찬양했던 것인 만큼, 베네치아의 위엄 있는 정원의 좋은 예로 간주될 수 있을 것이다. 빌라 피사니는 1736년 스트라에 지어진 훌륭한 빌라다. 베네치아 공화국의 통령인 알

---

\* 과거 사람들이 베네치아를 가는 방법은 현대의 여행객들과 달랐다. 그랜드 투어 시절에는 알프스 이북 나라로부터 파도바에 도착한 다음 배를 타고 브렌타강을 따라 강변의 빌라들을 감상하면서 하구까지 내려갔고, 여기서 다시 배를 갈아타고 베네치아의 산 마르코 광장 옆의 부두로, 즉 도시의 정문으로 들어갔던 것이다. 지금의 육로 기차역으로 들어가는 것은 뒷문으로 출입하는 격이다.

\* 『캉디드 혹은 낙관주의』(1759)는 프랑스의 18세기 계몽주의 철학자 볼테르의 소설. 캉디드는 순박하고 낙천적인 소년으로 영주 딸 퀴네공드와의 사랑이 들키면서 쫓겨난다. 세상을 유랑하면서 우여곡절과 부조리한 일들을 겪다가, 베네치아에서 퀴네공드와 재회해 함께 살게 된다. 하지만 이는 곤 권태와 공허를 낳는다. 결국 '자기 밭을 가꾸는 것', 즉 하루하루의 일을 해나가는 것만이 정답임을 깨닫는다는 내용이다.

\* 바이런(1788~1824)은 영국의 귀족 출신 낭만주의 시인이다. 선천적으로 다리를 절었으나 독신 미남 시인으로서 유명인이 되었다. 베네치아에 머물 때 그는, 어린 나이에 늙은 남자와 결혼한 귀촐리 백작 부인을 만나 일생일대의 사랑에 빠져 동거했다. 그리스 독립전쟁을 지원하러 갔다가 열병에 걸려 36세의 파란만장한 삶을 마감했다.

비세 피사니를 위해 건축가 프라티와 프리지멜리카에 의해 만들어졌다.* 크기와 우아함에서 그것은 브렌타의 다른 집을 훨씬 능가한다. 브렌타 강변의 다른 보통의 빌라들에는 단순성과 편의성의 느낌이 지배적이다. 그것들은 서로의 바로 곁에 서 있다. 그리고 길가에 면하기도 하고, 조각상과 띠 모양 정원으로 만들어지는 낮은 벽에 의해 길로부터 분리되기도 한다. 또한 작은 정원은 님프·사티로스·여자 양치기 그리고 코메디아 델라르테Commedia dell'Arte*의 그로테스크하고 만화적인 인물로 가득하다. 이처럼 대부분의 경우 잘난 체하지 않는 꼬마 빌라들은 교외에서 이웃한다는 것의 의미와 서로의 사귐을 추측하게 한다. 그러나 빌라 피사니는 대저택이다. 기둥이 세워진 중앙 면과 길게 뻗은 날개가 붙은 장엄한 파사드를 가졌다. 파사드는 브렌타 강과 접한 공용 도로에 면한다. 뒤로는 옛 정형식 정원의 흔적이 남아 있으며, 양 측면으로는 공원이 길을 따라 뻗었는데, 정원은 높은 벽과 여러 개의 당당한 관문에 의해 길로부터 분리되었다. 저택은 두 개의 안뜰 곁에 지어졌고, 수많은 방에는 당시 이탈리아의 주요 장식화가에 의해 프레스코화가 그려졌다. 특히 거대한 중앙 홀에는 티에폴로의 극도로 화려한 천장화가 있다. 이런 보물들은 운 좋게도 보존되었다. 이 스트라 지역은 외젠 보아르네*의 소유가 된 후, 이탈리아 정부에 의해 인수되었으며, 지금은 '국영 빌라'로서 잘 유지되고 대중에게 공개되고 있는 것이다.

코스타의 동판화를 보면, 자수화단을 가진 정교한 정형식 정원이 빌라를 마주 보는 아름다운 말 사육장 건물로 확장되어 있다. 그러나 안타깝

---

* 과거 베네치아 공화국은 정치체제가 독특하면서도 안정적이고 효율적인 것으로 유명했다. 그 정점에는 종신의 통령doge(도제)이 있었는데, 피사니나 포스카리 같은 통령은 본섬과 내륙에 저택과 빌라를 가지고 있었다.

* 코메디아 델라르테는 16~18세기 이탈리아에서 유행한 가면 희극. 주요 등장인물은 18세기 이후 회화의 주제로도 많이 다뤄졌다.

* 외젠 보아르네(1781~1824)는 나폴레옹의 첫 번째 부인 조세핀과 그 원래 남편인 알렉상드르 드 보아르네 사이의 아들이다. 나폴레옹이 미망인이 된 조세핀과 결혼하자 의붓아들이 되었고, 나폴레옹이 프랑스 황제가 되자 양자가 되어 이탈리아 부왕을 지냈다.

**빌라 피사니의 입구, 스트라**

게도 이 정원은 평평한 초원으로 대체되었다. 초원에는 보스코가 양 측면에 섰고, 길고 곧은 산책로가 짙은 느릅나무, 너도밤나무, 라임나무의 숲을 관통한다. 하지만 부지를 감상적인 유형의 영국식 정원으로 변경하려는 명백한 시도를 이겨내고 옛 정원 건축의 파편이 여기저기 살아남아왔다. 여전히 계단을 돌아 올라가는 작은 중앙 탑을 가진 미로가 있으며, 해자가 둘러지고 나무가 우거진 작은 '산', 그리고 왕관 같은 신전도 있다. 또한 매력적인 정원 파빌리온, 오란제리*, 정원사의 집, 기타 작은 건물 모두 이탈리아 빌라 건축가가 아직 비밀을 잃어버리지 않은 경쾌하고 낭만적인 스타일로 지어졌다. 그러나 건축적으로는 말 사육장이 빌라 피사니에서 가장 흥미로운 건물일 것이다. 그 고전적인 중앙 파사드에는 두 개의 굽은 날개가 달려 매력적인 비율을 가진 레몬하우스를 형성하며, 사육장의 각 칸은 붉은 대리석 원주로 호화롭게 나뉘고, 각 원주 위에는 도금한 말 모형이 올려져 있다.

---

\* 이탈리아에서 처음으로 생긴 리모나이아limonaia는 프랑스로 건너가 오랑주리orangerie가 되고, 영국으로 넘어가 오란제리orangery 혹은 레몬하우스lemon-house가 되었다.

# 빌라 말콘텐타Villa Malcontenta

스트라에서 푸시나에 이르기까지 브렌타 강변에는 매력 있는 '기쁨의 집'이 줄지어 서 있다. 그것들은 고귀한 빌라에서 작은 정원 파빌리온에 이르기까지 그 크기도 다양해 빌라 건축 학생에게 흥미와 가르침을 가득 줄 것이다. 그러나 불행히도 한때 담 위에 올려지고 화단을 가득 채우던 조각상을 제외하면 옛 정원의 흔적은 별로 남아 있지 않다. 빌라 중 몇 개는 팔라디오가 지은 것이지만, 오직 하나만이 그의 전형적인 스타일이다. 즉, 지금은 폐허가 된 채 강 옆 습지에 버려진, 포스카리 가문에 의해 지어진 우울한 빌라 말콘텐타.*

말콘테타는 팔라디오 방식의 주요 특징을 모두 갖고 있다. 즉, 높은 기단, 돌출 기둥 현관, 전체적인 분위기로서의 고전적 정확함이 그것이다. 이 고전적 정확함은 베네치아의 밝고 우아한 빌라 건축에 견주면 약간 차가워 보이기도 한다. 이와 관련해 부르크하르트는 평소의 분별력을 발휘하여 언급하기를, 로마 빌라의 우묵한 로지아를 돌출 포르티코로 대체한 것이 팔라디오의 잘못이라고 하면서, 그리 적절해 보이지 않는 그리스 신전 현관을 채택함으로써 이탈리아 시골 저택의 가장 특징적이고 독창적인 모습 중 하나를 희생시켰다고 말한다.

---

\* 빌라 말콘텐타는 직역하면 '불만(족) 빌라'가 된다. 이는 별명이고 정식 명칭은 빌라 포스카리 Villa Foscari다. 포스카리 가문은 베네치아의 유력 집안으로, 본가 건물은 베네치아 본섬의 대운하에 면한 고딕 양식의 대저택 카 포스카리Ca' Foscari다.

## 빌라 로톤다, 빌라 발마라나Villa Rotonda , Villa Valmarana

하지만 팔라디오는 위대한 예술가였다. 비록 시골 저택보다는 공공 건축에서 뛰어났고, 또 그 천재성이 예쁜 장난감을 만드는 데보다는 큰 덩어리를 짓는 데 발휘되었다고 해도 말이다. 그의 가장 유명한 빌라는 이탈리아 '기쁨의 집'에 독창적이고 뚜렷한 기여를 했다. 바로 비첸차 인근 언덕에 있는, 빌라 로톤다로 더 잘 알려진 빌라 카프라Villa Capra다. 이 빌라는 정면, 두 개의 측면, 후면 대신 네 개의 전면을 가졌다는 비판을 받아왔다. 사실 그것은 각 면에 돌출 이오니아식 포르티코를 가졌고, 그래서 몹시 단조로울 수도 있는 설계로 된 정사각형의 건물이다. 하지만 이 경우에는 집이 사면의 전망을 가진 언덕의 정상에 지어졌다는 사실에 의해 부분적으로 정당화된다. 그 각각의 전망은 동등하게 아름답고, 각 면은 그 자체로 별개의 로지아를 가질 자격이 있다. 그러나 팔라디오가 빌라 로톤다나 다른 어떤 빌라에서도 자유로움과 고전주의의 행복한 혼합, 기후와 생활 습관에의 멋진 적응, 변화 많은 디테일의 우아함, 그리고 주변을 둘러싸고 설계된 정원 건축과의 조화 같은 로마 빌라 건축가의 전형적인 방식 만큼 적절하거나 기분 좋은 스타일을 생각해내지 않았다는 것은 확실하다.

빌라 카프라는 옛 정원을 보존하지 않았다. 팔라디오의 다른 유명한 시골 저택인 마세르에 있는 빌라 자코멜리Villa Giacomelli 역시 부지가 너무 현대화되고 모든 특징이 제거되어, 원래 디자인을 판단하기 어렵다. 그러나 팔라디오의 모든 시골 건축에는 로마 유파에 존재하는 공상과 자유의 터치, 즉 집에서 정원 파빌리온으로의, 그리고 파빌리온에서 반 시골풍의 그로토와 숲속 신전으로의 전이를 가능하게 한 그 요소가 다소간 부족하다고 느껴질 것이다.

빌라 로톤다에서 멀지 않은, 역시 비첸차의 몬테 베리코에 있는 빌라

빌라 발마라나, 비첸차

발마라나는 로톤다에 결여된 친근한 매력을 갖고 있다. 낮고 단순하게 디자인된 집은 방을 장식한 티에폴로의 매력적인 프레스코화로만 이름나 있다. 그러나 정원에 있는 아름다운 로지아는 팔라디오가 만든 것이다. 로지아는 오래된 너도밤나무 길, 프레스코화가 그려진 매력적인 분수, 베네치아적인 그로테스크로 장식된 정원 벽과 함께, 예외적으로 아름다운 그림 같은 모습을 형성한다.*

## 주스티 정원, 빌라 아르베디Giardino Giusti, Villa Arvedi

비첸차와 베로나 사이의 아름다운 전원에는 오래된 빌라들이 흩어져 있다. 그중 많은 빌라가 수고로운 공부에 반드시 보답할 것이다. 그러나 북부 이탈리아에서 다른 어떤 곳보다 관광객에게 잘 알려져 있는, 베로나의 그 유명한 주스티 정원을 제외하고는, 베네토 지방의 이 지역에 특별히 흥미로운 정원은 없다. 주스티 정원은 거대하고 오래된 검은 사이프러스 나무들, 절벽 측면을 따라 난 구불구불한 산책로와 같이 아주 많은 매력을 갖고 있다. 그러나 이 정원은 원래 디자인의 흔적을 거의 보존하지 못하고 있기에 이탈리아 정원 건축을 배우는 학생에게는 그다지 중요하지 않다.*

이와 관련해 더 흥미로운 것은 베로나에서 약 10킬로미터 떨어진 빌라 쿠차노(빌라 아르베디)다.** 정교한 자수화단이 가꾸어진 테라스 정원 위

---

\* 빌라 발마라나는 빌라 발마라나 아이 나니Villa Valmarana ai Nani라고도 한다. 경계 벽에는 17명의 난쟁이nani 조각상이 밖을 바라보고 있다. 여기에는 슬픈 공주의 전설이 있다. 그녀는 부모에 의해 난쟁이 하인들과 함께 가족 성 안에 격리되었다. 자신의 특이함을 눈치채지 못하도록 하기 위함이었다. 결국 비밀이 밝혀졌을 때, 불행한 소녀는 목숨을 버렸다고 한다.

\* 주스티 궁과 정원은 베로나 중심에서 아디제강을 건너 도보 10분이면 도착한다. 16세기에 지어졌으며 유럽에서 가장 아름다운 르네상스 정원으로 손꼽힌다. 정원이 훌륭해 오스트리아-헝가리 제국 황제에 의해 주스티 가문의 이름을 '정원의 주스티Giusti del Giardino'로 하는 자격을 얻기도 했다. 저자는 주스티 정원에 큰 의미를 두지 않는데, 이는 그녀 특유의 관점임을 감안할 필요가 있다.

에 오래된 아름다운 집이 서 있다. 빌라 뒤로는 넓은 앞뜰이 있는데, 예배당을 가운데 두고 낮은 건물들이 이 앞뜰을 둘러싼다. 집 내부는 거의 변경되지 않았기에, 북부 이탈리아의 빌라 설계 및 장식에 관한 흥미로운 사례가 된다. 한편 우리는 빌라의 중앙 홀과 정확히 같은 축선상에 있는 예배당의 신중한 배치에서 디자인의 구성과 연속성을 향한 이탈리아 건축가들의 열정을 보게 된다. 그래서 예배당에 가만히 서면 그 높은 홀을 통해 안뜰을 가로질러 그 너머의 아름다운 언덕 풍경을 내다볼 수 있게 되는 것이다. 빌라 건축가들은 바로 이런 방법을 통해 제한된 공간 안에서 간단한 재료만을 갖고도 거리감의 인상과 예기치 않음의 감각을 얻어냈다. 그러나 그런 것들을 이 시대의 무계획적이고 무성의한 디자인에서 찾으려고 하는 사람이 있다면, 아마 결국 헛수고에 그치고 말 것이다.

---

** 빌라 쿠차노Villa Cuzzano는 쿠차노 마을에 있어 붙여진 이름으로, 지금은 소유주인 아르베디 백작 가문의 이름을 따 빌라 아르베디Villa Arvedi로 불린다. 베로나의 유력 가문인 스칼라 집안에 의해 13세기에 처음 지어졌고, 지금의 형태는 17세기에 갖춰졌다. 베네토 지방에서 가장 거대한 빌라 중 하나다.

ITALIAN VILLAS
AND
THEIR GARDENS

에우가네이 구릉지대의 가을 풍경, 파도바 인근(출처: www.visitvenezia.eu)

발산치비오의 빌라 바르바리고(위: 정원 쪽 전면과 수벽, 아래: 미로 정원, 출처: www.valsanzibiogiardino.com)

16세기 파도바 식물원 동판화. 뒤에는 성 안토니오 대성당이 우뚝 솟아 있다.

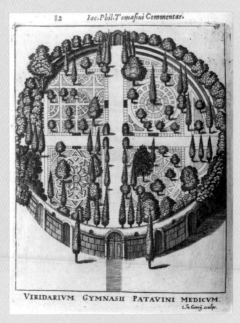

자코모 톰마시니, 파도바 대학 식물원, 1654

브렌타 강변에 서 있는 장대한 빌라 피사니의 전경(출처: www.villeveneteforyou.com)
원래 정형식 정원이 있었던 긴 잔디밭과 연못, 그리고 그 끝에 말 사육장이 보인다.

낮고 단순한 빌라 발마라나의 집
우측 담에 슬픈 공주의 전설을 말해주는 난쟁이 상이 올려져 있다.(출처: wikipedia-Villa Valmarana ai Nani)

똑같은 4개의 전면을 가진 빌라 로톤다 전경, 비첸차 인근(출처: www.villalarotonda.it)

베로나의 주스티 정원(위: 거대하고 오래된 사이프러스, 아래: 미로 정원, 출처: www.grandigiardini.it)

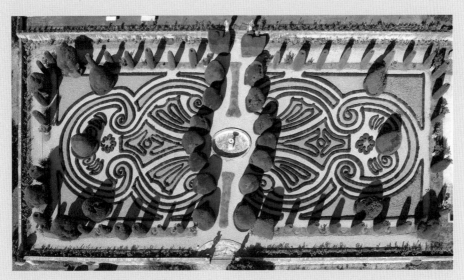

빌라 아르베디, 베로나 인근(위: 정면, 아래: 자수 화단, 출처: www.grandigiardini.it)

# 원서의 그림과 사진 목록

빌라 캄피, 피렌체 근교
빌라 팔코니에리의 연못, 프라스카티
보볼리 정원, 피렌체
보볼리 정원의 원형극장, 피렌체
보볼리 정원의 상부 정원 입구, 피렌체
보볼리 정원의 사이프러스 가로수길, 피렌체
빌라 페트라이아의 비너스 분수, 피렌체 근교
빌라 감베라이아, 피렌체 근교
빌라 감베라이아, 피렌체 근교
빌라 코르시니, 피렌체
빌라 비코벨로, 시에나
빌라 고리, 시에나
빌라 고리의 극장, 시에나
바티칸 정원에서 보이는 성 베드로 대성당의 돔, 로마
빌라 줄리아의 그로토, 로마
빌라 메디치, 로마
빌라 피아, 바티칸 정원, 로마
빌라 피아의 안뜰 문, 바티칸 정원, 로마
빌라 보르게세의 앞뜰 입구, 로마
빌라 보르게세의 아스클레피오스 신전, 로마
빌라 보르게세의 출입문, 로마
빌라 도리아 팜필리의 테라스 화단, 로마
빌라 도리아 팜필리의 하부 정원에서 본 모습, 로마
빌라 키지, 로마
빌라 파르네세, 카프라롤라
빌라 파르네세의 카지노, 카프라롤라
빌라 데스테, 티볼리
빌라 데스테의 연못, 티볼리
빌라 란테, 바냐이아
빌라 란테, 바냐이아
빌라 알도브란디니의 폭포와 로툰다, 프라스카티

빌라 토를로니아의 폭포, 프라스카티

빌라 팔코니에리의 카지노, 프라스카티

빌라 팔코니에리의 입구, 프라스카티

빌라 란첼로티, 프라스카티

빌라 란첼로티의 정원, 프라스카티

빌라 스카시, 제노바

빌라 스카시 정원의 벽감, 제노바

빌라 치코냐, 비수스키오

이솔라 벨라, 마조레 호수

이솔라 벨라의 정원에서, 마조레 호수

빌라 플리니아나, 코모 호수

빌라 치코냐, 집 위의 테라스에서

빌라 알라리오의 철문, 밀라노 인근

빌라 알라리오의 난간 장식, 밀라노 인근

빌라 바르바리고의 정원, 바탈리아 인근 발산치비오

빌라 바르바리고, 바탈리아 인근 발산치비오

파도바 식물원의 입구, 파도바

파도바 식물원의 설계도면, 파도바

빌라 피사니의 입구, 스트라

빌라 발마라나, 비첸차

# 언급된 책의 목록

이탈리아어

Gianfrancesco Costa  *Le Delizie del Fiume Brenta*. 1750.

Giovanni Falda  *Giardini di Roma*. N. d.

Peter Paul Rubens  *Palazzi di Genova*. 1622.

Rafaello Soprani  *Vite de' Pittori, Scultori ed Architetti Genovesi*. 1768.

Giuseppe Zocchi  *Vedute delle Ville e d'altri luoghi della Toscana*. 1744.


프랑스어

Le Président de Brosses  *Lettres Familières écrites d'Italie en 1739 et 1740*.

L. Dussieux Artistes  *Français a l'Etranger*.

Michel de Montaigne  *Journal du Voyage en Italie par la Suisse et l'Allemagne en 1580 et 1581*.

Percier et Fontaine  *Choix des plus célèbres Maisons de Plaisance de Rome et de ses Environs*. 1809.

Marc Antonio del Rè  *Maisons de Plaisance de l'Etat de Milan. Milan*. 1743.

Georges Riat  *L'Art des Jardins. N. d*.

Eugène Viollet-le-Duc  *Dictionnaire Raisonné de l'Architecture Française*. 1858.


독일어

Jacob Burckhardt  *Der Cicerone*. 1901.

Jacob Burckhardt  *Geschichte der Renaissance in Italien*. 1891.

Josef Durm  *Die Baustile: Die Baukunst der Renaissance in Italien*. 1903.

Gustav Ebe  *Die Spätrenaissance*. 1886.

Cornelius Gurlitt  *Geschichte des Barockstils in Italien*. 1887.

W. C. Tuckermann  *Die Gartenkunst der Italienischen Renaissance-Zeit*. 1884.


영어

Michael Bryan  *Dictionary of Painters and Engravers, biographical and critical*. 1886.

G. Burnet, D.D., Bishop of Salisbury.  Some Letters, containing an Account of what seemed most remarkable in Switzerland, Italy, etc. 1686.

John Evelyn  *Diary*. 1644.

# 언급된 건축가 및 정원가

**놀리, 안토니오NOLLI, ANTONIO 18세기**
놀리는 1746년 로마 근교에 빌라 알바니의 부지를 설계했다.

**놀리, 피에트로NOLLI, PIETRO 18세기**
피에트로 놀리는 빌라 알바니를 설계한 조경가 중 한 명으로 언급된다.

**라이날디, 지롤라모RAINALDI, GIROLAMO(1570~1655)**
라이날디는 로마 사람이었고 주요 작품은 로마에 있다. 산타네제 성당을 설계했고, 산탄드레아 델라 발레 성당의 파사드, 산타 마리아 인 캄피텔리 성당의 파사드, 나보나 광장의 팔라초 팜필리를 지었다. 또 빌라 파르네시나에 파빌리온 두 개를 추가하고, 빌라 보르게세의 부지와 프라스카티의 빌라 몬드라고네 정원을 설계했다. 볼로냐에서는 산타 루치아 성당을 지었다.

**라파엘로, 산치오RAPHAELLO, SANZIO(1483~1520)**
라파엘로는 성 베드로 대성당의 수석 건축가로 브라만테를 계승했다. 가장 중요한 빌라는 로마 근교의 유명한 빌라 마다마이다. 빌라 파르네시나를 지었고, 바티칸의 정원을 설계했다. 로마의 다른 작품은 팔라초 카파렐리(현재 스톱파니)와 키지 예배당이다. 피렌체에서는 산 로렌초 성당의 파사드와 팔라초 판돌피니(현재 넨치니)의 파사드를 설계했다.

**렙턴, 험프리REPTON, HUMPHRY(1752~1818)**
영국의 베리 세인트 에드먼즈에서 태어난 렙턴은 상인으로 활동을 시작했지만 사업에 실패하면서 조경가가 되었다. 그는 『경관 조경술에 대한 논평』(1803)을 출판했으며, 자연주의적 조경 스타일에 있어 '케이퍼빌리티 브라운'의 가장 잘 알려진 후계자다.

**로마노, 줄리오 데이 잔누치ROMANO, GIULIO DEI GIANNUZZI(1492~1546)**
줄리오 로마노(일명 줄리오 피피)는 라파엘로의 제자로서 바티칸에서 라파엘로 프레스코화의 배경 건축물을 그렸는데, 이로 인해 건축 연구를 하게 되었다. 걸작은 만토바의 팔라초 델 테이며, 만토바 공작 궁의 일부도 지었다. 로마의 빌라 마다마에서는 라파엘로의 장식을 수행했다.

**롱게나, 발다사레LONGHENA, BALDASSARE(1604~1682)**
베네치아 후기 르네상스 시대의 가장 저명한 건축가인 롱게나는 고향 도시에 모든 시간과 노력을 바쳤다. 그가 세운 건물 중에는 산타 마리아 델라 살루테 성당, 산타 마리아 알 스칼지 성당, 오스페달레토, 산 조르지오 마조레 성당의 수도원 회랑과 계단, 팔라초 페사로, 팔라초 레초니코(현 젤린스키)가 있다.

롱기LUNGHI 또는 대 롱기, 마르티노LONGHI, MARTINO THE ELDER 16세기
16세기 후반 밀라노 인근의 비지우에서 태어난 롱기는 1567년 마르코 달템프스 추기경을 위해 프라스카티에 빌라 몬드라고네를 건축했다. 빌라는 교황 그레고리우스 13세에 의해, 나중에는 교황 파울루스 5세와 그 조카인 시피오네 보르게세 추기경에 의해 확장되었다.

루지에리, 안토니오 마리아RUGGIERI, ANTONIO MARIA 18세기
루지에리는 밀라노 인근 나빌리오 운하에 빌라 알라리오(현재 비스콘티 디 살리체토)와 피렌체에 있는 산 피렌체 성당의 파사드를 만들었다. 또한 피렌체에서 산타 펠리치타 성당의 내부를 리모델링하고, 밀라노에서 팔라초 쿠사니를 지었다.

르 노트르, 앙드레LE NÔTRE, ANDRÉ(1613~1700)
프랑스의 경관 정원가 중 가장 위대한 르 노트르는 미냐르, 르브룅, 르쉬에르와 함께 처음에는 시몽 부에 밑에서 그림을 공부한 후, 아버지의 뒤를 이어 왕실 정원 관리자가 되었다. 위대한 작품 중에는 보 르 비콩트의 정원, 수 정원, 샹티이의 정원, 생 클루의 폭포와 공원 등이 있다. 베르사유 궁의 정원, 트리아농 정원, 클라니의 정원, 마를리의 정원은 그의 걸작으로 간주된다. 이탈리아를 방문했을 때 빌라 루도비시의 부지를 리모델링했다. 그는 브란덴부르크 선제후와 다른 주요 외국인들로부터도 자주 상담을 받았다.

리고리오, 피로LIGORIO, PIRRO(1493~1580)
나폴리 출신의 건축가인 리고리오는 골동품 연구자, 조각가 및 엔지니어로도 유명했다. 그는 긁은 그림sgraffiti 작업을 많이 했다. 바티칸 정원에 있는 아름다운 빌라 피아를 지었고, 티볼리의 빌라 데스테를 건설하고, 바티칸에 여러 부속물을 만들었다. 토리노 도서관은 그의 수많은 수고手稿를 보유하고 있는데, 그중 일부는 출판되어왔다. 가장 잘 알려진 작품은 "고대 로마 복원 시도"와 "하드리아누스 빌라의 복원"으로, 1751년 프란체스코 콘티니에 의해 동판으로 새겨졌다.

리피, 안니발레LIPPI, ANNIBALE(?~1581)
리피는 일반적으로 건축가이자 조각가인 난니 디 바치오 비지오의 아들로 전해지지만, 일부 전기학자들은 이들을 같은 사람이라고 본다. 리피가 별개의 사람이라고 가정하면, 그의 작품은 오직 두 가지, 즉 스폴레토 근처의 산타 마리아 디 로레토 성당, 로마의 빌라 메디치만이 알려진 셈이 된다. 그의 명성은 빌라 메디치에 기반하고 있는데, 그것이 로마 '기쁨의 집'의 모델이 되었기 때문이다.

마르키온네, 카를로MARCHIONNE, CARLO(1704~1780)
마르키온네는 1746년에 지어진 로마 근교 빌라 알바니의 건축가였다.

모라MORA 17세기
이 이름을 가진 로마의 한 엔지니어가 17세기에 마조레 호수의 이솔라 벨라에 물 장치 중 일부를 만들

었다.

**몬토르솔리, 프라 조반니 안젤로MONTORSOLI, FRA GIOVANNI ANGELO(1507~1563)**
세르비테 수도회의 피렌체 수도사인 프라 조반니 몬토르솔리는 조각가였으며 미켈란젤로 밑에서 공부했다. 일찍이 제노바로 부름 받았고, 그곳에서 산 마테오 성당(도리아 가문의 성당)을 장식하고 안드레아 도리아 제독을 위해 항구에 유명한 빌라를 지었다. 제노바 근교의 산 프루투오소에 있는 빌라 임페리알리 역시 그가 만들었다. 가장 훌륭한 작품 중 하나는 볼로냐 세르비 성당의 높은 제단이다.

**무어, 제이컵MOORE, JACOB(1740~1793)**
'로마의 무어'로 알려진 스코틀랜드의 풍경화가 무어는 보르게세 공작의 후원을 받았으며, 빌라 보르게세의 부지를 영국 정원 스타일로 리모델링했다.

**미켈란젤로, 시모네 부오나로티MICHELANGELO, SIMONE BUONARROTI(1475~1564)**
위대한 건축가이자 조각가, 화가인 미켈란젤로는 피렌체에서 태어났으며, 피렌체에서 라우렌치아나 도서관과 산 로렌초 예배당, 그 성구보관실의 쿠폴라를 지었다. 로마에서는 카피톨리노 언덕에 팔라초 콘세르바토리, 팔라초 파르네세의 코니스, 포르타 델 포폴로, 포르타 피아를 건설했다. 성 베드로 대성당의 돔은 꼭대기의 랜턴을 제외하고는 미켈란젤로 사후에 그의 설계대로 만들어졌다. 전승에 따르면, 피렌체 근처의 빌라 이 콜라치(현재 봄비치)도 지었다고 한다.

**바가, 피에린 델VAGA, PIERIN DEL(1500~1547)**
본명이 피에트로 부오나코르시였던 델 바가는 피렌체 근처에서 태어났다. 라파엘로의 제자였고, 라파엘로의 죽음 이후 바티칸에서 그의 작업 일부를 마무리하는 데 고용되었다. 델 바가의 거의 모든 작업은 제노바에서 이루어졌다. 그곳에서 빌라 도리아의 당당한 방에 그림을 그렸고, 팔라초 팔라비치니(현재의 카탈디)의 매력적인 석고 장식과 팔라초 오데로(현재 마리)의 헤라클레스의 과업 그림을 작업했다.

**바사리, 조르조VASARI, GIORGIO(1511~1574)**
아레초에서 태어난 바사리는 미켈란젤로와 안드레아 델 사르토의 제자였다. 자신을 건축가로서보다는 화가로서 더 훌륭하다고 여겼지만, 현대의 학생들이 관심을 가지는 것은 그의 건축가로서의 면모다. 피렌체에서 우피치 궁을 건축하고 로마의 빌라 줄리아를 설계했다. 피렌체 베키오 궁의 대 홀에 벽화를 그렸고, 산타 크로체 성당의 미켈란젤로 묘를 위해 건축을 상징하는 조각상을 만들었다. 그러나 무엇보다 이탈리아 화가와 건축가의 삶에 대한 저서로 유명하다.

**바산치오, 조반니VASANZIO, GIOVANNI(1550경~1621)**
일 피암밍고로도 알려진 바산치오는 플랑드르 건축가로서 본명은 크산텐의 존이다. 이탈리아에 온 다음 로마에서 상당한 성공을 거두었다. 로마에서 빌라 보르게세를 건설하고 빌라 피아 안뜰의 분수를 설계했다. 또한 프라스카티의 빌라 몬드라고네에서 작업했으며 플라미니오 폰치오를 계승하여 로마의 팔라초 로스필리오시의 건축가가 되었다.

베르니니, 조반니 로렌초BERNINI, GIOVANNI LORENZO(1598~1680)
나폴리 출생의 베르니니는 17세기 이탈리아의 가장 위대한 건축가이자 조각가였다. 건축 걸작 중 하나로 로마 퀴리날레 언덕에 있는 산탄드레아 알 퀴리날레 성당이 있고, 로마의 다른 작품으로는 성 베드로 대성당의 광장과 회랑, 바티칸의 스칼라 레지아, 팔라초 디 몬테치토리오, 트레비 분수와 트리토네 분수 등이 있다. 피스토이아의 빌라 로스필리오시, 테르니의 대성당, 라벤나의 포르타 누오바도 만들었다.

보로미니, 프란체스코BORROMINI, FRANCESCO(1599~1667)
마데르노의 제자인 보로미니는 이탈리아 바로크 건축상 베르니니에 이어 가장 독창적이고 뛰어난 주창자였다. 롬바르디아에서 태어났지만 주로 로마에서 일했다. 가장 잘 알려진 건물 중에는 나보나 광장의 산타네제 인 아고네 성당, 산 카를로 알레 콰트로 폰타나 성당, 그리고 교황청립 우르바노대학이 있다. 베르니니, 마데르노와 함께 팔라초 바르베리니를 지었다. 최고의 작품 중 일부는 프라스카티의 빌라 팔코니에리에서 볼 수 있다.

부온탈렌티, 베르나르도 티만테BUONTALENTI, BERNARDO TIMANTE(1536~1608)
16세기 피렌체의 대표적인 건축가 중 한 명인 부온탈렌티는 조각가이자 화가로도 유명하다. 프라톨리노의 빌라를 지었고 보볼리 정원의 설계를 계속했다. 피렌체에서의 다른 작품은 다음과 같다. 팔라초 스트로치의 파사드와 팔라초 리카르디의 파사드, 팔라초 아치아이우올리(현재 코르시니), 우피치와 피티 궁을 잇는 회랑, 산 마르코 성당 뒤의 카지노. 시에나에서는 팔라초 레알레를 지었고, 피사에서는 로지아 데 반키를 만들었다.

브라만테, 도나토BRAMANTE, DONATO(1444~1514)
브라만테는 우르비노에서 태어났지만 초기 작업은 모두 밀라노에서 수행했는데, 산타 마리아 델레 그라치에 성당, 오스페달레 마조레 병원, 산 사티로의 성구보관실을 만들었다. 그래서 롬바르디아에서는 초기 르네상스 건축을 브라만테 스타일이라고 한다. 로마에 있는 브라만테의 작품은 다음과 같다. 산 피에트로 인 몬토리오의 템피에토, 팔라초 델라 칸첼레리아, 바티칸의 일부, 그리고 팔라초 디 산 비아지오의 일부.

브라운, 랜슬럿BROWN, LANCELOT(1715~1783)
'케이퍼빌리티 브라운'으로 알려진 랜슬럿 브라운은 영국 노섬벌랜드 출신으로, 키친 정원에서 경력을 쌓기 시작했다. 미술 교육을 받지 않았고 도면을 그릴 수도 없었음에도 단시간에 인기 있는 경관 정원 디자이너가 되었다. 햄프턴 궁의 왕실 정원사로 임명되었고, 블레넘 궁에 호수를 설계했다. 물 정원에 뛰어난 것으로 생각되었다.

비뇰라, 자코모 바로치 다VIGNOLA, GIACOMO BAROZZI DA(1507~1573)
16세기의 가장 위대한 건축가 중 한 명인 비뇰라는 모데나 지방의 비뇰라에서 태어났다. 미켈란젤로를 이어 성 베드로 대성당의 건축가가 되었다. 비테르보 근처 바냐이아의 빌라 란테를 만들었다고 한다. 로마에서는 유명한 빌라 줄리아를 지었지만, 설계는 바사리의 것이었다. 또한 팔라티노 언덕의 오르티 파르네시아니 정원 건축을 했다. 그의 걸작은 비테르보 근처 카프라롤라의 빌라 파르네세다.

또한 피아첸차에서 거대한 팔라초 파르네세, 볼로냐에서 다양한 건물들, 그리고 프라스카티에서 빌라 몬드라고네의 로지아를 지었다. 로마의 예수 성당은 다른 건축가들에게 큰 영향을 미쳤다. 건축의 5개 오더에 대한 저서는 그 주제에 관한 가장 잘 알려진 작품 중 하나다.

사비노, 도메니코SAVINO, DOMENICO 18세기
사비노는 빌라 보르게세의 부지를 리모델링한 조경가 중 한 명으로 언급된다.

산소비노, 야코포 타티SANSOVINO, JACOPO TATTI(1487~1570)
산소비노는 피렌체 출신이었지만 주로 베네치아에서 일했다. 조각가이면서 건축가로서도 똑같이 유명했다. 건축가로서 그는 베네치아에서 제카 또는 화폐주조소, 로지에타, 팔라초 코르나로, 팔라초 코르네르 델라 카 그란데, 도제 궁의 스칼라 도로, 산 마르티노 성당과 산 판티노 성당을 지었으며, 걸작인 산 마르코 광장의 도서관을 만들었다. 로마에서는 팔라초 갓디(현재 니콜리니)를 지었다.

산티 디 티토TITO (SANTI DI) OF FLORENCE(1536~1603)
피렌체의 산티 디 티토는 역사화가이자 카시아노와 몬테 올리비에토에 있는 빌라들의 건설자로도 알려졌다. 페레톨라의 팔각형 빌라를 지었으며 빌라 피아의 일부 장식 작업을 했다. 피렌체에는 팔라초 다르디녤리를 지었다.

상갈로, 안토니오 잠베르티 다SANGALLO, ANTONIO GIAMBERTI DA(1455~1534)
안토니오 다 상갈로는 줄리아노의 형제였으며 십자가상 조각가로 유명했다. 로마에서는 하드리아누스 황제의 영묘를 산탄젤로 성으로 개조하고 바티칸 정원의 일부를 설계했다. 몬테풀치아노의 마돈나 디 산 비아지오 성당과 치비타 카스텔라나의 요새를 지었다.

상갈로, 줄리아노 잠베르티 다SANGALLO, GIULIANO GIAMBERTI DA(1445~1516)
피렌체 건축가인 줄리아노 다 상갈로는 엔지니어이자 목조각가로도 유명하다. 그의 위대한 작품인 피렌체 근교 포조 아 카이아노의 빌라는, 당시까지 알려진 가장 넓은 천장이 있는 홀을 가지고 있었다. 또한 피렌체 근교인 카스텔로에서 빌라 페트라이아를 건설했으며, 피렌체와 그 인근에서 산토 스피리토 성당의 수도원 안뜰과 성구보관실, 프라티 에레미타니 디 산 아고스티노 수도원의 안뜰, 그리고 빌라 포조 임페리알레를 지었다. 다른 작품 중에는 로마의 산 피에트로 인 빈콜리 성당 근처의 팔라초 로베레와 사보나에 있는 팔라초 로베레가 있다. 또한 많은 요새도 건설했다. 브라만테가 죽은 후 라파엘로와 함께 성 베드로 대성당의 일을 했다.

소 상갈로, 안토니오 코르디아니 다SANGALLO THE YOUNGER, ANTONIO CORDIANI DA(1483~1546)
이 상갈로는 다른 안토니오 상갈로의 조카이자 브라만테의 제자였다. 라파엘로가 죽은 후 성 베드로 대성당의 주요 건축가가 되었다. 치비타 베키아의 요새는 그의 작품이다. 로마에서는 바티칸의 외부 정원을 설계하고 산 자코모 델리 스파뉴올리 성당의 우측 예배당, 아름다운 팔라초 마르키온네 발다시니, 팔라초 사케티, 그리고 팔라초 파르네세의 많은 부분을 지었다.

알가르디, 알레산드로ALGARDI, ALESSANDRO(1602~1654)
볼로냐 출신의 건축가인 알가르디는 판화가와 조각가로도 성공했으며, 어린이 피겨린 역시 유명했다. 로마에서는 자니콜로 언덕의 빌라 벨레스피로 또는 빌라 팜필리를 건설했고, 빌라 사울리를 지었다.

알레시, 갈레아초ALESSI, GALEAZZO(1512~1572)
알레시는 페루자 출신이지만 가장 유명한 건물은 제노바에 지었다. 그중에는 빌라 팔라비치노 델레 페스키에레, 빌라 임페리알리(현재 스카시), 빌라 주스티니아니(현재 캄비아소), 팔라초 파로디, 공공 곡물창고, 마돈나 디 카리냐노 성당이 있다. 또한 제노바에 스트라다 누오바를 설계했다. 다른 곳의 주요 작품은 다음과 같다: 밀라노의 팔라초 마리노(현재 시청), 페루자의 팔라초 안티노리, 산타 마리아 델 포폴로 성당의 전면, 그리고 아시시 근처의 마돈나 델리 안젤리 성당.

암마나티, 바르톨로메오AMMANATI, BARTOLOMMEO(1511~1592)
암마나티는 반디넬리와 산소비노의 제자로, 16세기 피렌체의 가장 성공한 건축가 중 한 명이며, 정원 조각으로도 유명했다. 피렌체에서 그의 최고 작품들은 보볼리 정원과 피티 궁의 안뜰에서 볼 수 있으며, 아르노강의 산타 트리니타 다리는 걸작으로 간주된다. 로마에서는 팔라초 루스폴리와 콜레조 로마노의 멋진 파사드를 지었다. 빌라 폰탈레르타의 건목 친 로지아도 만들었다.

올리비에리, 오라치오OLIVIERI, ORAZIO OF TIVOLI 16세기
올리비에리는 티볼리의 빌라 데스테와 프라스카티의 빌라 알도브란디니에 물 장치 엔지니어로 고용되었다.

우디네, 조반니 다UDINE, GIOVANNI DA(1487~1564)
그 이름에서 알 수 있듯이, 프리울리 지방의 가장 중요한 도시인 우디네에서 태어난 조반니 다 우디네는 당대 최고의 장식 예술가 중 한 명이었다. 조르지오네와 라파엘로 밑에서 공부했으며, 스테인드글라스와 로마 시대의 것만큼 내구성 높은 스투코 발명으로 유명해졌다. 빌라 마다마와 바티칸의 로지아에 있는 스투코 작품이 유명하고, 바티칸의 보르자 방들의 일부 장식도 그의 작품이다. 피렌체 메디치 가문을 위한 미켈란젤로의 예배당에 우디네가 그림을 그리고 스투코로 장식했다. 빌라 파르네시나의 거대한 홀에 그려진 라파엘로의 그림 일부를 장식했다. 베네치아의 팔라초 그리마니와 로마의 팔라초 맛시미 알레 콜론네도 부분적으로 그에 의해 장식되었다.

유바라, 필리포JUVARA, FILIPPO(1685~1735)
18세기의 가장 독창적이고 흥미로운 이탈리아 건축가인 유바라는 카를로 폰타나의 제자였다. 제일 중요한 작품은 토리노 인근 수페르가 성당이며, 주요 건물들은 토리노와 그 근처에 세워졌는데, 스투피니지의 사냥 별장, 산타 크리스티나 성당과 산타 마리아 델 카르미네 성당 등이다. 한편, 토리노의 산 필리포 성당을 재건했으며, 리볼리의 왕실 빌라와 토리노 주변의 여러 빌라들은 그의 손길을 보여 준다. 로마에서는 팔라초 마다마를 리모델링했고, 루카에서는 팔라초 레알레를 완성했으며, 만토바에서는 산탄드레아 성당의 돔을, 리스본과 마드리드에서는 왕궁을 각각 만들었다.

일 트리볼로, 니콜로 페리콜리IL TRIBOLO, NICCOLÓ PERICOLI(1485~1550)

피렌체의 조각가 일 트리볼로는 산소비노 밑에서 공부했다. 디자인이 아름다운 타일 작품으로 유명하게 되었는데, 피렌체 근처의 빌라 카스텔로에서 그 예를 볼 수 있다. 암마나티와 협력하여 보볼리 정원을 설계했고, 빌라 카스텔로의 거대한 그로토도 만들었다.

카를로네CARLONE 16~17세기

이 이름을 가진 여러 형제는 1550년에서 1650년 사이에 제노바에 살았다. 그들은 조각가, 화가, 도금가, 그리고 스투코 장인으로 알려졌다. 제노바의 산티시마 안눈치아타 성당의 아름다운 천장은 카를로네 형제들 중 한 명이 만들었다고 한다.

카스텔로, 조반니 바티스타CASTELLO, GIOVANNI BATTISTA(1509~1579)

베르가모의 조반니 카스텔로(일 베르가마스코)는 알레시의 제자였으며 프레스코화와 조각 분야에서 독보적인 두각을 나타냈다. 제노바에서 팔라초 팔라비치니(현재 카탈디)를 리모델링하고 팔라초 임페리알리를 지었다. 소프라니는 일 베르가마스코가 스페인 펠리페 2세의 궁정 건축가였으며 에스코리알 궁전에서 일했다고 한다("제노바의 화가, 조각가, 건축가의 삶"). 브라이언은 "화가와 조각가 사전"에서, 일 베르가마스코가 스페인 카를 5세에 의해 프라도에 고용되었고, 아들은 카를 5세의 아들인 펠리페 2세를 위해 일했다고 한다.

카스텔리, 카를로CASTELLI, CARLO 17세기

마데르노 유파의 건축가인 카스텔리는 밀라노의 산타 마리아 알라 포르타 성당의 파사드를 완성했다. 그리고 크리벨리와 함께 마조레 호수에 있는 이솔라 벨라의 정원을 설계했다.

캄포레시, 피에트로CAMPORESI, PIETRO(1726~1781)

로마의 건축가 캄포레시는 빌라 보르게세의 부지에서 '로마의 무어'와 함께 작업한 것으로 언급된다.

크리벨리CRIVELLI 17세기

이 조경가는 마조레 호수의 이솔라 벨라 부지에서 카를로 카스텔리와 함께 일했다.

파리지, 줄리오PARIGI, GIULIO(1571~1635)

파리지는 피렌체의 건축가이자 엔지니어, 디자이너였다. 알려진 바와 같이, 전적으로 피렌체와 그 주변에서만 일했다. 빌라 포조 임페리알레의 안뜰과 회랑, 산 아고스티노의 수도원 회랑, 팔라초 마루첼리(현재 펜치), 팔라초 스카를라티, 그리고 우피치의 일부를 지었다.

팔라디오, 안드레아PALLADIO, ANDREA(1508~1580)

위대한 베네치아 건축가인 팔라디오는 비첸차에서 태어났다. 그는 이탈리아 르네상스 건축의 발전 방향을 순수한 고전주의 쪽으로 바꿨으며, 건축에 있어 비율의 명인이었다. 비첸차에서는 살라 델라 라조네를 재건축하고 팔라초 티에네와 팔라초 발마라나, 테아트로 올림피코를 건축했다. 비첸차 근처의 빌라 카프라 또는 빌라 로톤다는 그의 작품이며, 마세르의 빌라 자코멜리도 있다. 베네치아에서는 산 조르조 마조레 성당과 일 레덴토레 성당을, 또한 푸시나 근처 브렌타 강변에 빌라 말콘테타를 지었다.

팔라디오는 『건축에 관한 논문』(건축4서)과 『로마의 유적』을 출판했다.

페루치, 발다사레PERUZZI, BALDASSARE(1481~1537)
건축가이자 화가였던 페루치는 로마와 고향인 시에나를 오가며 시간을 나누어 일했다. 시에나 근처의 빌라 벨카로뿐만 아니라 빌라 비코벨로를 건축했다. 로마에서는 잘 알려진 팔라초 맛시미 알레 콜론네가 그의 작품이며, 또한 로마 근처 빌라 트리불지오도 만들었다.

페리, 안토니오FERRI, ANTONIO 17세기
피렌체 건축가인 페리는 피렌체 인근의 빌라 코르시니를 짓고 아르노 강변 룽가르노에 있는 팔라초 코르시니를 리모델링했다.

포르타, 자코모 델라PORTA, GIACOMO DELLA(1541~1604)
밀라노 건축가 델라 포르타는 비뇰라의 제자였다. 그의 위대한 작품은 로마에 있는 성 베드로 대성당 돔의 마무리였는데, 미켈란젤로의 설계를 따랐지만 곡면을 향상시켰다. 로마에서의 다른 작품은 다음과 같다: 예수 성당, 산 루이지 데이 프란체지 성당, 산타 카타리나 데 푸나리 성당, 팔라초 팔루치, 팔라초 키지의 파사드, 아라첼리 광장의 유명한 분수, 나보나 광장(베르니니가 조각상을 만듦). 제노바의 산티시마 안눈치아타 성당을 완공했고, 티볼리의 빌라 데스테와 프라스카티의 빌라 알도브란디니에서도 일했다.

폰치오, 플라미니오PONZIO, FLAMINIO(1575~1620)
롬바르디아의 건축가 폰치오는 프라스카티에 있는 빌라 몬드라고네와 팔라초 시아라의 로지아를 지었으며, 로마에 있는 산타 마리아 마조레 성당의 보르게세 예배당을 완공했다.

폰타나, 조반니FONTANA, GIOVANNI(1546~1614)
루가노 근처 멜리데 출신의 조반니 폰타나는 수압 작업과 관련된 모든 면에서 탁월했다. 로마의 빌라 보르게세는 물론 프라스카티의 주요 빌라들(알도브란디니, 타베르나, 몬드라고네)에서 독창적인 물 장치 디자인을 도입했다. 로마에서는 팔라초 주스티아니와 팔라초 고리를 지었으며, 생전에 파올라 수도의 분수를 만들지는 못했지만 그 디자인을 했다.

폰타나, 카를로FONTANA, CARLO(1634~1714)
당대의 가장 다재다능하고 기량이 뛰어난 건축가 중 한 명인 폰타나는 밀라노 근처 브루치아토에서 태어났다. 성 베드로 대성당의 건축가로 로마에 부름 받았으며, 여러 차례 베르니니와 협업했다. 로마에서 팔라초 몬테치토리오, 산 마르첼로 성당의 파사드, 그리고 팔라초 토를로니아를 지었다. 빌라 건축가로서 가장 유명한 작품은 오스트리아 빈에 있는 리히텐슈타인 대공의 궁전 정원이다. 이솔라 벨라에 궁을 지었으며, 시에나 인근 체티냘레에 빌라 키지도 지었다. 그는 바티칸과 고대 로마의 유물에 관한 책을 쓰기도 했다.

프라티PRATI 18세기
프라티는 프리지멜리카 백작과 협력하여 베네치아 근처 스트라에 있는 빌라 피사니를 건축했다.

프리지멜리카, 지롤라모 백작FRIGIMELICA, COUNT GIROLAMO 18세기
뛰어난 베네치아 귀족 프리지멜리카 백작은 비첸차에 산 가에타노 성당을 세우고, 프라티와 협력하여 스트라의 빌라 피사니를 건설했다.

피라네시, 조반니 바티스타PIRANESI, GIOVANNI BATTISTA(1720~1778)
베네치아의 동판화가이자 전각가인 피라네시는 유명한 건축물의 동판화로 특히 이름 높았으며, '건축의 렘브란트'라고 불리기도 했다. 그는 또한 건축가였으며 로마의 산타 마리아 델 포폴로 성당에서 작업했다. 몰타 기사단의 예배당을 개조하고, 아마도 부지를 설계했다. 20권 이상의 동판화 모음집을 출판했다.

# 이탈리아 정원에 대한 지적 이해와 감상

## 이 책의 의미

『이탈리아의 빌라와 그 정원』은 이탈리아 정원에 관한 최초의 본격적인 책 중 하나로서 정평이 나 있는 고전이다. 1904년에 출간되었으니 100년하고도 20년이 지났다.

　오래 전에 쓰인 책이고 저자가 당시 서양 상류계급에 속한 사람이기에, 아무리 고전이라 해도 이 시대 우리의 감성에는 맞지 않을 것이라는 선입견도 생긴다. 그러나 옛 글이라고는 느껴지지 않는다. 오히려 이 책의 오래된 느낌이야말로 이탈리아 정원을 제대로 드러내는 데 주효한다. 정원이라는 특수한 주제이기 때문에 100여 년 전 상류계급의 글이 갖는 가치가 더욱 빛을 발하는 것이다.

　이 책은 이탈리아 중북부 50여 개의 빌라와 정원을 소개한다. 그 순서에 따르자면, 피렌체에서 시작하여 시에나를 거쳐 로마로 내려왔다가 다시 북쪽으로 올라간다. 이는 정원의 시간적 역사를 따른 것이다. 즉, 서양 근대의 시작을 연 르네상스가 탄생한 피렌체에서 부활된 건축과 정원을 우선 소개하고, 그 르네상스를 이어받은 후 바로크 시대를 만든 로마를 거쳐, 마지막으로 북부로 이동하는 것이다.

　저자가 이 책을 쓰기 위해 방문했던 빌라와 정원들은 120년이 지난 지금도 대부분 살아남아 있다. 옛 귀족 가문의 사유지로서 초청 없이는 갈 수 없는 곳도 있고, 이제는 명승지로 지정되어 입장료를 낸 방문객에게 개방되는 곳도 있다. 또 고급 호텔이나 연회장으로 바뀌어 호기를 부린다면 그 아름다움과 호사를 즐길 기회를 주는 곳도 있다. 정반대로, 애석하게도 공공 공원이 된 나머지 주인의 손길을 받지 못해 평범한, 아니 퇴락한 도심 공원이 되어버린 곳도 있다.

저자는 정원만 따로 소개하지 않고 반드시 빌라에 부속된 정원을 말한다. 이는 생활공간으로서의 빌라와 그 정원이 하나의 전체를 이루어야 비로소 온전할 수 있다고 보기 때문이다. 책 제목이 이탈리아의 빌라와 '그' 정원인 이유는 여기에 있다.

그런데 이 책에 언급된 빌라와 정원이 이탈리아의 전역과 모든 시대를 포괄하지는 않는다. 아쉽게도 로마 이남의 것들이 빠져 있다. 이탈리아의 남쪽 절반, 즉 나폴리를 중심으로 시칠리아를 비롯한 크고 작은 섬을 포함하는 이탈리아 남부에도 아름다운 빌라가 수없이 흩어져 있다. 저자의 방문 당시 새롭게 조성된 정원이나 전통적이지 않은 정원 역시 언급되지 않는다. 저자는 이탈리아의 전통 정원 혹은 역사 정원만을 소개함으로써 이탈리아 정원의 '정신'을 이야기하고자 했던 것이다.

책을 읽는 독자는 마치 여행을 하며 정원을 거니는 듯한 생생한 느낌을 받을 것이다. 그 비결은 이 책이 현지 취재여행의 산물이라는 점과 빌라를 소개하는 방법에 있다. 저자는 우선 그 빌라가 위치하고 있는 곳의 원경부터 훑으며 서서히 정원에 도착한 다음, 정원에 대해 개략적으로 설명하고, 끝으로 식재와 장식의 디테일까지 묘사한다. 마치 초대를 받아 차를 타고 빌라로 향하는 것처럼, 혹은 저 멀리서 망원경으로 빌라를 조감하고 배율을 조정해 세부를 들여다보는 것 같은 느낌을 주는 것이다.

다른 책에서 찾을 수 없는 이 책의 강점은 우아한 문체와 절제된 감상, 그리고 공정한 평가에 있다. 무미건조할 수 있는 설명을 하면서도 감성을 불러일으키는 데 성공하고 있으며, 종종 감상을 드러내지만 절제하고 있다.

즉, 감상感想은 가볍지도 않고 감상感傷적이지도 않으며, 평가는 객관적 설득력을 충분히 가진다.

이 책은 지적인 즐거움 역시 풍부하게 선사한다. 고대로부터 현대에 이르기까지, 또 이탈리아에서 알프스를 넘어 북부 유럽과 바다 건너 영미를 넘나들며 역사와 예술, 문학, 건축을 말하고 있다. 때로는, 저자의 박식이 책을 읽기 어렵게 만들기도 한다. 충분한 문화·예술에 대한 이해가 없을 경우에는 한 단락을 읽어내기가 쉽지 않을 수 있다. 이에 최대한 주석을 달아보았다. 물론 역주 없이 저자의 서술만을 따라가도 이탈리아 정원을 거니는 느낌은 충분할 것이다.

종종 정원 관련 서적들은 어느 한 나라의 정원을 일방적으로 찬양하거나 다른 나라 다른 시대의 정원에 대한 식견의 부족을 보이는 경우가 많다. 이런 때 독자는 자신이 어디에 서 있는지 가늠할 수가 없어 오리무중에 빠지게 된다. 물론 저자는 이탈리아 정원을 가장 사랑하고 높이 평가하지만, 무조건적인 찬사만 보내지는 않으며 잘못된 부분에 대해서는 비판을 가한다. 예컨대, 르네상스 전통 정원에 장식이 과도하거나 지나치게 인위적인 바로크 풍이 스며든 부분을 안타깝게 여긴다. 설령 독자가 저자의 입장에 동의하지 않는다 해도 그 설명이 워낙 풍부하고 균형 잡혀 있기 때문에 적어도 저자를 하나의 준거점 내지 나침반으로 삼을 수는 있다. 훌륭한 스승이란 그 자신의 관점을 확립한 다음 제자에게 전달하는 사람이지, 이것저것 잡다한 지식을 그대로 제시하는 사람이 아니다. 그리고 훌륭한 제자는 그 가르침을 흡수하여 스승의 관점에 동의하거나 넘어서거나 하면 되는 것이다.

이런 모든 점이 이 책을 단순한 정원 소개서를 훨씬 뛰어넘게 만드는 이유다.

이디스 워턴 Edith Wharton은 1862년 미국 뉴욕의 명문가에서 태어났다. 본래 이름은 이디스 뉴볼드 존스로서, 존스 집안은 매우 부유하고 사회적으로 저명한 가문이었다. 그런 축복받은 환경을 가진 이디스는 10대부터 시와 소설을 써서 작가로서의 재능을 보였다. 하지만 여성의 사회활동을 제약하던 당시 미국 상류사회의 규범상 부모로부터도 제대로 인정받지 못했다.

1885년 23세에 같은 상류층 자제인 에드워드 워턴과 결혼했다. 그런데 결혼생활이 썩 행복한 것은 아니었다. 남편은 여행을 좋아하고 관용적이기는 했지만 지적이고 도전적인 이디스를 품어주기에는 부족했던 것이다. 이디스는 작가에 대한 열망과 뉴욕 상류층 여성의 직분 사이에서 고뇌했다. 이에 정신적 문제를 겪기도 했다.

그러나 결국 현실은 작가의 꿈을 꺾을 수 없었고, 그녀는 1905년 장편소설 『기쁨의 집』을 발표하여 일약 유명 작가의 반열에 올랐으며, 1920년 『순수의 시대』로 여성 최초 퓰리처상을 수상했다.

이디스는 우울증을 앓던 남편과 1913년 이혼하고 유럽으로 영구 이주했다. 프랑스에 정착해서는 다양한 활동을 하다가 1937년 75세의 일기로 생을 마쳤다. 소설 30여 권, 여행기와 자서전 등 수많은 작품을 펴냈다.

이디스 워턴은 평생을 미국과 유럽을 오가며 살았다. 소설가 헨리 제임스가 그랬듯, 19세기 후반이나 20세기 초에는 특히 지식인들 사이에서 그런 사례가 많았다. 경제적으로는 충분히 부강해졌지만 문화적으로는 아직 미약했던 미국의 지식인들은 유럽의 전통 깊고 세련된 문화를 동경했던 것이다.

이디스는 1866년 네 살 때 부모, 가정부와 함께 유럽으로 떠나 열 살이 된 1872년에야 귀국했다. 가장 먼저 이탈리아에 발을 디뎌 로마에 살았는데, 보르게세 공원 옆의 핀초 언덕에서 뛰어놀았던 아름다운 기억은 그의 평생을 지배했다. 일곱 살 때부터는 프랑스 파리에서 지냈다.

이후로도 이디스는 수시로 이탈리아를 오갔다. 결혼 후에는 남편과 함께 매년 2월 유럽으로 떠나 프랑스를 거쳐 이탈리아에서 수개월씩 지냈다. 그녀가 정원뿐만 아니라 이탈리아의 건축, 예술과 역사, 문학 등에 정통하게 된 것은 바로 이런 긴 단련 덕이었다.

이디스는 열렬한 정원가이기도 했다. 집을 새로 구입하여 직접 이탈리아 빌라 식으로 개조하고, 대저택의 정원을 이탈리아 양식으로 만들기도 했던 것이다. 그중 미국 매사추세츠 주의 레녹스에 있는 더 마운트 저택은 '이디스 워턴의 집'으로서 일반에 공개되고 있다.

이 책의 탄생 배경과 과정이 흥미롭다. 어려운 조건 속에서도 글을 써 오던 워턴은 1902년 이탈리아를 배경으로 한 소설로 드디어 큰 성공을 거두게 된다. 이를 눈여겨본 잡지사 『센추리 매거진』은 이탈리아 정원에 관한 글을 요청했고, 그녀는 흔쾌히 이 제안을 받아들인다. 준비를 마친 워턴은 1903년 1월 남편과 함께 애견을 데리고 4개월에 걸친 이탈리아 취재 여행을 떠났다. 이후 글은 잡지 게재를 거쳐 1904년에는 따로 단행본으로 출간된다.

한편, 『센추리 매거진』은 당대의 유명 신진화가였던 맥스필드 패리시 Maxfield Parrish(1870 ~ 1966)에게 글에 어울리는 삽화를 주문했고, 이탈리아를 다녀온 패리시의 아름다운 그림 26점 역시 걸작으로 탄생하게 된다.

결국 이 책은 준비된 작가와 최고의 화가, 유능한 잡지사의 출판 기획이 맞물려 탄생한 명작인 셈이다. 그리하여 출간되자마자 큰 호평을 받았고, 당대의 여행자들이 가이드북처럼 들고 다녔다고 한다.

이디스 워턴의 집 '더 마운트', 미국 매사추세츠 주 레녹스(출처: www.edithwharton.org)

## 정원의 의미와 정원 감상법

흔히 정원을 작은 천국이라고 한다. 고요한 정원에서 우리는 편안한 휴식을 취하고 자연의 아름다움을 느끼므로 낙원이 아닐 수 없다. 그런데 천국 혹은 낙원이라는 뜻의 영어 'paradise'의 유래를 살펴보면 이는 비유적인 표현이 아니라 말 그대로 정원을 일컫는 것임을 알 수 있다. 본래 그것은 고대 페르시아어에서 사방이 둘러싸인 곳, 즉 정원을 가리키던 말로서 그리스와 유대를 거쳐 들어온 말이다.

정원에는 세 가지 의미가 있으며 또한 정원에는 세 가지 즐거움이 있다(庭園三樂). 첫째는 보는 즐거움, 둘째는 하는 즐거움, 셋째는 갖는 즐거움이다.

우선, 정원은 휴식의 제공과 심미의 충족을 준다.

바쁜 생활 속에서는 여가 및 아름다움과 맞닿는 체험만큼 인생을 풍요롭게 만들어주는 것이 없다. 고대 로마시대부터 정원은 외부와 단절된 채 휴식을 취하는 공간으로서 분주한 사회활동으로부터 벗어나 한가롭게 인생을 즐기는 여유의 상징이었다. 고대인들은 빌라 정원에서 정신을 재충전하고 육체적 원기를 회복한 다음 도시로 돌아갔던 것이다.

그리하여 정원은 편안함을 느낄 수 있으면서도 지루하지 않아야 하고, 쾌적하고 아름다운 감각을 즐길 수 있는 곳이어야 한다. 따라서 주택에 딸린 텃밭은 그 자체로는 정원이라 할 수 없고, 작으나마 꽃나무를 심어야 비로소 정원이라 불릴 수 있다. 즉, 실용성이 제거되어야 정원이라 할 수 있고, 여기에 정원의 성격이 잘 드러난다.

다음으로, 정원은 정원 일을 하는 사람에게는 신체활동의 보람과 창조의 즐거움을 준다.

마라토너가 한참을 달리다보면 무아지경에 빠진다고 하듯이, 정원 일을 하다보면 시간이 가는 줄도 힘이 드는 줄도 모르게 된다. 그런 무아지경은 잡다한 생각으로 얽혀 있는 머리를 맑게 하고, 고된 육체노동은 역설적으로 스트레스를 해소시킨다. 한편, 정원가가 미적 감각뿐만 아니라 식물학·토양학·조경학 지식까지 총동원하여 정원을 가꾸는 과정은 창조이면서 창작의 시간이다. 정원사는 자신의 작품이 잎을 내고 꽃을 피우는 모습을 보면서 예술가라도 된 듯 창조의 기쁨을 느낀다. 이런 점에서 정원일은 농사이자 창작이고, 정원사는 농부이자 예술가다. 그리고 정원은 정원주가 만들어내는 그만의 낙원이자 이상향이다.

마지막으로, 정원은 소유하는 즐거움을 준다.

미술품이나 골동품 수집가들이 감상과 함께 소장의 기쁨을 누리듯이, 고대 로마는 물론 르네상스, 바로크 시대 내내 정원주에게 정원은 부와 권력, 교양을 과시하는 장이었다. 정원은 미학적 대상이자 소유주의 사회적 신분을 나타내는 것이었다. 그런데 이런 소유의 기쁨은 곧 나눔의 기쁨이기도 하다. 수집가들이 소장품을 보여주며 함께 감상하고 즐거워하는 것처럼, 정원주는 손님을 초대하여 그 운치를 같이 나눈다. 따라서 이를 속물근성이라고 백안시할 필요는 없으리라. 과시욕과 인정욕구를 교양과 잘 버무려 하나의 작품으로 승화시켜 베풀고 나눈다면 권장할 일일 따름이다. 이런 점에서 정원이 발달한 사회는 모두 문명과 교양의 수준뿐만 아니라 사회적 부의 수준도 높았던 것이다.

정원을 온전히 느끼려면 정원을 읽어낼 감상법도 배울 필요가 있다. 이디스 워턴 역시 정원의 고요함과 평온함이라는 마법을 느끼기 위해 꼭 학교에 갈 필요는 없지만 잠시 공부하는 학생이 되어보는 것도 보람 있지 않겠냐고 한다. 사실 어떤 그림을 제대로 좋아하려면 회화의 역사에서부터 화가의 생애, 그림의 주제와 기교까지 읽어내야 하듯이, 정원도 온전히 느끼려면 알아야 한다. 그렇지 않으면 모든 정원이 다 똑같아 보이며 막연히 아름답다고 여길 뿐이다. 직관적인 감상도 좋긴 하지만, 충분한 정보와 이해가 바탕이 된다면 감동은 더욱 깊어지고 넓어진다. 예컨대, 플라타너스·사이프러스 같은 나무에 얽힌 신화와 일화들, 분수에 설치된 조각상의 의미, 자수 화단의 다양한 패턴, 정원의 구성 원리와 기법 같은 것들을 알면 정원이 달리 보이게 된다.

정원 감상 시 유의할 점 중 하나는 정원의 역사와 환경을 충분히 고려해야 한다는 것이다.

르네상스 정원과 현대 정원은 그 각각의 시대정신이 다르기 때문에 다르게 만들어졌다. 르네상스의 밝고 선명한 회화와 현대의 애매모호한 추상 미술이 르네상스인과 현대인의 정신을 대변하고 있는 것과 마찬가지다. 이탈리아는 남북으로 긴 나라이기 때문에 기후 차가 크고 자연의 생김새도 상당히 다르다. 또 혹독하게 뜨겁고 건조한 여름 기후를 빼놓을 수 없다. 이에 따라 피렌체의 정원, 로마의 정원, 롬바르디아의 정원, 그리고 평지 정원과 호숫가 정원은 각 지역의 기후와 환경에 맞추어 서로 다른 모습으로 발전해왔다. 이런 특수성을 인정한다면 왜 싱그러운 잔디밭이 펼쳐지지 않는지, 왜 화사한 꽃들이 없는지 이해할 수 있게 된다.

끝으로, 정원을 제대로 즐기기 위한 팁이 하나 있으니, 바로 그 주인이 되어보는 방법이다.

사실 정원은 남에게 보여주기보다는 주인 스스로 즐기기 위해 만드는 것이다. 여행객으로 잠시 이곳에 왔다는 사실은 잊어버리자. 대저택의 주인으로서 자신의 빌라와 정원을 누리고 감상하자. 그리고 정원 건축 설계자의 관점도 취해보자. 설계자로서의 집주인은 집과 정원을 어떻게 조화시킬 것인가, 어디에 얼마나 크게 창과 문을 낼 것인가, 무슨 나무를 어디에 심고 어떤 화분과 조각을 배치할 것인가, 이런 모든 고려사항을 수없이 반복한다. 머릿속으로 설계도를 그렸다 지웠다 한다. 이렇게 하면 주인과 설계자의 노고와 정성, 실력과 감각까지 느껴질 테고, 내 것이 되어 가슴으로 들어올 것이다.

## 빌라와 정원의 역사

유럽의 역사시대는 고대→중세→르네상스→근대→현대로 구분된다. 예술사조는 고전 양식(그리스·로마)→고딕 양식(중세)→르네상스 양식→바로크 양식→신고전주의 양식→현대 양식으로 크게 정리할 수 있다. 각 양식은 시대의 변화에 따라 탄생과 발전을 거쳐 쇠퇴한 다음 결국 다른 양식으로 대체된다. 정원도 이와 비슷하게 중세 정원, 르네상스 정원, 바로크 정원과 같이 시대별 예술사조에 맞추어 분류할 수 있다.

이탈리아 상류층의 주거 건축은 크게 두 가지로 나뉜다. 하나는 도시 내에 위치한 '팔라초palazzo'이고, 다른 하나는 도시 밖이나 전원에 위치한 '빌라villa'다. 팔라초는 거대한 사각형 다층 건물로서 대개 그 안에 중정을 둔다. 한편, 빌라는 우리가 '아파트, 빌라'라고 할 때의 그 빌라와는 전혀 다른 것으로, 도시 외곽이나 전원에 만든 큰 규모의 별장 내지 전원주택을 가리킨다. 여기에는 부속 정원과 농장이 포함된다.

빌라 형식은 이미 고대 로마 시대부터 존재했다. 당시의 빌라는 두 가지가 있었는데, 로마나 다른 도시로부터 하루 정도에 도착할 수 있는 도시 빌라villa urbana와 보다 먼 거리의 전원 빌라villa rustica였다. 이 책 4장 '로마 인근의 빌라들'에 언급되는 티볼리, 프라스카티 같은 마을들은 로마 시대 때부터 도시 빌라가 많던 휴양지였다.

고대 로마의 빌라들에는 정원이 딸려 있었는데, 지금 정원은 그 속성상 사라지고 없으며 폐허가 된 유적만이 있을 뿐이다. 하지만 그 모습이 어땠는지는 발굴 유적과 소小플리니우스의 자세한 편지 등 옛 기록에 묘사된 모습으로 어느 정도 짐작할 수는 있다. 그것은 놀랍게도 르네상스 이탈리아 정원과 상당히 흡사하다. 이는 어쩌면 당연한 일인데, 르네상스 정원 건축의 설계자들은 신중하게 고대 로마의 정원을 연구하여 이를 구현하려고 했기 때문이다.

빌라는 4~5세기 로마 제국의 쇠퇴 및 붕괴와 더불어 점차 높은 벽으로 둘러싸인 고립되고 자립적인 작은 농업 복합물이 된다. 또한 기독교의 지배에 따라 수도원에 기증되는 경우도 많았는데, 수도원의 형태로 중세를 살아남은 경우도 있었다.

서양 중세라고 하면 육중한 성벽을 가진 성의 이미지가 떠오르듯이, 중세 기독교 정원은 그것을 가리키는 '호르투스 인클루수스hortus inclusus'라는 문자 그대로 성벽 안에 담으로 둘러싸인 '닫힌 정원' 또는 '둘러싸인 정원'을 가리킨다.

빌라는 중세를 거쳐 우아한 상류층 시골저택으로 점차 발전한다. 이런 상황에서 큰 도약이 이루어진 곳이 바로 14~15세기 이탈리아 르네상스의 발상지 피렌체였다. 그 핵심 추동력은 르네상스의 후원자 메디치 가문이었고, 책을 써서 르네상스식의 건축과 정원 그리고 이에 주변 경관을 포함시키는 빌라에 대한 생각을 확립시킨 사람은 르네상스 초기의 '보편인' 레온 바티스타 알베르티Leon Battista Alberti였다.

이 피렌체의 빌라가 이탈리아의 다른 지역과 주변 유럽에까지 퍼져나갔다. 그래서 지금의 서양 정원의 역사는 이탈리아 르네상스 정원에서 시작된다고 할 수 있다.

한편, 서양 정원을 양식에 따라 분류하자면, 이탈리아 르네상스식(테라스식), 프랑스식(평면기하학식), 영국식(풍경식) 정원으로 나눌 수 있다. 더 크게 두 가지 유형으로 보자면, 하나는 프랑스식이고 다른 하나는 영국식 정원이다. 프랑스식 정원은 자연풍경을 닮은 영국식 정원에 대비시켜 '형식 정원' 혹은 '정형식 정원formal garden'으로도 불리고, 바로크 시대의 정원이기에 바로크 정원이라고도 한다.

베네치아·제노바·피렌체 같은 이탈리아 도시국가들은 일찍이 12세기부터 부를 축적했다. 그런데, 피렌체에서 보듯 성벽 안으로 건물이 빼곡히 밀집된 시가지에는 저택을 확장할 여지가 별로 없었기에, 교외의 전망 좋은 곳을 골라 별장을 짓는 것이 도시귀족의 유행이 되었다.

다행히 이탈리아에는 그런 정원을 만들기에 알맞은 구릉이 많았고, 이런 환경을 잘 활용한 것이 바로 테라스식(노단식) 정원이다. 테라스는 구릉의 경사면을 단계적으로 몇 개의 층으로 나누고 각층은 수평의 지면이 되게 한 편편한 땅을 가리킨다. 1층 테라스는 창문 바로 밑에 펼쳐지므로 화단으로 꾸미거나 넓은 빈 공간을 만들어 행사를 열기에 편리하게 했다. 2층과 3층 테라스는 토피어리나 분수를 테마로 장식했다. 그리고 테라스와 테라스를 잇는 돌계단이나 경사진 길의 설계에서는 조각이나 벽분수를 설치했다.

　이때 전체를 통일하는 경관이 중시되었다. 대개 건물은 최상단의 테라스에 세우고, 거기서 최하단의 테라스까지 일직선으로 내다보이도록 했다. 이 중심선을 비스타(통경선)라 부르고, 그것을 축으로 좌우대칭의 아름다움을 구상했다. 한편, 정원 밖에 있는 산 등을 처음부터 계산에 넣어 배경으로 도입하는, 즉 경관을 빌리는 기법(차경) 역시 널리 활용했다. 이렇게 설계된 정원에 생동감 있는 분위기를 준 것이 바로 분수와 폭포, 조각상 같은 장식 소재들이다.

　이런 이탈리아 르네상스 정원 양식은 프랑스 정원에 도입되어 절정을 이루었다. 다만, 구릉지가 없는 파리 근교에서는 테라스식을 재현할 수 없었기에 단순한 모방이 200년 동안 계속되었다. 그러다가 마침내 17세기 중반 천재 조경가 르 노트르가 나타나 프랑스식 정원을 창시했다. 왕궁 조경사의 아들인 그는 이탈리아를 여행하며 정원을 둘러보고 프랑스에 맞는 독창적인 조원법을 창출해냈던 것이다. 이탈리아 정원이 경사지·조망·테라스로 구성되었다면, 그는 넓은 평면과 정연한 구성미, 물의 활용으로 승부하려고 했다. 그리고 평지에 없는 숲은 정원 좌우에 만드는 인공 숲인 보스코 기법으로 해결했고, 분수·계단·자수화단 등을 모두 이탈리아식보다 훨씬 크고 섬세하게 만들었다.

　이처럼 프랑스식 정원은 이탈리아식 정원의 변형 내지 확장이라고 할 수 있기에, 둘은 종종 동일한 것으로 취급되기도 한다. 그러나 다른 한편으로는, 후대에 프랑스식이 이탈리아식을 압도했기 때문에, 프랑스식에 이탈리아식이 흡수되어 취급되기도 한다.

　이렇게 창조된 프랑스식 정원을 대표하는 것이 바로 태양왕 루이 14세의 베르사유 정원이다. 그에 감동한 전 유럽의 왕후귀족은 베르사유를 본딴 정원을 만들기 시작했다. 오스트리아 빈의 쇤브룬, 독일 뮌헨의 님펜부르크,

베를린 교외 포츠담의 상수시, 러시아 상트페테르부르크의 여름궁전 정원, 영국 런던 교외 햄프턴 코트 궁전의 정원, 그리고 이탈리아 나폴리의 카세르타 궁은 모두 베르사유 정원을 모방한 것이다.

이와 같이 프랑스 정형식 정원은 전 유럽을 석권하게 되는데, 18세기 초반에 이르러 프랑스의 영원한 앙숙 영국에서 새로운 움직임이 시작되었다. 프랑스식 정원이 너무 인공적·기교적으로 흐르는 것에 반대하여 자연스런 풍경을 닮은 아름다움을 정원에서 찾고자 했던 것이다.

전원시인으로 유명한 알렉산더 포프는 "나무를 인공적인 모양으로 다듬는 토피어리 기법은 나무가 갖고 있는 자연의 아름다움을 파괴하고, 오히려 흉하게 만든다"고 프랑스식 정원을 비판했다. 포프의 사상과 이탈리아 그랜드 투어를 통해 입수된 로랭·푸생 등의 풍경화에 영감을 받은 윌리엄 켄트는 영국식 풍경정원English landscape garden의 고안자가 되었다. 그는 "자연은 직선을 싫어한다"면서 반듯하지 않은 나무나 연못, 구불구불한 냇물이나 산책로 등을 정원에 도입했다. 그 후 랜슬럿 브라운, 험프리 렙턴 같은 조경가가 나타나 그림같은picturesgue 영국식 정원을 대성시켰다. 이제 최강대국이 된 대영제국의 후광과 산업혁명으로 변화된 환경 아래 자연으로 회귀하려는 욕구 속에서, 자연을 모방한 영국식 정원은 전 유럽에서 유행하게 된다.

이에 워턴이 아쉬워하며 말하고 있는 것처럼, 이탈리아에서도 기존의 정원이 영국식으로 대거 개조되었다. 또 프랑스에서는 예컨대, 왕비 마리 앙투아네트가 베르사유 궁 한 켠의 프티 트리아농 궁전 옆에 소박하고 자연적인 정원을 일부러 추가했던 것이다.

그런데 영국식 풍경정원에 대해서는 반대파의 비판도 거셌다. 자연과 같다고 하지만 실은 자연인 것처럼 보이도록 억지로 꾸민 것으로서 그야말로 인공적인 것이라거나, 자연으로부터의 분리를 의미하는 문명이 낳은 소산으로서의 정원의 본질이 망각된 '유사정원' 혹은 '반反정원'일 뿐이라는 비판이다.

　이런 식으로 양 정원 양식에 대해서는 자존심을 건 우열논쟁이 오랜 기간 벌어졌다. 이에 대해 워턴은 이제 그만할 때가 되지 않았냐고 묻는다. 어디까지나 각 양식은 양식일 뿐이고, '하나는 다른 하나만큼이나 인공적' 이라는 점을 인정해야 하며, 각각은 '그 자체의 미학적 가치로 판단되어야' 한다는 것이다.


## 이탈리아 정원의 특징

아마 우리나라의 많은 여행자는 이탈리아의 정원이 그 아름다운 건축이나 회화, 조각과 달리 그다지 볼품없다는 느낌을 받았을 수도 있다. 이탈리아 정원에는 보통 상상하는 유럽의 파란 잔디밭에서 여유를 즐기는 사람들과 만발한 장미와 꽃들이 별로 없다. 단조로운 대칭의 회양목 화단에 더구나 기괴한 동굴마저 꼭 있으니 눈살이 찌푸려지기도 한다. 심지어 내가 잘못 찾아온 것인가, 이탈리아의 국력이 쇠락하다보니 영국이나 프랑스처럼 잔디와 꽃을 관리할 여유조차 없어진 것인가, 이탈리아의 심미안이 겨우 이 정도인가 의심마저 든다.

　이 책은 위와 같은 의문을 해소한다. 워턴은 꽃을 위해 정원이 있는 게 아니라 정원을 위해 꽃이 존재하는 게 이탈리아 정원이라고 한다. 그리고 그로토(동굴)는 르네상스 정원의 원칙에서 이탈한 바로크 시대의 특수한 감수성이 낳은 산물로서 지금 우리가 보기에는 이해하기 힘든 측면이 있다고 설명한다.

　이탈리아 정원의 특징을 살펴보자.

　우선, 외적이고 형식적인 이탈리아 정원의 전형적인 요소로는 다음 것들을 들 수 있다. 엄격한 대칭축에 의한 구성, 조화로운 비율의 대칭 식물, 공간의 세분화를 형성하는 상록 울타리의 사용, 경사면에서의 테라스 활용, 조각·분수·계단·그로토와 같은 장식 요소의 존재, 지중해 식물 품종의 광범위한 사용 등. 이처럼 합리적 사고에 따라 질서정연한 공간을 만드는 바탕에는 이탈리아 인문주의 문화와 르네상스의 정신이 깔려 있다.

다음으로, 고대 로마에서부터 계속되는 역사적 연속성을 들 수 있다. 옛 전통을 지키고 오래된 것을 가급적 유지하고자 하는 태도는 이탈리아 문화의 특성인데, 이는 정원 분야에서도 관철된다. 그래서 이탈리아 르네상스 정원은 고대 로마 정원의 부활이라고 할 수 있다. 그리고 옛 정원의 기본적인 틀이 지금까지 살아 있는 경우가 많다. 예컨대, 피렌체의 여러 메디치 빌라들이나 카프라롤라의 빌라 파르네세 같은 빌라 정원을 그린 16 ~ 17세기 그림을 꼼꼼히 살펴보면 수백 년이 지난 지금도 그 모습이 크게 변하지 않았음을 쉽게 알아볼 수 있는 것이다. 참고로 1981년 피렌체에서는 국제기념물유적협의회 ICOMOS와 세계조경가협회 IFLA의 국제역사정원위원회가 '역사정원'에 관한 헌장(플로렌스 헌장)을 만들었다. 총 25개 조문으로 된 이 헌장은 역사 정원의 의미와 그 보존 필요성, 보존과 복원에 있어서의 원칙 등에 관해 상세한 사항을 다루고 있다.

한편, 이탈리아 정원은 다채로움, 변화무쌍, 아기자기, 지루하지 않음, 재미있음이라는 특징이 있다. 햇빛과 그늘, 밝음과 어두움, 시원함과 따뜻함, 개방감과 비밀스러움이 모두 있는 것이다. 일보일경一步一景, 한 걸음 걸을 때마다 새로운 풍경이 펼쳐진다. 또 화려한 듯하지만, 동시에 조잡하거나 난잡하지 않게 정제되어 있으면서 간결하다. 그리고 프랑스식 정원과 달리 지나치게 거대하거나 장엄하지 않으면서 다채롭다. 물론 이런 모든 효과는 우연히 얻어진 것이 아니라 아주 지적이고 세심한 사고에 의해 의도된 결과다.

끝으로, 이탈리아 정원에는 실용성과 아름다움의 절묘한 결합, 논리와 심미의 조화가 있다. 거주 공간으로서의 빌라에 부속시켜 활용하기 좋은 정원, 이탈리아의 기후에 적응하고 지속할 수 있는 재료들로 정원을 꾸민 것은 그 좋은 예다. 워턴의 표현에 따르자면, '집 주변을 자유롭게 순환하는 햇빛과 공기, 풍부한 물, 편하게 접근할 수 있는 짙은 그늘, 각기 다른 경관을 품은 산책길, 다른 높이의 땅을 솜씨 좋게 이용함으로써 만들어지는 효과의 다양함, 마지막으로 구성의 너비와 단순함'이 이탈리아 정원에 존재하는 것이다.

이런 이탈리아 정원의 특징들을 살펴보면 '스프레차투라sprezzatura'라는 말이 자연스레 떠오른다. 스프레차투라는 어려운 일을 마치 쉬운 일처럼 세련되고 우아하게 다루는 것을 말한다. 무심한 듯 세심하게, 손 댄 듯 안 댄 듯, 우연히 그렇게 된 것 같지만 실은 아주 세심하게 만든 기교 아닌 기교, 인위 아닌 인위, 자연 아닌 자연 등. 이런 감수성이 정원에도 그대로 녹아 있는 것이다. 워턴이 하려는 말을 딱 한 마디로 한다면 그렇다고 생각된다. 이 책 내내 저자가 강조하는 것은 매우 신중하게 계획되었지만 결코 인위적이지 않은 자연스러움이 있는 빌라와 정원의 디자인이다.


## 한국식 정원을 향해

정원학 서적들은 세계의 훌륭한 정원으로 이탈리아식 정원, 프랑스식 정원, 영국식 정원, 이슬람식 정원, 중국식 정원, 일본식 정원 등을 언급한다. 안타깝게도 거기에 우리 정원은 존재하지 않는다.

역자가 이 책을 번역한 동기는 이탈리아 정원을 비롯한 서양 정원을 이해함으로써 우리의 정원을 아름답게 만들어 결국 우리네 삶을 더 풍요롭게 하고 싶었기 때문이다. 단순히 이탈리아 정원을 찬양하고자 하는 것도 아니고 그 감동을 표출하고자 함도 아니다. 정원을 즐길 수 있는 감식안과 지적 이해를 토대로 우리의 정원, 즉 한국식 정원을 만드는 데 이 책이 기여하는 바가 있을 것으로 믿었기 때문이다.

몽테뉴가 말했듯이, "세상에서 가장 위대한 건 나답게 되는 법을 아는 것이다." 이방의 여행을 통해 나를 찾아가듯이, 이탈리아의 정원은 한국의 정원이란 무엇인지 생각하게 한다.

사실 지금 우리에게는 정원이 별로 없다. 이탈리아의 빌라라고 할 옛 별서別墅 역시 거의 남아 있지 않다. 정원으로 유명한 전통 저택은 손에 꼽을 정도이고, 대갓집조차 본채 앞의 마당을 텅 비워두거나 담장 옆으로 나무 한두 그루를 심어두었을 뿐이다. 부녀자가 기거하던 안채의 후원은 좀 낫지만 그 규모가 빈약하다. 서울의 몇몇 궁궐 정원과 방방곡곡 산속의 사찰 정원 및 정자가 있지만, 아름답긴 하나 한국식 정원을 말하기에는 다소 부족하다.

여기서 잠시, 공원과 정원을 비교해볼 필요도 있겠다. 대도시의 공원은 도심 내의 소중한 녹지로서 다중이 이용할 수 있고 도시인에게 휴식을 준다는 점에서 찬양된다. 그래서 근래 도시 공원과 그 조경에 대한 관심 또한 뜨겁다. 다만 공원은 모두의 것이기에 누구의 것도 아니라는 점에서 한계가 있다. 공원은 높은 심미성을 갖추기 어려우며, 다수가 이용하기 때문에 이용의 편의성과 관리의 용이성이 주로 요구된다. 반면, 정원은 주인의 개성과 품격이 표현되고 주인의 정성과 재력으로 관리되는 사적인 작품이다. 따라서 공원이 정원을 대체할 수는 없으며, 양자는 엄연히 별개인 것이다.

우리는 이 시대 우리의 미감을 담은 한국식 정원과 한국식 조경을 만들어야 한다. 이를 위해서는 그 대전제로서 한국식 정원이 무엇이냐 하는 과제, 즉 정체성의 문제를 해결해야 한다. 흔히 우리 전통 정원은 '자연에 순응하는 자연친화적 사상을 바탕으로 인공적인 변화를 최소화하고 정원과 자연이 동화되는 특징이 있다'고들 한다. 그렇다면, 창덕궁 후원은 과연 정원인가 가꾸어진 산인가, 또 사각형 석축을 쌓고 가운데 둥근 섬을 만들어 놓은 연못은 자연스러운 것인가 인공적인 것인가 같은 질문에 어렵지 않게 답할 수 있어야 한다. 만약 한국식 정원 양식으로 확립된 것이 없다면, 발견하고 또 정립해나가야 한다.

그리고 어느 정원 전문가가 말했듯이 '한국 정원에 스타일을 부여하고 추상적 덕목들과 사유행위의 관련성을 찾아내 양식화'하고, 나아가 '반복되고 전수되며 창조적으로 변형될 수 있는 한국적 형식을 찾아야' 한다.

동시에, 정원을 행복의 관념 또는 낙원의 이미지를 지상에 구현한 것이라고 한다면, 우리식 행복의 관념과 낙원의 이미지도 만들어내야 한다.

이디스 워턴은 서문 끝에서 이렇게 말하고 있다. 이탈리아 정원의 마법을 자기 집 뜰에 옮겨놓기를 열망하는 정원 애호가는 거기서 가져올 수 있는 것이 무엇인지 물을 거라고. 대답은 다음과 같다. 그건 오직 자신에게 도움이 될 이탈리아 정원의 정신뿐이라고.

언젠가, 누가 봐도 한국적이면서 누구에게도 확연히 아름다운 '한국식 정원Korean Garden, Korean-style Garden'이 탄생하기를 기대한다.

# 추천사

역자의 『이탈리아의 빌라와 그 정원』이라는 책을 힘께 구상한 지는 아주 오래 전으로 거슬러 올라갑니다. 8년 전 이탈리아로 연수를 오게 된 역자와 로마에서 만나 함께 얘기를 나누었죠. 그가 틈나는 대로 이탈리아 곳곳을 누비고 다니면서 열심히 공부하고 메모하던 모습이 기억납니다.

이탈리아는 인류 유산의 보고로 많은 이야깃거리가 재해석되고 재생산되는 곳이지만, 우리에겐 '정원'에 관한 이야기만 유독 공백처럼 남아 있습니다. 의미와 재미를 함께 찾는 여행으로서 미술관 투어, 와이너리 투어 등이 근래 생겨나고 있지만 아직 정원 투어는 없어 아쉽습니다. 그러던 차에 이 책의 번역을 생각중이라는 역자의 말은 너무나 반갑게 다가왔습니다.

그때 저는 이렇게 말했습니다. 이번 작업이 이탈리아 각 도시의 정원 이야기로 확대되어 나가고, 더 나아가 프랑스의 정원, 영국의 정원 등 유럽 각국의 정원으로 계속 작업을 이어갔으면 좋겠다고 말이죠.

유럽의 정원을 볼 때 그냥 '좋다, 아름답다'는 말만으로는 많이 부족합니다. 거기에 들어간 엄청난 정성과 역사적·이론적 바탕까지 조금 알고 봐주면 좋겠습니다. 그 아름다운 공간을 설계하고 만들어간 과정에 투영된 정원에 대한 철학을 엿보고 싶어집니다. 그런 아쉬움을 달래주는 이 훌륭한 고전을 우리말로 옮겨준 점이 너무나 고맙습니다.

열악한 출판시장의 현실을 생각하면 독자 수요가 적을 법한 이런 책은 환영받지 못할 수 있지만, 글항아리의 혜안 덕에 세상에 나올 수 있어서 너무도 기쁩니다.

아무쪼록 이 책을 계기로 이탈리아 정원에 대한 이해가 더 커지길 바라고, 우리나라에도 더 아름다운 정원과 공원 조경이 이루어지길 희망해 봅니다.

2023년 10월
한동일

교황 및 추기경

ITALIAN VILLAS
AND
THEIR GARDENS

# 이탈리아의 빌라와 그 정원

ⓒ 김동훈

초판인쇄 2023년 11월 6일
초판발행 2023년 11월 24일

지은이 이디스 워턴
옮긴이 김동훈
펴낸이 강성민
편집장 이은혜
마케팅 정민호 박치우 한민아 이민경 박진희 정경주 정유선 김수인
브랜딩 함유지 함근아 박민재 김희숙 고보미 정승민
제작 강신은 김동욱 이순호

펴낸곳 ㈜글항아리 | 출판등록 2009년 1월 19일 제406-2009-000002호

주소 10881 경기도 파주시 심학산로 10 3층
전자우편 bookpot@hanmail.net
전화번호 031-955-8869(마케팅) 031-941-5160(편집부)
팩스 031-941-5163

ISBN 979-11-6909-173-2 03920

www.geulhangari.com